JN438472

고향에 사는 뜻은

고향에 사는 뜻은

김희선 수필선집

신아출판사

|책|머|리|에|

다사다난했던 2013년도 서서히 자취를 감춰간다.

나의 문학인생 40주년을 되짚어보며 길고긴 여름날을 온통 수필선집 ≪고향에 사는 뜻은≫의 원고정리와 조판으로 보내는 동안에 조석으론 소슬바람이 기분을 상쾌하게 해주는 가을을 맞았고 계절이 바뀌어서야 드디어 출간의 기쁨을 맛보게 되었다.

문학활동을 시작한지 11년만인 1985년 첫수필집 [저녁노을]을 발간한 뒤로 1998년 제2수필집 ≪가을밤에 부르는 노래≫, 2008년 제3수필집 [서리실 이야기]를 발간한 데 이어 이번에 다시 전라북도 문예진흥기금을 지원받고 신아출판사 서정일 사장님의 도움으로 수필선집을 세상에 내놓게 되었다.

이 책에는 지금까지 발간했던 〈저녁노을〉, 〈가을밤에 부르는 노래〉, 〈서리실 이야기〉에서 각각 15편씩을 골랐고 ≪서리실 이야기≫ 발간이후 새로 써 모은 15편 등 60편을 5부로 나누어 엮어보았다.

금년은 新亞가 출판사등록을 한지 30년째가 되는 뜻 깊은 해이기도 한데 30년을 한결같이 지역의 출판문화 창달과 문학인구의 저변확대에 기여해 오신 서정일 사장님께서 발문을 얹어 주시고 호병탁 박사님의 평설까지 보탰으니 감개무량일 뿐이다.

정성을 다해 좋은 책을 만들어 주신 신아가족 여러분께 심심한 감사를 드리면서 무더위에도 아랑곳하지 않고 조판을 도와준 정읍예총 정연화 과장에게도 고마운 마음을 전하는 바이다.

2013년 세모에

정읍시 칠보면 서리실에서

저자 七潭 金熙宣 識

|축|사|

전북문단의 기틀을 다진 사람

김희선, 하면 우선 반가움부터 앞선다. 그와는 한창 일할 수 있는 나이, 사십 대 때 그러니까 천구백팔십 년대에 같이 손잡고 신나게 일을 했다. 그래서 그런지 만나면 서로 반가웠다. 그 이후로도 그는 정읍, 나는 전주에서 서로 인연의 끈을 놓지 않고 지금까지 정을 나누어오고 있다. 삼십 년 지기인 것이다.

사실 그의 글 앞에 무엇을 얹는다는 것이 주제 넘는 일인 것 같아 많이 미루고 망설이다가 삼십년 지기의 자격으로 한마디 해도 되겠지 싶어 용기를 냈다.

김희선은 문학에 대한 열의가 대단한 사람이다. 1970년대 전북문단은 불모지나 다름없었다. 그때 〈전북수필문학회〉 창립발기인으로 참여해 77호의 연륜을 가지게 된 지금까지 꾸준히 작품 활동을 하는 열의를 보여주고 있다. 또한 한국문인협회 정읍지부 기관지인 〈내장문학〉의 창립 주간, 회장을 역임하면서 금년으로 31호를 발간하고 있다. 뿐만 아니라 전주에 머물면서 수필문학에 뜻을 가진 분들을 모아 공동수필집을 만들었고, 발표할 지면이 부족한 문인들의 갈증을 풀어주기 위해 ≪신아문예≫도 만들었다. 그뿐인가. 수필가들을 끌어모아 〈갈숲문학회〉를 결성하는데 심혈을 기울였고 동호인들을 모아 수필의 길을 열어주기도 했다. 이와 같이 김희선은 전북문단의 기틀을 다지는 데 큰 역할을 해왔고 지금도 문학 발전을 위해 열과 성을 다하고 있다.

김희선은 이미 1985년에 ≪저녁노을≫이라는 첫 수필집을 냈다. 이번에 발간하는 ≪고향에 사는 뜻은≫은 네 번째 수필집이 된다. 두 번째 수필집은 ≪가을밤에 부르는 노래〉, 세 번째 수필집은 ≪서리실 이야기≫이다.

김희선은 중견 수필가로 일찍부터 평론가들의 주목을 받았다. 특히 다채로운 소재로 주옥같은 수필을 빚고 있다는 평을 받고 있음은 다 주지하고 있는 사실이다. 지금은 고향에 살면서 정읍예총 회장을 맡아 고향 예술 발전에 정열을 불태우고 있다. 앞으로도 정읍 문학 발전에 더 큰 일을 해 줄 것이라 믿어 의심치 않는다.

네 번째 수필집 ≪고향에 사는 뜻은≫ 발간을 마음 깊이 축하드린다.

문운 더욱 창성하기를 빈다.

서정환(전북수필문학회 회장)

목 차

■ 2부 가을밤에 부르는 노래

▬ 3부 서리실 이야기

4부 물처럼 바람처럼

▬ 5부 꿈 너머 꿈을 찾아

저녁노을

이른 봄바람

창밖의 수양버들이 날로 푸르러진다.

얼었던 대동강 물도 풀린다는 우수雨水도 지났으니 계절은 분명히 봄인데 응달진 산비탈에 초로신사初老紳士의 백발인 양 희끗희끗한 잔설殘雪이 아직도 겨울의 분위기를 떨치지 못하고 있다.

머언 남녘에선 반가운 봄소식이 전해오고 있는데 한낮의 빨래터에는 겨울의 묵은 때를 헹구어내는 아낙들의 손놀림이 분주하기만 하고 골목 안 빈터에선 학년말방학으로 제 세상을 만난 장난꾸러기들의 함성이 울려 퍼지고 있다.

거리를 오가는 사람들의 옷차림은 산뜻하고 화사하게 바뀌어가는데 아침저녁으로는 칼끝 같은 찬바람이 품속으로 파고든다.

봄도 겨울도 아닌 어중간한 계절이다.

햇볕이 따사로운 벌판에선 나물 캐는 아가씨들의 흥겨운 콧노래가 들려올 법도 한데 아직은 철이 일러서인지 조용하기만 하고 이제 막 긴 겨울잠에서 깨어난 버들강아지를 간질이는 심술쟁이 봄바람만이 텅 빈 들판을 넘나들고 있다.

지독하게 추웠고 몹시도 지루했던 겨울을 살아온 탓인지 봄이라는 단어가 낯선 이국어異國語처럼 느껴지는가 하면 계절이 바뀐다는 사실조차도 잊어버릴 만큼 감각이 무디어진 것 같다.

아직도 아침 최저기온이 빙점 아래를 맴돌고 있지만 대자연의 섭리를 어찌할 수 없는 듯 하루가 다르게 꽃눈이 굵어져가는 울타리의 개나리에도, 눈 녹은 산등성이에 아른거리는 아지랑이에도 봄의 기운이 깃들어 있음을 느낄 수 있다.

도심지의 세탁소 앞을 지나노라면 세탁해서 널어놓은 봄옷들이 즐비하게 걸렸고 겨우내 어두운 실내에 감금당했던 화초들이 하나둘씩 자유의 몸이 되어 신선한 봄내음을 만끽하고 있는 모습도 간간이 눈에 띈다.

그렇다고 언제까지나 마음 놓고 봄이라는 계절을 즐길 수만도 없는 것이 언제, 어느 때 수은주가 곤두박질을 하고 눈보라가 휘몰아칠지 전혀 예측조차 할 수 없는 겨울과 봄이 공존하는 어설픈 나날이다.

요즈음은 겨우내 꽁꽁 얼어붙었던 땅덩이가 서서히 풀리기 시작하는 해빙기解氷期다. 예전 같으면 아무리 조심을 해도 신발이며 옷들이 흙투성이가 되어버리기 때문에 아내에게 수고를 끼치고는 했는데 지금은 비록 변방이긴 하지만 대문 앞까지 반듯하게 포장이 된 시내에서 살고 있으며, 그냥 그대로 시골에 산다 해도 마을 진입로며 고샅길까지 말끔하게 시멘트 포장이 되었으니 수렁에 빠져 옷을 버리거나 아내에게 수고를 끼치는 어리석음은 범하지 않아도 될 만큼 세상이 변했다.

엎드리면 코 닿을 만큼 가까운 거리이긴 하지만 시골과 도시의 봄은 너무나도 다르다는 걸 피부로 느끼고 있다.

나는 불과 1년 전만 해도 시골에서 농번기를 맞아 바쁜 나날을 보내고 있었다.

보리밭에 흙넣기와 비료주기를 비롯해서 논, 밭두렁에 쥐불 놓기, 객토작업 등으로 분주했었는데 지금의 도시생활은 애당초 몸에 배질 않아서 다람쥐 쳇바퀴 돌 듯하는 평범하고 무료한 나날들이 짜증스럽기만 하다.

오늘같이 화창한 날이면 자전거라도 타고 봄빛이 완연한 우회도로를 한 바퀴 달린다면 울적했던 심사가 봄눈 녹듯 풀릴 텐데 떠나기가 아쉬운 듯 아직도 주변에서 머뭇거리고 있는 찬바람에 행여 감기라도 들세라 난로가 열기를 뿜어대는 사무실 책상머리에서 원고지와 씨름하는 내 자신이 청승맞게 여겨진다.

봄은 분명 봄인데 딱 잘라서 봄이라고 하지 못하고 꽃 피고 새우는 또 다른 봄을 학수고대하는 마음은 나 혼자만은 아닐 것이다.

≪전북일보≫ 1984. 3. 6.

일요일은 참으세요

일요일에 교회에 가본 지도 퍽 오래전의 일인 것 같다.

세례까지 받은 신자의 몸으로 세상 병에 걸려 본분을 다하지 못했으니 입이 백 개라도 변명할 여지가 없겠으나 이 세상에 핑계 없는 무덤은 없다는 속담을 방패삼아 변명 아닌 핑계를 늘어놓아 볼까 한다.

내가 교회에 발을 디딘 것은 30년도 훨씬 전의 일이지만 깊은 신앙심이 있었던 것은 아니고, 남들이 다니니까 나도 다닌다는 막연한 심정으로 빈자리만 메워 왔을 따름이었다. 차츰 나이가 들어 갈수록 누구에겐가 의지하고 싶은 생각이 들어 지금까지의 태도를 바꾸기로 결심하고 어머님과 아내, 네 자녀를 모두 내가 다니던 교회에 입교토록 권유했다. 그리하여 한편 일요일 낮 예배에만 참석해오던 형식적인 신앙생활에서 탈피하여 별다른 일이 없는 한 밤 예배에도 열심히 출석하고 구역예배까지도 빠짐없이 참석하는 등 본격적인 신앙생활을 시작한 것은 1981년 2월의 일이었다.

틈만 나면 ≪성경≫을 열심히 읽었고 마음이 울적할 때면 찬송가를 불러 기분을 전환시켰으며 식사 전에는 잊지 않고 기도를 하는 등 하루 일과의 절반가량을 신앙생활에 할애했다. 그런 열성 끝에 그해 가을 코스모스꽃들이 흐드러지게 핀 어느 주일날 평소 존경하는 임안택林安澤 목사로부터 세례를 받았다. 그날 여러 교우들의 축복 속에 예수님의 피와 살을 상징하는 포도주와 떡이 마련된 성찬식에 참석하여 거듭 태어난 기쁨을 나누기도 했다.

천지만물을 창조하셨고 독생자 예수그리스도를 세상에 보내사 인류의 죄를 대속代贖하신 하나님 아버지를 진정한 구세주로 여기고 화평한 마음으로 이웃을 사랑하며 의義를 위해서라면 몸과 마음을 미련 없이 바치겠노라 다짐하던 그날의 일들이 아직도 기억에 생생한데 자의가 아닌 타의에 의해 신앙생활을 계속하지 못하는 심정은 한마디로 괴로울 뿐이다.

우리나라 헌법에 보장된 신앙의 자유를 어느 누가 막길래 제 하고픈 일도 못하고 넋두리만 늘어놓느냐고 나무랄 분도 있을 줄 알지만 이 글을 끝까지 읽어보면 어느 정도 이해가 될 것으로 믿고 내가 1년 가까이나 교회에 못 다니고 있는 경위를 얘기해 볼까 한다.

늦게 배운 도둑이 날 새는 줄 모른다는 속담대로 뒤늦게 신앙생활에 매력을 느끼고 지나치다 싶을 정도로 열중해오던 내가 1982년

9월에 창립된 예총(사단법인 한국예술문화단체총연합회의 약칭) 정주지부의 초대 사무국장직을 맡게 되어 애들 통학관계도 있고 해서 사무실에서 가까운 시내로 이사를 한 것은 작년 3월이었다.

전에 살던 곳에서 불과 5Km 남짓한 거리로 옮겨왔으니 큰 변화가 있었던 것도 아니고 마음먹기에 따라서는 얼마든지 나를 거듭나게 해준 몸된 교회를 섬길 수도 있었지만 세상일이란 마음먹은 대로 되는 것이 아니라는 사실을 뼈저리게 느끼고 있다.

처음 이사를 올 때만 해도 전처럼 밤 예배까지는 참석을 못할지라도 일요일 낮 예배만큼은 빠지지 않고 참석하겠다고 굳게 다짐을 했다. 막상 이사를 와서 보니 창립 초기의 그것도 6백여 회원을 거느린 적지 않은 단체의 살림을 맡아야 하는 중차대한 책임감 때문에 공휴일도, 일요일도 없이 바쁘게 움직이다 보면 길고긴 여름날이 짧게만 여겨질 지경이었으니 교회에 나가는 일은 엄두도 못 내고 냉가슴을 앓아야 했다.

일요일이면 예배시간을 알리는 차임벨 소리를 귀담아 들으며 마음과 행동이 일치하지 못하는 자신의 나약함을 자책해보기도 하고 교회에 못 가는 대신 열심히 기도를 올리기도 하면서 어느 정도 체계가 잡히고 일손이 좀 한가해지면 더욱 열심히 신앙생활에 임할 것을 몇 번이고 다짐하면서 우울한 하루하루를 보내곤 했다.

가족들도 처음 몇 번은 집에서 가까운 교회에 나가 예배를 보기도 하고 신앙생활에 대한 미련을 버리지 못하더니 계속해서 내가 교회를 쉬고 있으니까 지금은 모두가 신앙생활을 중단하고 있는 실정이다.

새해를 맞으면서 무슨 일이 있어도 금년부터는 신앙생활을 계속하리라 결심했건만 작심삼일인 채로 아직까지도 마음만 간절할 뿐 교회에 못 나가고 세상 병에 시달리는 내 처지가 한심하다는 생각이 든다.

결혼식장에 15회, 회갑잔치에 4회, 초상집에 2회, 제삿집에 4회, 돌잔치에 2회, 이사, 개업집 3회 등은 1984년도 1/4분기를 결산해 본 나의 경조활동 내용이다. 별로 활동성이 없는 내가 이럴진대 사회활동이 활발한 저명인사들은 오죽 하겠는가마는 3개월 동안에 자그마치 30건의 경조사에 쫓아다닌 셈이다. 평균 3일에 한 번 꼴이라는 계산이 성립되는데 약속이나 한듯 하나같이 토요일이나 일요일에만 집중적으로 결혼식이 있었으며 회갑이나 돌잔치마저도 평일에는 거의 없었으니 많은 날은 하루에도 서너 건, 적어야 한두 건이니 토요일과 일요일이면 예식장을 돌며 축의금을 전달하다 보면 점심을 굶기가 예사다.

그렇다고 전달한 경조금이 아깝다는 말은 결코 아니다. 언제부터 비롯된 것인지는 모르겠으되 예고 없이 당해야 하는 초대상이 아니거든 제발 일요일을 피해서 헌법이 보장하고 있는 신앙의 자유를 누릴 수 있게 해달라고 부탁하고 싶다.

1년 동안이나 못 가본 교회에 좀 가볼 수 있도록 일요일은 나를 위해 제발 참아주면 고맙겠다.

≪내장문학≫ 제4집 1984. 6.

현대판 고려장

충효사상 앙양을 위한 새마음갖기운동 덕분에 각박하기만 하던 세상 인심이 전에 비해 많이 순화된 것 같다. 나라에 충성하고 부모에 효도하며 어른을 공경하려는 의지가 국민들의 가슴속에 깊이 뿌리를 내렸다는 증거이리라.

대다수의 국민들은 나에 앞서 우리를 생각하는 사고방식을 지니게 되었으며 콩 한 쪽도 나눠먹던 조상들의 풍요롭던 인심을 본받아서 각종 재난을 당한 동포들을 돕기 위한 의연금이나 불우한 이웃을 돕는 데 필요한 성금을 내는데는 남녀노소가 따로 없고 도시와 농촌을 안 가리고 인정이 넘쳐난다.

그런데 얼마 전 모 텔레비전방송 뉴스에서 〈현대판 고려장〉이란 제목의 기사를 보도한 일이 있는데 내용인즉 천벌을 받아 마땅한 몹쓸 인간이 자신을 낳아 길러주신 노부모를 양로원이 있는 부근에 몰래 버리고 도망가는 일이 종종 있고 심한 경우에는 멀쩡하게 살아 있는 부모를 자루에 담아서 인적이 드문 후미진 곳에 내다버리기도 한다는 것이었다.

이 소식과 곁들여 자식들로부터 버림을 받은 금년에 77세라는 한 할머니와의 인터뷰도 방송이 되었는데 대학까지 나온 할머니의 아들이 어머니를 양로원 부근에 버려두고 도망갔다. 할머니는 전에 살던 주소는 서울의 신월동이란 것만 알고 있을 뿐이고 집을 떠나와 있으니 손자들이 가장 보고 싶고 악마 같기만 하던 며느리도 가끔은 생각이 난다면서 울먹였다. 그 모습을 지켜본 사람이면 누구라도 사람의 탈을 쓰고 어떻게 저런 몹쓸 짓을 했을까? 하고 울분을 금치 못했을 것이다.

≪명심보감≫에 '효순孝順은 환생 효순자還生 孝順子요, 오역忤逆은 환생 오역자還生 忤逆子하나니 불신不信커든 단간 첨두수但看 簷頭水하라 점점적적 불차이點點滴滴不差移니라.'하는 구절이 있다. 풀어보면 '효도하고 순한 이는 도로 효도하고 순한 자식을 낳을 것이요, 어그러지고 거스르는 자는 도로 그런 자식을 낳는다. 못 믿겠거든 처마 끝의 물을 보라. 점점이 떨어짐이 어긋나거나 옮기는 일이 없다.'는 뜻이다.

부모님께 효도하는 사람만이 자식들로부터 효도를 받을 수 있다는 뜻깊은 교훈이 아니겠는가?

예전에도 한때 국법에 따라 늙으신 부모를 깊은 산속에 내다버리는 고려장高麗葬이란 악습이 성행했었지만 한 촌부가 자기 어머니를 깊은 산속에 버리고 집으로 돌아오려는데 어머니께서 '네가 집으로 가는 길을 잃어버릴까 봐 이곳으로 오면서 소나무 가지를 꺾어 길에 뿌려두었으니 잘 살펴서 가거라.' 하는 말씀을 하시는 게 아닌가.

버림을 받게 되는 마당에서까지 자식을 생각하시는 어머니의 극진한 사랑 앞에 눈물을 삼키며 집으로 발길을 돌리는데 따라왔던 촌부의 아들이 할머니를 짊어지고 왔다가 산속에 버려두고 가려던 지게를 다시 짊어지고 앞장을 서기에 이유를 물었더니 어린 아들이 대답하여 가로되 '이다음에 아버지를 내다버릴 때 쓰려고 가져간다.'는 거였다.

지엄한 국법 때문에 어쩔 수 없어서 노모를 산속에 내다버려야 했는데 이런저런 일들로 미루어 보니 아무리 국법이라도 잘못된 것은 바로잡아야 한다는 데 생각이 미친 촌부는 그길로 노모를 집으로 모시고 돌아왔다고 한다.

국법을 어기게 된 촌부는 죽음을 각오하고 임금님께 올라가 고려장 제도의 모순점을 고했으며 현명하신 임금님은 그러지 않아도 여론이 분분하던 고려장제도를 그날로 폐지한다는 특명을 내림으로 해서 고려장이란 악습이 자취를 감추게 되었다는 얘기를 들은 적이 있다.

오죽했으면 대학까지 나온 사람이 자기 어머니를 양로원 부근에 버리고 도망가겠느냐고 동정할 사람은 이 세상에 아무도 없을 것이다. 현대판 고려장이란 끔찍한 단어를 탄생시킨 장본인도 자식을 기르는 사람일진대 자기는 천추에 씻지 못할 크나큰 죄를 저지르고도 자식들로부터 효도를 기대할 수 있을까? 하는 생각을 해봤다.

다시는 이런 불행한 일이 없었으면 하는 바람에서 송강松江 정철鄭澈의 〈훈민가訓民歌〉 한 수를 읊조려 본다.

> 어버이 사라신제(살아 계실 때) 섬기기란 다하여라.
> 지나간 후면 애닯다 어찌하리.
> 평생에 고쳐 못한 일은 이뿐인가 하노라.

≪전북수필≫ 2호, 1980. 3.

프로야구

우리나라 스포츠계에도 프로 시대가 열렸다.

'어린이들에게 꿈을, 젊은이들에게 정열과 투지를, 국민들에겐 건전한 여가선용을!'이란 캐치프레이즈를 내걸고 미국, 일본에 이어 세계에서 세 번째로 프로야구가 출범했기 때문이다.

지난 3월 27일 서울운동장 야구장에서 전국 야구팬들의 이목을 집중시킨 가운데 서울을 본거지로 한 MBC 청룡 팀과 대구를 본거지로 한 삼성라이온즈 팀의 개막전을 시작으로 막을 올린 프로야구는 충청도가 본거지인 OB베어즈 팀이 우승의 영광을 차지한 전기리그를 끝내고 춘추전국 시대를 방불케 하는 후기리그에 접어들었다.

작년 가을 프로야구가 태동할 무렵에는 국민들 사이에 여론이 분분했었다고 한다.

프로야구의 탄생은 야구 인구의 저변확대와 건강한 사회를 이룩하는 데 크게 기여할 것이라는 찬성론과 야구의 프로화는 다른 종목의 스포츠를 위축시킬 우려가 있고 82년 9월로 박두한 세계 아마추어 야구선수권대회를 주관하는 우리나라 대표 팀의 전력에 차질을 가져올까 두렵다는 반대론의 틈바구니에서 난항을 거듭하던 끝에 몇 년 동안의 출혈투자를 감수하겠다는 6개 구단주의 용단으로 한국 스포츠 사에 새로운 기록으로 남을 프로야구 시대가 막을 연 것이다.

호남지역을 본거지로 하는 해태타이거즈 팀에는 이 고장 야구의 명문 군산상고 출신의 선수들이 대부분이어서 많은 관심을 갖고 초반부터 쭉 지켜보고 있는 중이다.

야구의 매력은 뭐니뭐니해도 딱! 하는 경쾌한 마찰음과 함께 창공을 가르는 백구白球의 포물선이 아닐까? 내가 야구에 관심을 갖게 된 것은 역전의 명수라는 애칭으로 각종 전국대회를 휩쓸던 군산상고의 돌풍 덕분이다.

다른 종목의 경기에도 저마다의 특징과 매력은 있겠지만 야구는 공격과 수비가 엄격하게 구분된다는 특징 말고도 타자의 타구가 일정한 테두리를 넘어가면 홈런이라고 해서 수월하게 점수를 얻는 행운이 뒤따르기도 한다. 그러나 투수의 투구를 놓고 볼이냐 스트라이크냐는 주심의 판정에 좌우될 수도 있는 비신사적인 종목이라고 해서 올림픽의 정식종목에는 끼질 못하고 있다.

야구는 미국의 프런티어정신과 밀접한 관계가 있다는 설이 있다. 19세기 무렵 미국 뉴욕주의 쿠퍼스타운이라는 조그마한 마을에서 농민들의 게임으로 시작되었다고 한다. 우리나라에 보급된 것은 지금부터 77전 전인 1905년 미국인 질레트 씨에 의해서라고 들었다.

황성기독청년회 회원들에게 처음으로 이 경기를 가르쳤다고 전해지는데 그 당시에는 격구擊球 또는 타구打球라고 불렀으며 본격적인 스포츠 종목으로 등장한 것은 1909년 여름으로 방학을 맞아 일시 귀국한 동경 유학생들이 서양 선교사들과 대전을 가진 뒤부터라고 한다.

아직은 시기상조라고 프로야구의 출범을 반대하던 국민들도 연일 펼쳐지는 백구의 향연을 지켜보는 동안에 아직까지 경험하지 못했던 온갖 묘기가 백출하는 프로야구의 진가를 재인식하고는 차츰 관심을 갖기 시작한다는 신문기사를 읽고 야구를 아끼고 사랑하는 팬의 한 사람으로 매우 기쁘게 생각한다.

프로야구라고 다 좋기만 한 것은 아니다. 아직은 선수들의 기량이나 감독들의 용병술, 심판들의 자질이 아마추어적 타성을 벗어나지 못하고 있지만 차차 해결될 것으로 믿는다.

프로야구 덕분에 가는 곳마다, 만나는 사람마다 야구에 관한 애기뿐이고 골목마다 공터마다 야구를 즐기는 꼬마들의 모습이 눈에 띄게 늘었는가 하면 어떤 기업은 매출고가 부쩍 늘었다는 애기도 들었다.

M모 팀의 어린이 회원 모집에는 수만 명이 몰렸었고 회비 5천 원을 내면 이를 웃도는 선물을 준다는 바람에 겹치기로 이팀, 저팀에 가입하는 어린이들도 있어서 대도시의 학부모들이 한동안 곤욕을 치렀다는 얘기도 들린다.

극성스런 아이들은 프로야구를 구경하느라 밤이 늦어서야 귀가를 하는가 하면 집에 일찍 들어온 아이들도 텔레비전 앞에 버티고 앉아서 프로야구 실황중계에만 정신이 팔려 공부는 뒷전이니 큰 일이라는 어느 주부의 푸념이 남의 일 같지만은 않다.

기왕에 출발을 했으니 프로라는 이름에 어울리는 좋은 경기를 펼쳐서 팬들의 사랑을 한몸에 받는 좋은 결과가 있기를 바라면서 한국 프로야구의 무궁한 발전을 빌어 마지않는다.

수필집 《저녁노을》 1982. 7. 7.

저녁노을

문득 아버님의 품안이 그리워진다.

외아들인 나 하나를 의지하고 한학漢學을 본업으로 하는 선비로서, 농사 몇 폭을 경영하는 농부로서 한평생을 희생과 인종忍從으로 살다 가신 아버님이 그립기만 하다.

76세를 일기로 아버님께서 세상을 뜨신 지도 2년여의 세월이 흘렀건만 지금도 석양 무렵이면 정이 듬뿍 담긴 포근한 음성으로 내 이름을 부르며 먼 여행에서 돌아오실 것만 같은 절절한 그리움을 안고 애타게 기다려보지만 그분은 돌아오시지 않고 서산마루에는 저녁노을만 붉게 타고 있다.

아무 세상 물정 모르는 채로 아버님을 여의고 인생의 무상함을 뼈저리게 느끼면서 한동안 방황 길에서 몸부림을 치기도 했지만

4남매를 거느린 가장으로서 절박한 삶의 현장에 몸을 던져 객지 생활을 감수해야 했다.

1년여를 생의 우수憂愁 속에, 객고 속에 떠돌다가 수구초심首丘初心의 짙은 향수를 안고 풀내음 깔리고 송아지 울어대는 고향의 품에 다시 돌아왔다. 세상 사람들은 고향을 헌신짝 버리듯 하고 잘도 떠나는데 나는 이제 고향을 지키는 못난이가 되고 만 셈이다.

도회의 화려한 물질문명에 힘입어 현대는 인간의 가슴속에 고향 상실喪失의 비애悲哀를 안겨주었다. 나는 도회의 시멘트문화가 싫어졌다. 석고 빛 분칠을 하고 노출된 가슴을 앞세우고 종종걸음으로 사치스런 계단을 오르내리는 도회의 풍경들이 도무지 마음에 들지 않는다. 황금에 양심을 갈기갈기 찢어버린 어떤 비정非情들이 겁이 난다.

오죽했으면 아버님의 형제자매 여덟 분 중 여섯 분이 살고 계시는 서울을 마다하고 일신의 영달과 장래가 보장되는-내 생전에 다시 구할 수 있을까 말까하는-직장을 팽개쳐버리고 거름 냄새가 코를 움켜쥐게 하는 고향으로 되돌아왔겠는가?

나는 불혹을 눈앞에 둔 장년이면서도 꿈을 한 아름 먹고사는 로맨티스트를 못 벗는다.

눈을 감으면 안으로 열리는 빨, 주, 노, 초, 파, 남, 보의 무지갯빛 동심으로 꽉 차 그것도 굽이 잦은 고향유정에 파묻혀 그 연하지벽煙霞之癖을 어찌할 수 없으니 내가 사랑하는 고향 철학은 낙엽처럼 유랑하는 숙명이었을까?

파랗고 둥실둥실하게 잔광殘光의 물무늬로 삶의 여운을 한없이 실어내는 고향이 그저 좋은 것이다.

기회가 없어서 어쩔 수 없이 고향땅에 남아 있는데 '자네는 어찌된 사람이 그 화려했던 도회생활을 마다하고 반겨줄 사람 아무도 없는 고향에는 무엇하러 왔느냐.'는 친구들의 핀잔을 귀담아 들으며 처음에는 후회하는 마음도 없지 않았지만 생각을 고쳐먹고 아버님의 손때가 남아 있는 고향집에 머물게 된 것이 오늘에 이르렀다.

꽃은 그 어려움을 극복해 피는데 깊은 자리의 뜻이 있는 법이고, 열매는 그 형극荊棘의 길을 이겨내는 데서 여물어 간다. 춘생추실春生秋實이라 하지 않았던가?

가을이 자꾸 큰 걸음으로 풍차처럼 회전하는 우주의 섭리에 실려 가까이 오고 있다. 눈에 익은 고향의 산과 들이 오늘따라 더 아름답고 차분하게 누워 있다.

동심이 순하게 피고 내 가슴에 하얀 인생철학이 고여 가던 우리 고향을 오래오래 지키고 싶다.

돈을 따라, 애인을 따라, 흙내음 물씬 풍기는 고향을 다 떨쳐버려도 나는 고향의 순박함, 고향의 사투리, 고향의 정에 흠뻑 마음을 던져두리라.

고향의 흙과 더불어 살겠다고 내 긴 바람의 알진 연륜이 하나가 쌓이고, 둘이 쌓여 허구한 날들이 흐르고 흘러 생의 종착역에 섰을 때에도 나는 만개한 꽃잎을 보던 밝디밝은 가슴으로 고향을 설명하고 있으리라.

농부의 소망에 매달린 환한 웃을 날려보며 과수원 비탈길에서 내려다보이는 풍요한 들판 길, 아스라이 보이는 마을 언덕배기 위의 미루나무 꼭대기에 까치 한 쌍의 사랑이 어릴 때, 온종일 열기를 뿜어대던 태양도 지친 듯 서산 뒤로 숨어버리면, 언제 보아도 사랑스러운 저녁노을이 붉은빛으로 피어오른다.

붉게 타오르는 저녁노을 속에는 어렸을 적 내가 키우던 동심의 추억이 묻혀 있다.

장에 가신 아버님께서 해가 지도록 돌아오시지 않으면 마을 어귀의 다리목까지 마중을 나가곤 했다. 흰 모시두루마기 자락을 펄럭이며 내가 좋아하는 사탕이며 과자들을 한 꾸러미 사가지고 인자한 미소로 돌아오실 아버님을 기다리는 동안에 머리 위에서 아름답게 피어오르는 저녁노을이 하도 고와서 아버님이 곁에 오신 줄도 모르고 넋을 잃고 바라보던 추억이 진하게 가슴에 남아 있다.

허기지고 고달픈 세월도 이제 서러운 눈빛으로 보지 말아야 한다. 저 푸른 강물로 다가서는 내 집 논의 푸른 출렁임을 이제 지혜의 뜨락, 진리의 씨앗으로 알고 또 믿고 살아야 한다.

인간의 생명은 회일성回一性이 아니던가? 저 고향의 산허리를 껴안고 묵직하게, 진실되게 초로草露처럼 나직하게 저녁노을을 사랑하며 조용하게 살고 싶다.

수필집 ≪저녁노을≫ 1982. 9. 10.

10원의 위력

작고하신 아버님께서는 생전에 늘 '10원 보고 웃는 자는 10원 때문에 운다.'라는 말씀을 즐겨 사용하셨다.

기회가 있을 때마다 나를 불러 앉히고는 "너는 돈을 너무 헤프게 써서 탈이다. 벌기는 어려워도 쓰기는 쉬운 법이니 돈을 좀 아껴서 써라."고 타이르신 후 예의 10원 얘기를 꺼내곤 하셨다. 그때마다 나는 건성으로 들어 넘기기 일쑤였고 노인네의 지나친 노파심이려니 하고 가볍게 생각했었다.

그러나 아버님께서 갑자기 세상을 떠나시고 일곱 식구의 생계를 꾸려나가야 할 가장이라는 중책을 맡고 나서야 아버님께서 생전에 하신 말씀이 구구절절 옳았다는 걸 깨달을 수 있었다.

현재 우리나라에서 통용되는 화폐는 만 원짜리로부터 1원짜리에 이르기까지 아홉 종류지만 각종 공공요금이나 세금을 내는 데만 간혹 쓰일 뿐인 1원과 5원짜리는 이미 화폐로서의 가치를 상실했다고 해도 과언이 아닐 것이다.

구멍가게엘 가봐도 10원에 2개씩 하는 과자는 더러 있어도 5원짜리 동전 하나만으로 살 수 있는 물건은 거의 없고 상인들도 5원짜리 동전은 아예 상대조차 않으려고 든다.

말하자면 10원짜리 동전이 국내 최하의 화폐단위로 통용되고 있는 셈인데 그나마 10원짜리 동전 하나만으로는 공중전화를 걸거나 편지봉투나 편지지 두어 장을 살 수 있으며 초등학생들의 지우개나 면도칼, 도화지 따위를 살 수 있을 뿐이다. 몇 년 전까지만 해도 10원짜리 동전 하나면 반가워하던 거지들도 외면해버리는, 심지어 다섯 살짜리 우리 집 막내마저도 푸대접하는 10원짜리 얘기를 더 해서 무엇하겠는가?

하지만 천덕꾸러기 10원짜리도 때에 따라서는 큰 위력을 발휘하는데, 쉬운 예로 10원만 모자라도 담배를 살 수 없으며 차를 타고 다니면서 모자라는 차비 10원 때문에 승무원들로부터 톡톡히 망신을 당하는 꼴을 심심찮게 볼 수 있음은 바로 10원의 위력이 아니고 무엇이겠는가?

나도 한때는 10원을 우습게 알고 10원을 아끼자고 텅빈 시외버스를 그냥 보내고 콩나물시루처럼 붐비는 시내버스만 골라 타는 시골 아줌마들을 딱하다고 생각했다. 서울에 가도 토큰을 사기가 귀찮아서 10원을 더 주고 현금 승차해 버리기가 일쑤였다.

어쩌다가 10원짜리 동전 몇 개가 땅바닥에 떨어져도 남 보기가 창피하다는 이유로 그냥 버려두는 일도 없지 않았는데 얼마 전 주간지에서 〈신종직업〉이란 제목의 기사를 읽고는 돈의 소중함을 깨달을 수 있었으니 늦게나마 철이 든 셈이다.

그 기사의 내용인즉 부산에는 버스정류장 부근의 하수도를 뒤져서 하수구에 떨어뜨린 동전이나 금붙이 등을 건져내는 신종직업이 등장해서 하루 평균 1만 원 벌이가 넘으며 앞으로는 다른 도시로 원정을 할 계획까지도 세워놓고 있노라고 했다.

처음에는 남의 이목이 두려웠고 창피한 생각도 들었으며 무엇보다도 고약한 냄새 때문에 어려움이 많았지만 하루이틀 하다 보니 노력한 만큼의 대가를 얻을 수 있고 자칫 사장되어버릴 운명에 처한 귀중한 재산을 건진다는 긍지와 자부심도 생겨나서 이제는 누가 뭐래도 하나의 떳떳한 직업으로 알고 있다는 것이었다.

오죽이나 할 짓이 없으면 육신 멀쩡한 사람들이 동전 몇 푼 건지겠다고 고약한 냄새가 코를 찌르는 오물 투성이의 하수도를 뒤지고 있겠느냐고 코웃음을 칠 사람도 없지는 않을 것이다. 그러나 알량한 체면 때문에 자기가 떨어뜨린 동전도 냉큼 허리를 굽혀 줍지 못하는 위선 투성이의 가소로운 모습보다는 비록 자기가 흘린 것은 아니로되 그대로 두면 시궁창에서 썩어 없어질 몇 푼을 건져보겠다고 뭇사람들의 멸시나 천대는 아랑곳하지 않고 묵묵히 냄새나는 하수도를 뒤지고 있는 사람들의 정신자세가 훨씬 높게 평가되어야 할 것이다.

자고 나면 하루에도 수백 리 길을 출장으로 일관해야 하는 떠돌이 직업에 종사하고 있기에 언제 어디서 무슨 일이 있을지를 몰라 비상금이란 이름의 만 원권 지폐 한 장을 없는 듯 간직해 둔 지는 이미 오래전의 일이었다. 아직 한 번도 이 비상금을 꼭 써야 할 긴박한 사태는 없었기에 옷을 갈아입을 때마다 비상금을 옮겨 넣는 데 익숙하지 않았던 것이 바로 10원의 위력에 단단히 혼이 난 좋은 동기였다.

그날은 이리, 김제, 부안 지역에 주문받은 제품들을 납품하고 몇 군데 거래처에서 수금도 할 계획으로 출발을 해서 예정대로 이리를 거쳐 김제에 도착했을 때는 점심시간이었다. 시장기가 들어 식당을 찾다가 무의식중에 주머니 속에 들어 있는 돈을 헤아려 보니 전 재산이 천 원권 지폐 한 장과 100원짜리와 10원짜리 동전이 각각 하나씩으로 점심 먹고 담배를 사버리면 집에 돌아올 차비가 없을 것 같았다.

그 순간에 비상금 생각이 나서 옳다 비상금을 쓸 때는 바로 이때다 하고 쾌재를 부르며 비상금이 기다리고 있음 직한 양복 안주머니에 손을 넣어보니 아뿔싸! 이게 무슨 낭패인가? 아침에 옷을 갈아입으면서 비상금 옮기는 걸 깜빡 잊고 그냥 나와버린 것이다.

불행 중 다행으로 호주머니에 있던 돈을 몽땅 털어 민생고를 해결하기 이전에 알았으니 부안에 가서 수금을 해서 점심도 먹고 담배도 사면 되겠구나 싶어 서둘러 부안에 갔다. 그런데 가던 날이 장날이라고 돈을 주기로 약속했던 거래처마다 주인이 없었다.

무작정 기다릴 수도 없고 해서 그냥 집으로 오려고 부안터미널에 나와 승차권을 사놓고 남은 돈을 헤아려보니 평소에 즐겨 피우던 담배 한 갑을 사기에는 10원이 모자라는 440원뿐이었다. 별 수 없이 3백 원짜리 담배를 한 갑 사가지고 버스에 올라 한 개비를 태워 문 채 차창에 머리를 기대고 있노라니 '10원 보고 웃는 자는 10원 때문에 운다.'고 하시던 아버님의 음성이 들려오는 듯해서 왈칵 눈물이 쏟아졌다.

평소에 내가 10원을 우습게 알았으니 결국에는 10원의 위력에 굴복을 당한 것은 지극히 당연한 인과응보인 셈이다.

≪내장문학≫ 제2집, 1981. 10.

귀양실 풍경

우리 마을의 이름은 '귀양실'이다.

정확하게는 정읍군 북면 구룡리 구량 마을인데도 애, 어른 할 것 없이 누구나가 귀양실로 부르기 때문에 나도 어쩔 수 없이 그렇게 부르고 있다.

이 마을 이름이 언제부터 왜 귀양실이 되었는지는 자세히 모르지만 내가 어렸을 적에 아버님으로부터 전해 들었던 얘기 한 토막이 참고가 되지 않을까 해서 간추려보겠다.

이 마을에 조선시대 때 벼슬이 정승까지 오른 사람이 귀양살이를 오게 되었다고 한다. 이분이 바로 덕망이 높고 학식이 뛰어난 청백리 채 정승인데 채 정승은 억울한 누명을 쓰고 이곳까지 귀양살이를 온 것이다.

아무런 죄도 없는데 인적이 드문 산골짜기에 귀양을 와서 살자니 억울한 인생의 한이 맺혔지만 낮이면 산야초를 뜯어다가 책과 더불어 삶을 이어갔으며 밤이면 밝은 달과 자연을 벗삼아 세월을 보냈다.

채 정승의 마음은 편한 날이 없었다. 아무리 생각해도 자기에게는 털끝만큼의 잘못도 없으며 귀양살이를 할 만한 죄는 더더구나 없었지만 어명을 받았으니 무슨 도리가 있었을까?

그 많은 세월을 귀양살이하는 동안 채 정승은 병을 얻어 세상을 뜨고 말았다는데 그분이 작고한 이듬해에 채 정승이 억울한 누명을 쓰고 귀양살이를 하다가 비명횡사하였다는 사실이 밝혀졌으니 그분의 영혼인들 오죽이나 원통했겠는가? 조정에서는 뒤늦게야 이 사실을 알고 채 정승에게 관작을 추증하는 등 야단법석이었지만 분함을 이기지 못한 채 정승의 자손들이 이 마을로 몰려와 유골이나마 한양으로 모셔가려고 백방으로 수소문하여 그분의 묘소를 찾았으나 무덤마저 간 곳이 없었다고 한다.

그 당시의 법으로는 정승의 묘 옆에는 일반 백성들의 묘를 쓸 수 없었기 때문에 채 정승의 묘 옆에다 산소를 모신 주민들이 작당을 해서 그분의 묘를 파헤쳐 흔적을 없애버렸다. 지금까지도 마을 뒤에 위치한 골짜기의 이름이 채서방골로 불리는 것을 보면 전혀 사실무근한 낭설만은 아닌 듯싶고 이러한 연유로 해서 마을 이름이 귀양실이 되었을 것으로 추측된다.

마을 이름이야 어찌되었건간에 귀양실처럼 산수경관 빼어나고 인정이 샘솟는 마을은 흔치 않을 것이다.

칠보산이 굽어보는 양지바른 터에 1백여 호의 농가들이 옹기종기 모여 앉은 한 폭의 그림과도 같은 이 마을을 지켜주는 동구밖 정자나무는 몇백 년이나 되었는지 수령을 짐작조차 할 수 없지만 푸르고 씩씩한 기상만은 예나 지금이나 변함이 없이 주민들의 사랑을 독차지하고 있으며 밭산에서 발원하여 마을을 끼고 흐르는 냇물은 동진강을 거쳐 서해로 흘러간다.

날씨가 조금만 가물어도 극심한 한해를 입는 대신에 아무리 큰 홍수가 져도 수해 걱정은 안 해도 되는 마을의 주산물은 물론 쌀이지만 고등원예와 딸기 재배로 얻어지는 수익도 만만치가 않다.

요즈음에는 과수원을 경영하는 농가들이 많아서 가을철이면 개도 사과를 물고 다닌다는 우스갯소리가 나올 정도이고 잎담배, 땅콩, 고추 등 소득성이 높은 작물들 등쌀에 그 유명하던 귀양실 밤고구마는 차츰 인기를 잃어가고 있다.

축구황제 펠레를 꿈꾸며 친구들과 어울려 공을 차던 장승배기 잔디밭은 변함이 없으련만 함께 놀던 친구들은 다 어디로 가버렸는지 만날 길이 아득하고 밋골, 절골, 엉골, 사도실로 날이면 날마다 쏘다니며 칡을 캐고 머루, 정금을 따먹던 추억들만 가슴 가득이 고여 있다.

건넛산 숲 속에서 울어대는 뻐꾸기 소리가 이골, 저골에 울려 퍼지면 마을이 온통 뻐꾸기 소리에 파묻혀버리고 마을을 앞뒤로 병풍처럼 애워싼 높고 낮은 산에서는 고사리며 취나물, 딱주, 도라지 등 7백여 주민들의 입맛을 돋우어 줄 산채들이 무한정으로 쏟아져나오는가 하면 아까시, 밤나무, 싸리꽃들이 많아서 양봉업자들이 심심찮게 찾아오기도 한다.

이웃의 애경사를 내 집 일처럼 보살펴주고 함께 슬퍼하고 같이 즐거워하는 순박한 인심이 그대로 살아 숨쉬는 마을, 색다른 음식 한 가지만 장만을 해도 이웃들을 불러다가 이마를 마주하고 오순도순 나눠먹는 오붓한 인정이 옹달샘처럼 마르지 않고 계속해서 흘러넘치는 이 마을이 두어 달 후에는 정주시로 편입된다고 들었다.

행정구역상 어쩔 수 없이 정읍군 북면 구룡리에 속해 있을 뿐 오래전부터 학군이나 생활근거지가 정주시였던 터에 새삼스럽게 행정구역을 개편하여 자동적으로 촌사람의 티를 벗고 시민이 되게 되었는데 기뻐할 줄 알았던 주민들의 표정은 하나같이 시무룩하기만 하다.

이유를 알아봤더니 시민이 되어봐야 별다른 혜택도 없을 것이고 주민세만 곱빼기로 물게 되었으며 귀양실, 매기네, 용호동의 주민을 모두 합쳐도 한 개의 동을 신설하는 데 필요한 적정 인원이 미달되기 때문에 구룡동으로 남아 있는 게 아니라 정주시 장명동에 흡수되어 결국에는 의붓시민의 신세를 면치 못할 텐데 뭐가 좋아서 희희낙락하겠느냐는 대답이다.

머지않아서 이 마을의 이름도 정주시 장명동 5통 구량 마을이라는 어색한 이름으로 바뀌겠지만 채서방골에서 억울하게 귀양살이를 하다가 끝내 한을 풀지 못하고 숨을 거둔 채 정승의 애틋한 전설과 남한골, 피난지골, 무릉골, 까재골, 독적골, 상보, 두투물, 하바지, 영깔, 잿등, 서낭댕이의 모습들이 그대로 남아 있는 한 귀양실이란 정다운 이름은 영원히 남으리라.

수필집 ≪저녁노을≫, 1982. 1. 5.

견공 소변소

‘메이커 디테일맨’, ‘제약회사 영업사원’, ‘약장수’, ‘가방쟁이’ 등 호칭 한번 푸짐해서 좋은 약업계라는 화려한 이름의 직종에 발을 들여놓은 지도 벌써 6개월이 넘었다.

하루 놀고 하루 쉬는 실업자의 테두리를 못 벗어나고 있는 내 처지를 딱하게 여긴 숙부님께서 천신만고 끝에 가까스로 주선해 주신 직장이다.

이름은 그럴듯한 제약회사 출장소장이라지만 책상 앞에 앉아 회전의자나 굴리는 내근직이 아니고 날이면 날마다 새로운 거래처를 개척해야 하고 기존거래처의 관리 및 수금업무에다 본사 제품의 PR과 판매까지 담당해야 하는 이른바 동가식서가숙의 외판원이라고나 해둘까?

그러나 정해진 출퇴근시간이 따로 없고 또 이래라저래라 하는 윗사람의 간섭도 없으며 몸은 좀 고달프지만 계절에 따라 변모하는 차창밖의 풍경들을 마음껏 만끽할 수 있으니 여행을 좋아하는 내 취미에는 안성맞춤인 직업이다.

구비서류를 준비해가지고 서울에 있는 본사에 가서 소정의 교육을 마친 뒤 본사에서 마련해준 신분증이며 배지, 명함 등을 받아가지고 내려오긴 했는데 007가방에 본사 제품 샘플들을 챙겨가지고 거래처를 방문해야 할 일이 무엇보다 두려웠고 또 어려웠다.

외아들이란 여건 때문에 부모님으로부터 과잉보호를 받으면서 자란 탓으로 성격이 내성적인데다 용기와 박력이 좀 부족했기에 8년 전 중앙일간지 보급소에 처음 발을 디딜 때도 마찬가지였지만 처음 시작할 때가 어렵지 막상 시작하고 나면 오래지 않아 쉽게 적응하는 것이 나의 장점이라면 장점인 것이다.

그렇지 않아도 일곱 식구의 생계를 한몸에 떠맡은 가장이라는 중책을 승계한 처지인데 이보다 더한 일인들 못하겠느냐고 스스로를 나무라면서 가까스로 용기를 내어 평소에 가깝게 지내던 약사님을 찾아갔다. 예상했던 것과는 달리 호의를 베풀면서 오히려 나를 격려해 주는 데 힘입어 하루이틀 지내다 보니 배짱도 제법 두둑해지고 상대방을 설득하는 것도 많이 익숙해진 것이다.

그렇다고 상대방이 언제나 내 마음 같은 건 결코 아니기 때문에 절대로 방심해서는 안 되는 것이 바로 이 직업의 어려움이라는 것을 잊어서도 안 된다.

어렵게 설득해서 주문을 받는 일은 쉬운 일이지만 상대방의 기분을 상하지 않고 빠른 시일 내에 수금을 하는 일이 쉽지가 않다.

판매에 주력하다 보면 수금실적이 저하되고 또 수금에만 열을 올리다 보면 판매가 부진하게 되니 판매와 수금실적 두 가지를 다 향상시켜가는 나름대로의 비결을 터득해야만 비로소 하나의 완전한 '디테일맨'으로서의 자질을 인정받을 수가 있는 것이다.

나야 아직 초보자의 범주를 벗어나지 못하고 있지만 돌아다니다 보면 재미있는 일들도 많다.

일단 거래처만 찾아가면 양보와 타협을 모르는 맹렬한 직업인이지만 차를 타고 출장을 할 때만은 느긋한 유랑자의 기분으로 온갖 시름 떨쳐버리고 차창을 통해 펼쳐지는 풍경에 도취되어 명상에 잠겼다가 목적했던 거래처를 그냥 지나쳐버린 일도 적지 않다. 온종일 시달리다가 일과를 마치고 피곤한 몸과 마음을 편히 쉴 수 있는 집으로 발길을 돌릴 때쯤이면 포장마차 집 한잔의 막걸리가 나를 불러 세우곤 한다.

평상시에는 술 마시기를 죽기보다 꺼려했었는데 이 직업에 종사하고부터는 목이 컬컬할 때마다 막걸리를 한 사발씩 들이키는 습관이 생겨버렸다. 출출할 때 한잔의 막걸리는 전신의 피로를 말끔하게 씻어주고 생활의 활력소가 되어주는 데 인색하지 않기 때문이다.

참새가 어찌 봉황의 높은 뜻을 알리요 마는 한 잔 술에 호흡이 곤란해지고 얼굴이 빨개지는 주제에 무슨 술타령이냐고 꾸중을 할 애주가가 있을지 모르겠다. 그러나 주량이 크든 작든간에 술의 고마움을 알고 한잔 술이나마 매일 마시는 나도 애주가의 한 사람임에는 틀림이 없다고 억지를 부려보고 싶다.

기왕 얘기가 나온 김에 한 마디 더해두고 싶은 말은 술을 마실 때 마시더라도 몸을 생각해서 적당하게 마셔야겠으며 설령 좀 과음을 했기로서니 술의 힘을 빌려 팔자걸음을 걷는다거나 되지 않은 소리를 고래고래 내질러 남의 정서를 해치는 일일랑 삼가고 '술 취한 개'라는 소리를 제발 듣지 말라는 부탁을 하고 싶다.

평상시에는 색시같이 얌전하기만 하던 사람들도 술을 몇 잔 걸쳤다 하면 남의 이목 같은 건 싹 무시해버리고 아무 곳에서나 실례를 해대는 통에 주당들의 발길이 잦은 후미진 골목길의 담벼락에는 '소변금지'니 '워리' 따위의 문구나 단순한 가위 그림이 그려져 있는 것을 볼 수 있다. 얼마 전에는 S읍에 갔다가 기가 막히게 멋진 솜씨로 일필휘지한 '견공소변소犬公小便所'라는 글씨를 본 적이 있다.

오죽이나 귀찮았으면 국전 서예 부문에 출품을 해도 손색없을 훌륭한 솜씨의 서예실력을 발휘해서 '犬公小便所'라는 명구를 써 놓았을까? 하는 동정의 마음도 들었지만 술에 취해 자기 집 담벼락에 실례를 하는 사람들이 다 개라면 결국에는 '견공소변소'라 쓴 사람도 똑같은 개가 되고 만다는 뜻이니 좀 심하게 말해서 '우리 집은 개의 집이요'라고 풀이할 수도 있는 것이다.

피차의 잘잘못을 따지기 이전에 서로기 깊이 반성해볼 문제다.

만일 어느 외국인이 이것을 목격했다면 어떻게 해석을 할까? 한국은 '동방예의지국'이라더니 개들도 한자를 알고 있는 모양이라고 놀라서 까무러치지나 않을까?

≪내장문학≫ 창간호. 1981. 1.

진정한 친구

이 세상에 친구가 없는 사람은 아무도 없을 것이다.

어려서 꿈을 먹으며 함께 자란 죽마고우竹馬故友가 있는가 하면 초등학교, 중학교, 고등학교, 대학교 등 학창생활에서 사귀었던 학우學友, 사회활동을 하는 동안에 사귄 친구, 취미나 전공분야가 같기 때문에 맺어진 친구 등 친구라는 매개체는 수없이 많겠지만 답답했던 가슴을 활짝 열고 흉금을 털어놓을 수 있는 진정한 친구는 과연 몇이나 될까?

친구에 관한 얘기를 늘어놓다 보니 어렸을 적 아버님으로부터 들은 얘기 한 토막이 생각난다.

어느 부잣집 외아들이 하라는 공부는 안 하고 매일같이 친구들과 어울려 주색잡기에만 몰두하는지라 좋은 말로 타일러도 보고 호되게 꾸짖어도 보았건만 반성하는 기미는 조금도 보이지 않고 날이 갈수록 늘어가는 것이 고약한 술버릇이요, 축이 나는 건 가산이니, 아버지의 괴로운 심정이야 오죽했겠는가?

견디다 못한 아버지는 어느 날 아들을 불러 앉혀놓고는 "네가 어려서 이후로 그 많은 재산을 탕진하다시피 해가면서 사귄 친구가 수도 없이 많을 텐데 네가 만약 위급한 상황에 처했을 때 너를 진심으로 도와줄 친구는 과연 몇 명이나 되겠느냐."고 물으시자 망나니 아들이 "아버님, 그 문제라면 염려하지 마십시오. 아무려면 지금까지 저의 도움을 받아온 친구가 부지기수인데 저의 어려운 경우를 나 몰라라 외면해버릴 인정머리 없는 친구가 단 한 사람인들 있겠습니까?" 하고 자신 있게 대답하였다.

아버지께서는 속으로 쾌재를 부르며 그렇다면 지금까지 네가 사귄 친구들이 네 말대로 진정한 친구인지 아닌지 시험을 해보자고 제의하시자 망나니 아들은 이번 기회야말로 아버지의 간섭을 떨쳐버릴 수 있는 절호의 찬스라고 생각한 나머지 그렇게 하기로 결정했다고 한다.

그날 석양 무렵 머슴을 시켜서 집에서 기르던 돼지 중 가장 큰 놈으로 골라잡게 한 뒤 사람의 시체인 것처럼 위장하기 위해 잡은 돼지를 거적으로 포장을 해가지고는 지게에다 짊어지고 아들을 앞세워 이른바 아들이 친구라고 생각하는 사람들의 집을 한 집 한 집 방문하기 시작했다.

처음에 찾아갔을 때는 버선발로 뛰어나와 이 밤에 웬일이냐고 반기더니 지게에 짊어놓은 물체를 가리키며 "내가 취중에 사소한 일로 시비를 하다가 실수로 사람을 죽였는데 시체를 처치할 곳이 없어 얼핏 생각나는 자네에게 좀 숨겨달라고 왔으니 평소의 우정을 생각해서 어떻게 좀 해달라."고 부탁을 하자 순식간에 안색이 달라지면서 "자네 같은 살인자를 친구로 둔 일이 없다."고 아예 말도 못 붙이게 딱잡아 거절하며 입에 담지 못할 욕설까지 퍼부어대는 게 아닌가?

이러기를 무려 수십 차례, 먼동이 훤하게 밝아올 무렵에야 아들이 친구라고 일러주는 집들의 방문을 끝낼 수 있었다.

가볼 만한 집은 빠짐없이 모두 가봤지만 결과는 하나같이 일언지하에 거절이었다. 풀이 죽어 있는 아들을 앞세우고 집으로 오는 도중에 잠시 쉬면서 아버지가 "얘야! 기왕 내친걸음이니 이번에는 이 아버지 친구의 집 한 집만 찾아가보자."고 말씀하셨다. 아버지가 가시는 대로 따라 가보니 금방이라도 쓰러질 것만 같은 울도 담도 없는 초라한 초가집 앞에 걸음을 멈추었다.

주인을 불러 먼저 아들의 친구 집에 찾아갔을 때처럼 자초지종을 얘기하자 두말 할 것도 없이 지게 위에 얹혀 있는 시체(?)를 내려다가 부엌 나무더미 밑에 감춰놓고 나와서 하는 말이 "평소에 침착하기만 하던 자네가 어쩌다가 그런 실수를 저질렀는가."라며 자기 일처럼 걱정을 해주는 게 아닌가?

한참 동안이나 친구의 위로 아닌 위로를 받고 서 있던 아버지는 이윽고 껄껄 웃으시며 "이 사람아! 정말 고맙네. 자네가 진정한 나의 친구일세."하시고는 어젯밤부터 조금 전까지 있었던 일들을 털어 놓으시며 잔뜩 주눅이 들어 잠자코 서 있던 아들더러 이제야 진정한 친구가 무엇인지, 우정이 어떤 것인지 알았느냐고 타이르니 아들이야 입이 백 개인들 무슨 할 말이 있었으랴.

아무튼 아버지로부터 무언의 교훈을 들은 망나니 아들도 깨달은 바가 있어서 자신의 무분별했던 행동을 뉘우치고 학업에 정진하여 나중에는 정승의 자리에까지 올랐다는 내용의 이야기다. 그 이야기는 나의 어린 마음에도 큰 감명을 주었고 지금까지 살아오는 동안 하나의 지침이 되었으며 앞으로도 내 일상생활에 빛과 소금이 되어줄 것으로 믿는다.

내가 즐겨 읽는 ≪명심보감≫ 교우편交友篇에 '주식형제酒食兄弟는 천개유千個有로되 급난지붕急難之朋은 일개무一個無니라.'하는 구절이 있다. 풀어보면 '서로 술을 나눠 먹을 때에는 형이니 아우니 하는 친구는 많아도 급하고 어려운 일을 당했을 때 진정으로 위로해주고 도와줄 친구는 한 사람도 없다.'는 뜻이다.

친구라는 말뜻을 국어사전에서 찾아봤더니 (1) 마음이 통하여 친하게 사귄 사람, (2) 오래 두고 정답게 사귀어온 벗이라 나와 있었다.

내 주변에도 친구들은 많이 있다.

하지만 위급할 때 도와주는 것은 뒤로하고 우선 마음과 마음을 활짝 열고 언제나 따사로운 봄볕마냥 변함없는 우정을 나눌 수 있는 진정한 친구는 몇이나 될까? 또한 나를 진정한 친구로 생각하는 사람도 이 세상에 있을까? 아무리 생각해봐도 모를 일이다.

≪내장문학≫ 제4집 1984. 6.

결혼식장 유감

코발트 빛 하늘, 불타는 단풍, 그윽한 국화 향기가 가을의 운치를 한층 돋워주고 있다.

10월에 접어들면서 각 신문의 광고란에는 결혼식을 알리는 청첩장들이 눈에 띄게 늘어났고 집으로 배달되는 우편물 중에도 가정의례준칙에 금지사항으로 되어 있는 청첩장의 일종인 〈알림〉, 〈모시는 글〉 따위의 변칙 청첩장들이 심심찮게 끼어 있는 것으로 미루어 볼 때 본격적인 결혼 시즌이 도래했음을 알 수가 있다.

인생의 새 출발을 다짐하는 가장 엄숙하고 성스러운 결혼식인 만큼 한 사람의 하객이라도 더 모시려는 신랑신부나 양가부모의 심정을 모르는 건 아니지만 단속의 눈을 피해 가면서까지 청첩장을 인쇄하거나 프린트해서 가까운 일가친척이나 친지도 아닌 약간의 면식이 있는 사람들에게까지 마구 보내는 것은 아무래도 극성이랄 수밖에 달리 해석할 길이 없다.

옛날처럼 길일을 택하지 않을 바에는 다른 사람들의 이용이 적은 좀 한가한 날을 골라 엄숙하고 진지한 분위기 속에서 결혼식을 올리는 것이 바람직한 일이다. 그러나 어찌된 영문인지 너나 할 것 없이 결혼식 날은 꼭 공휴일이나 주말을 택하는 까닭에 예식장의 분위기는 시장바닥처럼 소란스럽기만 하다. 좀 내로라하는 사람들은 경쟁이라도 하듯 같은 시간에 이곳저곳에서 결혼식을 올리는 신랑신부를 찾아 축의금 전달에 급급하다 보면 축하고 나발이고 생각할 겨를도 없을 것이다.

나는 남다른 직업에 종사하다 보니 아는 사람도 많고 또 이곳저곳으로 이사를 자주 다닌 덕분에 각계각층의 친구들이 있어서 다른 사람들보다 예식장 출입이 잦은 편이다. 10여 년의 사회생활을 해오는 동안에 예정했던 사회자가 불가피한 사정으로 못 나와서 대타자로 기용되어 맡아보기 시작했던 결혼식 사회가 엊그제 친구 동생의 결혼식을 계기로 150회를 넘었으니 결혼식 사회가 내 직업인 줄로 착각하는 사람도 없지 않을 것이다.

어느 저명인사가 세웠다는 결혼식 주례 3천 회라는 엄청난 기록에 비하면 내 사회기록 150회는 20분의 1에 지나지 않는 새 발의 피에 불과하지만 주례를 도와서 150쌍의 부부를 탄생시킨 숨은 공로자였다고 자부한다.

결혼식의 사회를 맡아볼 때마다 느낀 일이지만 어느 결혼식을 막론하고 정해진 시간에 제대로 식이 시작되는 경우는 없었는데 10여 분, 심하면 1시간 가까이 지연되기도 했지만 이유는 하나같이 신부화장 때문이라고 했다.

일생에 단 한 번뿐인 결혼식에 예쁘고 아름답게 보이고픈 신부의 심정은 충분히 이해할 수 있지만 예식 시간을 감안해서 미리미리 준비한다면 축하객들이 오랜 시간을 초조하게 기다리지 않아도 될 것이고 몇 군데 겹치기로 주례를 약속해 놓은 점잖은 주례선생의 당황해하는 모습을 보지 않아도 좋을 것이다.

말이 나온 김에 하는 얘기지만 결혼식의 시작이 늦춰진 만큼 예식 시간은 단축된다는 사실을 알아야 한다.

이제까지의 경우로 보아 길게는 1시간 이상에서부터 짧게는 주례사마저 생략해버린 7분짜리 결혼식도 있었다. 전자(1시간 이상)는 정해진 시간에 시작된 구변 좋은 주례를 모셨던 경우이고 후자(7분)는 신부화장이 너무 늦어져 1시간 가까이 지연되다가 다음 차례를 기다리는 사람들과 예식장 주인의 열화 같은 독촉에 견디다 못해 허겁지겁 번갯불에 콩 구워 먹듯 주례사마저 생략해버렸던 경우이다.

예식 시간이야 길었든 짧았든 결혼식만 마쳤으면 되지 무슨 잔소리냐고 핀잔할 사람도 있겠지만 기다린 1시간에 비해 7분이라는 결혼식 시간은 너무도 짧았기에 지금까지도 잊히지 않고 기억 속에 남아 있다.

혼인치레 말고 팔자치레 하라는 옛말이 있다. 자기의 분수는 생각하지 않고 남의 이목만 생각하여 허례허식을 일삼는 사람들을 두고 이르는 말일 것이다.

남들이 하니까 나도 해야겠다는 생각일랑 접어두고 꼭 결혼 시즌, 더구나 붐비는 주말이나 공휴일이 아닌 한가한 날을 택해서 차분한 마음으로 가정의례준칙을 좇아 검소한 결혼식을 올린다면 얼마나 좋겠는가?

진정한 마음으로부터의 축복을 받으며 백년해로를 다짐하는 신혼부부의 앞날은 영원무궁토록 행복하기만 할 것이라 믿으면서 풍요로운 결실의 계절에 새롭게 탄생되는 모든 부부에게 한 아름 마음의 꽃다발을 보내고 싶다.

≪전북수필≫ 창간호, 1979. 10.

봄, 고향, 복숭아꽃

봄을 다투어 피는 꽃 중에 복숭아꽃을 빼놓을 수가 없다.

'나의 살던 고향은 꽃 피는 산골, 복숭아꽃, 살구꽃, 아기진달래…….'하는 동요도 있지만, 일찍이 이행원李行遠 시인은 '묻노니 복사꽃아, 세우중에 왜 우노니, 장병에 누운 주인 봄바람도 쓸쓸커니, 내 어찌 웃을쏜가'라고 복숭아꽃을 노래했다.

복숭아꽃(일명 복사꽃)은 수많은 사람들에게 갖가지 사연의 추억을 불러일으켜주는 매력을 지니고 있다.

널따란 대지 위에 햇살이 눈부시고 나물 캐는 아이들의 합창소리가 정답게 느껴질 때쯤이면 잎이 채 피지도 않은 가지가지마다 빨갛고 향기 짙은 이쁜 꽃들을 활짝 피우는 복숭아꽃……. 어렸을 적 내가 자란 고향집의 뒤뜰에는 해묵은 한 그루의 복숭아나무가

서 있었다.

멀리 산봉우리에 미처 녹지 않은 잔설이 오십대 중년신사의 머리카락처럼 희끗희끗할 무렵이면 꽃눈이 움트기 시작하여 얼굴에 스치는 바람이 아름다운 여인의 손길마냥 다정하고 따사롭게 느껴지는 날 밤이면 소리없이 꽃망울을 터뜨리곤 하던 복숭아나무 한 그루…….

물론 봄에 피는 꽃이 복사꽃만은 아니지만 꽃으로는 봄을 전해주고 탐스러운 열매로는 한여름의 식욕을 돋우어주는 고마움 때문에 어려서부터 나는 복숭아꽃을 좋아했던 것 같다.

내가 초등학교에 입학하기 전까지만 해도 날씨가 추운 겨울 한철을 빼곤 줄곧 뒤뜰에 있는 복숭아나무에 매달려 살다시피 하였다.

어떤 때는 꽃이 활짝 핀 나무에 벌, 나비들이 몰려와 꿀을 빠느라 정신이 없는 틈에 나비를 잡는답시고 살그머니 나무 위에 올라갔다가 벌에 쐬어 눈두덩이가 퉁퉁 부어오르기도 했고, 채 익지도 않은 풋복숭아를 따먹고 배탈이 나서 며칠씩이나 고생을 했다. 혼자서 집을 지키다가 무료함을 달래려고 복숭아나무에 올라가서 놀다가는 깜빡 잠이 드는 바람에 들일을 하다가 점심 준비를 하려고 집에 오셨던 어머님의 가슴을 졸이게도 했다. 결국에는 아버님이 달려오시고 동네 사람들이 모여들어 사다리를 놓고 야단법석을 피운 끝에 무사하게 나를 내려놓았다는 일들은 두고두고 잊지 못할 아름다운 추억이다.

그 뒤로 내가 초등학교를 졸업하고 진학을 위해 정들었던 복숭아나무가 서 있는 고향집을 떠나게 되었고 가족들도 다른 곳으로 이사를 해버려서 1년에 한 번 조상들의 산소에 성묘를 하러 고향마을에 들르는 추석명절을 빼놓곤 복숭아나무를 대할 기회가 없었다. 학업을 마치고 사회생활을 하면서도 마음만 간절할 뿐 10년 이상이나 고향을 찾지 못했다.

십여 년 만인 작년 추석에야 가까스로 틈을 내서 조부모님 산소에 성묘도 드릴 겸 모처럼 고향을 찾았다. 동구 밖 정자나무는 예전 그대로였지만 울긋불긋한 기와며 슬레이트 지붕으로 탈바꿈한 마을의 모습은 초가지붕 위에 박넝쿨이 무성하던 옛날과는 너무도 많이 변해있었다. 곧고 넓은 마을 안길이며 집집마다 우뚝우뚝 솟아 있는 텔레비전 안테나들은 어느 도시에 비해도 손색이 없을 정도라고 느껴졌다.

조상들의 산소에 성묘를 한 뒤 너무나 오랜만에 찾아온 고향이라서 어른들을 찾아뵙고 인사를 드리느라 마을을 한 바퀴 돌았다. 옛집 앞을 지나게 되어 잠시 걸음을 멈추고 바라보니 집은 개축해서 마을회관으로 사용되고 있었고 넓은 마당은 어린이들의 놀이터로 변해 있었다.

무심코 뒤뜰을 살펴보니 그토록 나의 사랑과 아낌을 받던 복숭아나무는 간 곳이 없고 그 자리에는 대한민국의 상징인 태극기를 게양하는 국기게양대가 세워져 있었으며 반짝이는 황금빛 국기봉 아래서는 알맞게 부는 바람을 맞아 태극기가 힘차게 펄럭이고 있었다.

복숭아나무가 베어져 없어진 것이 다소 섭섭하기는 했지만 동심의 꿈을 충족시켜주던 그 자리를 한 나라의 표상인 국기를 게양할 수 있도록 양보했다는 것이 무엇보다 기쁘고 흐뭇했다.

나무는 언젠가 베어져 없어질 수도 있겠지만 삼천오백만 국민들이 귀중하게 여기고 있는 태극기만은 영원히 그 자리에서 휘날릴 것이라 생각하니 고향을 뒤로하고 떠나는 발걸음이 한결 가벼워지며 콧노래가 절로 나오는 것이었다.

지금까지도 이 세상에서 내가 가장 좋아하는 것이라면 봄, 고향, 복숭아꽃을 꼽는다. 부모님과 형제자매들, 사랑하는 처자식들 다음으로.

전국Jc문예작품콘테스트 당선작품, 1977. 9.

무궁화 찬讚

불볕더위가 기승을 부리는 여름날 아침에도 영롱한 이슬을 머금은 싱싱한 모습으로 아름답게 피어나는 한 떨기 무궁화를 나는 사랑한다.

대한민국을 상징하는 우리나라 꽃 무궁화를 다른 어느 꽃보다 아끼고 사랑하는 마음은 예나 지금이나 변함이 없다. 그러나 한 곳에 오래 머물러 있지 못하고 이곳저곳을 떠돌아다니는 떠돌이 신세이다 보니 직접 심고 가꾸며 가까이서 완상할 기회가 없었다. 다행스럽게도 금년 봄에 이사를 해온 지금 집의 마당에는 해묵은 한 그루의 무궁화나무가 있어서 여름내 무더위를 잊고 피고지고 또 피는 꽃들과 무언의 대화를 나누며 지내고 있다.

백과사전을 들춰보면 '무궁화(일명 목근화木槿花)는 아욱과에 속하는 낙엽관목으로 높이는 2~3m에 이르며 내한성이 강하다고 한다. 여름부터 가을까지 오랜 기간 동안 계속해서 꽃이 피므로 정원수로 관상하거나 번식력이 강해 울타리로도 이용되며 나무껍질은 새끼를 꼬는 데 쓰거나 섬유를 뽑아 제지의 원료로 사용된다.

나무껍질은 회백색이며 가지를 많이 치고 잎은 달걀 모양이거나 마름모꼴의 난형卵形인데 표면은 회록색이고 잎 둘레는 고르지가 못한 거치 모양이다.

꽃은 새 가지의 잎 겨드랑에 단생短生하거나 장생長生하는데 종 모양이며 직경은 5~7㎝가량이다. 꽃은 아침에 피고 저녁에 오므라들지만 떨어지지 않고 3일가량 있다가 떨어지는데 흔히 이 꽃을 조개모락朝開暮落이라고 하나 사실은 떨어지는 것이 아니요 시드는 것이니 조개모위朝開暮萎라 함이 옳을 것이다.'라고 나와 있다.

아침이면 일제히 꽃망울을 터뜨렸다가 저녁에 시드는 모습은 영고무상榮枯無常한 인생의 원리를 보여주는 동시에 여름에 피기 시작해서 늦가을까지 계속해서 피는 것은 자강불식自彊不息하는 군자의 기상을 보여주는 것 같다.

호암 문일평湖岩 文一平님의 화하만필花下漫筆 목근화편을 살펴보면 무궁화의 일명은 순蕣이니, ≪시경詩經≫에 안여순화顔如蕣華라 하여 여자의 용모를 무궁화에 비교하였다.

'무궁화의 빛이 몇 가지가 있으나 분홍과 백색이 가장 고우니 여름날 아침 일찍이 동산에 나가면 무성한 가지와 잎 사이로 여기저기 하얗게 핀 꽃은 이슬에 젖은 그 청아한 자태가 맑은 시냇물에서 갓 목욕을 하고 난 선녀의 품격 그것을 어렴풋이 생각나게 하는 바 있다.'라고 읊고 있다.

내가 어렸을 적만 해도 마을 어귀며 우물가 울타리 어느 곳에서고 쉽게 볼 수 있는 꽃이 무궁화였다. 어른들이 동쪽으로 가라면 일부러 서쪽으로 발걸음을 옮기던 개구쟁이였지만 무궁화만은 털끝 하나 안 건드리고 구경만 하던 지난날의 내 자신을 내가 생각해봐도 신통하기만 하다.

이유인즉 흥부와 놀부 이야기에서 마음씨 착한 흥부에게 보은의 박씨를 물어다 준 제비를 보호하기 위한 수단으로 제비를 건드리거나 잡으면 학질에 걸린다는 허무맹랑한 소문을 퍼뜨린 것처럼 무궁화를 만지거나 꽃을 꺾으면 눈병이 옮는다는 유언비어가 횡행하는 바람에 행여 눈병이 옮을세라 가까이 접근도 못하고 먼발치에서 구경만 했을 뿐이다.

내가 무슨 애국자여서 나라꽃인 무궁화를 끔찍이 아끼고 사랑한 건 아니었는데 초등학교에 갓 입학해서 선생님으로부터 '무궁화 무궁화 우리나라 꽃, 삼천리 강산에 우리나라 꽃'이라는 노래를 배웠으며, 차츰 나이가 들어, 들은 풍월로 우리나라를 상징하는 국화國花가 바로 눈병의 메이커인 무궁화라는 사실을 알게 되었고, 학창생활을 거쳐 사회인의 한 사람으로 성장을 해서야 비로소 나라꽃 무궁화의 소중함을 깨달을 수 있었다.

그토록 많았던 무궁화들이 세월이 흐르는 동안 하나둘씩 자취를 감추기 시작하더니 몇 년 전부터는 종적을 감추다시피 해버렸다.

모 대학 연구팀이 서울 강서구 관내 초등학생들을 대상으로 무궁화에에 관한 설문조사를 했더니 우리나라를 상징하는 나라꽃이 무궁화라는 사실을 제대로 알고 있는 학생은 전체 응답자의 37%에 불과했다. 무궁화를 직접 보았다는 학생이 7%, 자기 집에서 무궁화를 기르고 있다고 대답한 학생은 1.5%였다는 충격적인 기사를 신문에서 읽은 일도 있다.

콘크리트가 숲을 이루고 있는 대도시 아파트의 좁은 베란다에도 어김없이 몇 포기의 팬지며 사루비아 등 국적 불명의 화초들이 기생하고 있는데 어찌된 셈인지 무궁화나무는 찾아볼 수 없음을 가슴 아파해 오던 터였다. 얼마 전부터는 국제적인 규모의 각종 행사를 앞두고 나라꽃 무궁화를 심고 가꾸자는 이른바 '무궁화심기운동'이 범국민적으로 번져 병충해와 진딧물에 강한 개량종이 개발 보급되고 있으니 반가운 일이 아닐 수 없다.

머지않은 장래에 삼천리강산이 온통 무궁화로 뒤덮일 것을 상상하노라면 지금부터 자못 가슴이 설렌다. 무궁화와 더불어 사는 올여름은 매우 즐거운 여름이 될 것 같다.

≪전북수필≫ 13호, 1983. 8.

가을밤에 부르는 노래

민들레의 추억

먼 남녘에선 꽃소식이 전해오고 있는데 서울은 아직도 겨울의 연속이다. 절기상으로는 춘분을 지났으니 분명한 봄이련만 옷깃을 여미게 하는 매서운 찬바람이 여전히 기승을 부리고 있다.

금년에는 그래도 계절이 바뀌는 것을 느낄 만큼 마음의 여유를 되찾았으니 뒤늦게 시작한 서울살이가 그렇게 무의미하지만은 않을 성싶다. 유독 고향을 아끼고 사랑했기에 고향의 그늘을 벗어나지 못하고 평범한 생활인으로 남아 있기를 그토록 원했었는데 결국에는 정든 고향을 등지고 말았다.

정읍 땅을 떠나 전주로 옮길 때만 해도 별다른 마음의 갈등은 없었는데 피치못할 사정으로 6년여의 전주생활을 청산하고 서울로 올라오면서 체중이 2kg이나 줄 만큼 숱한 번민과 고통을 겪어야 했다.

1991년은 나에게 있어서 다시 생각하기조차 싫은 악운의 한 해였지만 한편으로는 내 인생의 방향을 보다 큰 곳으로 설정해준 운명의 해였다. 마지막 직장으로 알고 열정을 바쳤던 일터를 떠나야 했고 4개월여를 무위도식하면서 일자리를 찾아 발이 부르트도록 돌아다녔지만 나를 필요로 하는 곳은 그 어디에도 없어서 실의의 나날을 보내야 했다.

그러던 중 서울에 내 적성에 맞는 일자리가 있으니 올라와 보라는 연락이 왔는데도 선뜻 결단을 내리지 못하다가 주위 사람들의 핀잔을 듣고서야 서울로의 진출을 결심하기에 이르렀다.

차마 떨어지지 않는 무거운 발길로 서울에 와서 처음 며칠은 경기도 안산에 있는 친척 집에 묵으면서 전철을 이용해 통근했다. 왕복 3시간 20분을 북적대는 인파에 휩쓸려 시달리다 보면 전신의 힘이 쫙 빠지고 내 처지가 한심하다는 생각이 들어 회한의 눈물이 볼을 적시기 일쑤였다.

이대로는 안 되겠다 싶은 생각이 들어서 사무실 가까운 곳에 하숙을 정하기로 하고 부동산중개소를 뒤지다시피 하여 신촌 이대 부근에 하숙집을 구해서 고달픈 서울살이의 첫발을 내딛게 되었다.

처음에는 모든 것들이 새롭기만 한 직장이며 서울의 지리적 환경에 적응하느라 다른 데 마음을 쓸 여유가 없었다. 계절이 바뀌는 것도 모르고 그냥 지나쳐버렸는데 서울에 와서 두 번째의 겨울을 보내고 새봄을 맞이하려는 감회는 새롭기만 할 뿐이다.

내가 자란 고향 마을은 산골이어서 겹겹이 병풍을 두른 듯 온통 산이었다. 지금은 시내에서 마을까지 아스팔트로 말끔하게 포장되었고 하루에도 몇 번씩 시내버스가 드나드는 도회지로 변해버렸지만 내가 살던 때만 해도 혼자 걷기가 무서울 만큼 호젓한 오솔길, 10여 리를 걸어서 다녔다. 이맘때가 되면 길이 온통 진흙탕으로 변해버리기 때문에 등하굣길이 그렇게 고통스러울 수 없었다.

양말은 아예 신을 수도 없어서 호주머니에 담아두고 바짓가랑이를 똘똘 걷어 올려서 모내기하러 가는 농부처럼 채비를 한 다음 신발은 벗어서 양손에 들고 맨발로 10여 리 길을 걸어와서야 찬물로 발을 씻고 물기를 말려 양말을 신는 번거로움을 해빙기 내내 겪어야 했지만 봄이 오고 있다는 설렘으로 마냥 즐겁기만 했다.

바람결이 제법 보드랍게 느껴질 때쯤이면 진흙탕길이 신발을 벗지 않아도 될 만큼 굳고 어느 사이에 길섶에는 노란 민들레가 화사한 꽃망울을 터뜨리고 배시시 웃고 있었다. 민들레는 추위를 잘 견디며 생명력이 매우 강해서 아무 곳에서나 잘 자라는 국화과의 여러해살이 풀이다. 이른 봄의 어린잎은 나물로 먹을 수 있고 뿌리는 기름에 튀겨서 영양강정식으로 먹거나 김치를 담가 먹기도 하며 잎은 삶아서 된장국에 넣어 먹기도 한다는데 꽃에는 꿀이 많아서 이른 봄 양봉농가의 봄철 양봉에 도움을 준다고 들었다.

민들레에는 다음과 같은 전설이 전해지고 있다고 어떤 책에서 읽은 기억이 난다.

옛날 어느 나라에 임금이 있었는데 그 임금은 무슨 일을 하든지 평생에 단 한 번만 명령을 내릴 수 있는 운명을 타고났다고 한다. 그 임금은 자기의 운명을 그렇게 만들어준 별에게 항상 불만을 품고 있었는데 어느 날 임금은 자기의 운명을 그렇게 결정한 별을 향하여 처음이자 마지막인 명령을 내리고 말았다.

'별아, 내 운명의 별아, 모두 하늘에서 떨어져 이 땅 위에 꽃이 되어 피어나거라. 나는 너를 기꺼이 밟아 주리라.' 하고 별을 향해 외쳤다.

그러자 하늘의 모든 별들은 임금의 명령대로 땅에 떨어져 노란색의 작은 민들레꽃으로 변해버렸는데 임금은 갑자기 목동으로 변하고 말았다고 한다. 그래서 그 민들레꽃 위로 양 떼를 몰고 다니게 되었다는 슬픈 전설을 지녔다. 민들레는 흔히 한방 및 민간에서 포공영浦公英, 또는 지정地丁이라고 하며 완화제, 창종瘡腫, 악창惡瘡, 진정, 건위, 유방염, 강장 등에 다른 약재와 더불어 처방되어 약으로 쓰기도 한다.

민들레에는 '무슨 들레', '금잠초', '안진방이', '믜욺들레' 등의 다른 이름이 있으며 3~6월 사이에 지름 3.5~4.5㎝의 밝은 노란색 꽃이 피었다가 5~6월이 되면 시드는데 꽃이 시든 자리에서 씨앗의 날개가 돋아나 하얗고 둥근 모양으로 부풀어 바람을 타고 하늘

높이 날아올라 멀리까지 날아가서 번식한다고 한다.

그 흔하던 민들레도 이제 쉽게 볼 수 없는 각박한 도회지에서 어린 시절 뛰놀던 고향을 그리는 영원한 나그네의 바람이 있다면 언젠가는 반드시 고향으로 돌아가서 넉넉한 마음으로 봄을 즐기는 일이다.

영동지방의 눈 소식에도 아랑곳없이 봄은 이미 시작된 듯싶다.

≪내장문학≫ 제11집, 1993. 9.

돈 · 키 · 호 · 테는 멋쟁이

돈 · 키 · 호 · 테를 찾아라. 마치 소설이나 영화의 제목 같기도 한 이 단어가 한국의 여성들, 특히 결혼을 앞둔 아가씨들의 가슴을 설레게 한다니 놀라운 일이 아닐 수 없다.

스페인 작가인 세르반테스(Cervantes. Saavedra. Migvelde)가 1605년에 펴낸 장편소설의 주인공으로 원명은 '돈-퀵소우트, Don Quixo te'인 '돈-키호테, Don Quijote'는 기사騎士의 이야기책을 탐독하다 망상에 빠져 비루먹은 말, '로.시난테'를 타고 종사從士 '산초 판사, San-Chopanza'와 더불어 기사수업을 떠나 기지와 풍자에 의하여 여러 가지 익살스러운 일과 모험을 즐긴다는 내용 가운데 등장하는 현실을 무시한 공상적 이상가理想家다.

다시 말해서 바보천치의 대명사인 '돈-키호테'가 어떻게 해서 우리나라 뭇여성들이 제일의 신랑감 후보로 손꼽는 동경의 대상으로 둔갑했는지는 모를 일이지만 세월의 흐름에 따라 여성들의 결혼관도 변한다는 사실을 느낄 수 있었다.

하기야 바람에 흔들리는 갈대처럼 시시각각으로 변하는 게 여자의 마음이라는데 '돈-키호테'가 언제까지나 여성들의 아낌없는 사랑과 흠모를 한몸에 받는 최고의 신랑감 자리를 고수할지는 두고 봐야 알겠지만, 언감생심 그의 발치 근처에도 근접할 수 없는 처지인지라 부러운 마음일 뿐이다.

평생의 고락을 함께할 신랑감이 어디 사는 누구인지? 어떻게 생겼는지도 모르는 채, 부모님의 뜻에 따라 자신의 운명을 맡겨버리던 어쩌면 미련스럽기 짝이 없는 예전의 결혼풍토에도 문제가 있었지만 요즈음의 결혼관은 너무 실리를 추구하는 경향이 있어 사람하고 결혼하는 게 아니라 상대방의 환경과 결혼하는 것 같은 경우가 허다하다.

여성들이 선호하는 적격의 신랑감도 칠면조의 얼굴빛만큼이나 수시로 변하기 때문에 평범한 꿈을 안고 성실하게 살아가는 수많은 농촌 총각들을 울리고 있다.

헐벗고 굶주리는 한이 있어도 농촌으로는 시집을 안 가겠다는 도회지 여성들의 알량한 허영심 때문에 해마다 결혼적령기를 넘겨버린 노총각들이 늘어가고 있음은 심각한 문제가 아닐 수 없다.

몇몇 단체에서 도시 처녀와 농촌 총각들의 짝 맺어주기 운동을 전개하고 있지만 실적이 별로 없는 것으로 알려졌고 급기야는 순박하기만 하던 농촌의 총각들도 결혼을 위해서라면 수단과 방법을 가리지 않는 절박한 상황이라고 들었다.

아무리 인간성이 좋고, 꿈과 이상이 있으며, 장래가 촉망되는 그야말로 제일의 신랑감이라고 해도 농촌에서 산다는 이유 하나 때문에 노총각 신세를 면치 못하던 일부 농촌총각들이 얼마간의 돈을 가지고 도시로 진출하여 일정한 직업도 없이 1년 남짓 무위도식을 하면서 시골에다는 제법 쓸만한 직장에 다니노라고 소문을 퍼뜨린 뒤, 매달 집에서 가지고 간 돈으로 월급을 받아서 보내는 척 꼬박꼬박 송금을 하노라면 중매쟁이들의 발길이 잦아지기 마련이며 어쩌다 꿈에 떡 얻어먹는 격으로 재수가 좋으면 마음에 맞는 참한 색싯감을 구해 결혼을 해서 아들딸 낳고 행복하게 흙과 더불어 살아가는 경우를 적지 않게 목격했다.

남의 일이라고 가볍게 웃어넘길 일이 결코 아니다. 오죽이나 답답하고 안타까웠으면 속임수를 써가면서까지 마음에도 없는 도시생활을 해가며 색싯감을 물색하겠는가? 요즈음 여성들의 결혼관, 과연 이대로 좋은가? 가슴에 손을 얹고 깊이 반성해볼 일이다.

물론 일생을 통해 단 한 번뿐인 결혼이니 기왕이면 다홍치마라고 좀 더 나은 상대를 선택하려는 것을 왈가왈부하자는 건 아니다. 다만 한 가지, 그릇된 견해를 갖고 자신의 처지나 환경은 아랑곳없이 인물 번듯하고 직업, 환경 좋은 완벽한 신랑감이 아니면 거들떠보지 않으려는 한심한 여성들에게 소크라테스를 대신해서 '너 자신을 알라.'는 한 마디를 해주고 싶다.

얘기가 잠시 다른 방향으로 흐르고 말았지만 돈키호테가 과연 누구길래 여성들의 동경의 대상인지 알아봤더니 웬걸, 돈 많고, 키가 크고, 호탕하며, 테크닉이 좋은 남자를 뜻한다는 것이었다.

말하자면 돈과 키와 호와 테를 완벽하게 구비한 사람이라야 여성들의 욕구를 충족시켜줄 수 있다는 뜻이란다. 웃기는 얘기가 아닐 수 없다. 돈 · 키 · 호 · 테란 단어가 어디에 두고 하는 말인지 그 뜻도 모르면서 무작정 추구하려는 경박함을 나무라고 싶을 뿐이다.

돈은 얼마만큼 있어야 많다고 보며, 키는 또한 얼마나 커야 크다고 하는지? 호탕함의 기준은 어디에 두는지? 끝으로 테크닉의 좋고, 나쁨을 직접 체험해보지도 않고 겉으로만 어떻게 가늠할 재간이 있다는 말인지? 아무리 생각해봐도 모를 일이다. 무엇보다 다행인 건 특정 직업이나 지역, 환경 등에는 제한을 두지 않았으니 돈 · 키 · 호 · 테를 갖춘 농촌의 총각들에게도 혼삿길이 조금은 열렸다는 사실이다.

농촌도 옛날의 농촌이 아니다. 혼자 걷기가 무서우리만치 호젓하던 오솔길은 도회지의 신작로를 빰치게 곧고 넓은 아스팔트길로 바뀌었고 상수도에 전화, 냉장고, 컬러 텔레비전, 선풍기 등 전자제품도 고루 갖추었으며, 세탁기에 가스렌지까지 들여놓고 사는 집이 얼마든지 있다.

방방곡곡 시내버스 안 다니는 마을이 없으니 마음만 먹으면 한양 천 리도 하룻길이요, 소득 또한 과학영농이니 복합영농 덕분에

도시의 중산층과 맞먹는다. 윗사람 눈치를 살펴가며 출퇴근시간에 쫓겨 늘 허둥대는 도시의 불안정한 생활에 비하면, 땀흘려 노력한 만큼의 대가를 어김없이 되돌려주는 흙과 더불어 느긋하게 유유자적할 수 있는 농촌생활이 얼마나 행복하겠는가?

건강미 넘치는 구릿빛 얼굴들, 이웃의 기쁨과 슬픔을 내 것으로 알고 함께 나누는 소박한 인정, 어느 것 한 가진들 아름답지 않은 게 없다.

온 누리에 풍요로움이 넘실대는 올 같은 풍년에 농촌의 많은 총각들이 사랑의 보금자리를 이루어 행복하게 살기를 바라는 마음이 어찌 나 혼자뿐이랴! 그윽한 국향 속에 새롭게 탄생되는 농촌의 신혼부부들에게 한 아름 축하의 박수를 보내면서 경건한 마음으로 행복을 빈다.

《전북수필》 제19집 1987. 3.

한복 예찬

한국인의 고유의상은 누가 뭐래도 한복韓服이다. 입기에 간편하고, 보기에 아름다운 한복처럼 우아한 의상은 세계 그 어느 곳에서도 찾아볼 수 없는데도 한국인의 나약한 주체성 탓인지, 서양 사람들의 양복에 밀려 민속의 날이나 추석 등 명절 때가 아니고선 평상시엔 쉽게 구경하기조차 어려운 지경에 이르렀다.

한복은 우리 민족과 함께 오랜 세월 동안 영고성쇠를 누려온 한국인의 상징이다. 배달겨레니, 백의민족이니 하는 큰 테두리 안에 단일민족을 한마음 한뜻으로 결속시켜 주는 우리의 정신적 표상이던 한복이 어느 날 갑자기 한국인들의 홀대를 받는 천덕꾸러기로 전락되어버린 현실을 가슴 아프게 생각하는 사람이 나 혼자만은 아닐 것이다.

일흔여섯 생애 동안에 한복 이외의 입성이라곤 몸에 걸쳐보지조차 않으셨던 아버님의 영향을 받은 탓인지 내 나이 또래에 나처럼 한복을 즐겨 입는 사람도 흔치 않을 것이다. 바느질솜씨가 빼어난 작은어머님 덕분에 어린 시절부터 한복을 많이 입어야 했고 사회활동을 시작한 이후로도 20년이 넘게 매년 겨울철이면 한복을 즐겨 입고 있다.

고작해야 1년에 몇 차례 입는 한복을 21년 동안에 다섯 벌씩이나 장만했다면 구태여 부연설명을 안 하더라도 내가 얼마만큼 한복을 사랑하고 즐겨 입는지 짐작이 갈 것이다.

한복을 기피하는 사람들의 얘기를 빌리자면 한복은 불편하고 거추장스럽다는 그럴듯한 이유가 있지만 '속을 모르면 밥값을 내지 말랬다.'고 입기 싫으니까 괜히 해보는 변명일 뿐이지 한복이 결코 불편하거나 거추장스러운 옷은 아니라는 사실을 알아야 한다.

이 세상에 한복처럼 간편하고 편안한 옷이 또 어디에 있으랴! 한복은 신체의 자유를 속박하지 않는 간편한 옷이다. 때와 장소를 가릴 것 없이 무관하게 입을 수 있는 편안한 옷이 바로 한복이다. 말쑥하게 다려입은 양복바지에 행여 구김이 생길세라 신경을 쓰지 않아도 된다. 겨울철에는 두둑하게 솜을 두어 혹독한 추위를 견뎠고, 여름이면 눈이 부실지경의 하얗다 못해 푸르스름한 모시 한복이 불볕더위를 식혀주던 한국인의 체구에 더없이 잘 어울리던 옷이 한복인 것이다.

여자들은 그런대로 평상시에도 가끔씩 한복을 착용하곤 하지만 남자들이 설날, 추석 두 명절을 빼놓고 한복을 입는 경우는 아주 드문 편이다. 갓 결혼식을 올린 새신랑이거나 부모님의 회갑, 칠순잔치가 아니고선 눈을 씻고 볼래도 찾아볼 수가 없는 실정이다.

한국인이 한복을 입는 것은 어제 오늘 비롯된 일이 아니고, 아주 먼 옛날부터 조상대대로 물려받은 자랑스런 백의민족의 유산이다.

우리 민족과 더불어 애환을 함께하면서 누가 시켜서가 아니라 몸에 밴 습관대로 대물림해온 더없이 좋은 의복이기에 우리의 말과 글을 수탈하여 민족혼마저 말살하려 했던 36년간의 일제치하에서도 한복만은 고스란히 보존이 되었던 게 아닐까?

그러던 것이 8 · 15 해방과 6 · 25의 격동기를 거쳐 오늘에 이르는 동안 물밀 듯이 밀려오는 서구문명의 영향을 받아 국적 불명의 양복을 입는 사람이 하나둘 늘어나더니 급기야는 주객이 전도되어 그나마 명절 때가 아니고선 한복을 입는 사람이 완전히 사라지다시피 해버렸다.

요즘 한창 '전통문화의 계승보존' 어쩌고 하는 단어를 쉽게 접할 수 있는데 가장 손쉽고 먼저 해야 할 일이 바로 한복 입기를 적극 권장해서 한국인들이 평상복으로 한복을 착용하는 풍토가 조성되어야 하겠다.

자기 나라의 고유의상을 입고 여봐란 듯 우리나라를 방문하는 외국의 국가원수들을 텔레비전 화면에서 볼 때마다 세계 어느 곳에 내놔도 손색이 없는 우아하고 아름다운 한복을 착용한 우리나라의 대통령이 외국에 나가서 이방인들의 열렬한 환영을 받는 모습을 상상해보곤 한다.

한국에 거주하는 외국인들도 한복을 즐겨 입는 마당에 정작 한복을 입어야 할 한국인들이 양복을 고집한다는 건 아이러니가 아닐 수 없다.

특별한 날에만 입는 특수복으로 둔갑해버린 한복을 평상시에도 스스럼없이 즐겨 입는 습관을 길러, 지구촌의 대축제 88서울올림픽 때쯤이면 우아하고 아름다운 한복의 물결이 거리마다 골목마다 흘러 넘쳤으면 하고 바라는 마음 간절하다.

한복을 입는 데도 엄연한 절차와 격식이 있는데 두루마기도 입지 않고 마고자 바람으로 거리를 활보하는 사람들을 볼 때마다 한심하다는 생각을 떨쳐버릴 수 없다. 한복을 착용하고 외출을 하려면 반드시 두루마기를 갖춰 입어야 한다.

'두루막'이라 불리던 두루마기는 양반들의 통상예복이던 도포가 변형된 것으로 조선시대 고종 때부터 널리 입기 시작했다. 두루마기는 희고 깨끗한 동정과 단정한 옷고름이 생명이다. 동정은 항상 깨끗하고 빳빳하게 손질하고 옷고름은 단정하고 맵시 있게 잘 여며야 품위 있게 보인다.

옷고름을 맵시 있게 매는 방법은 먼저 두 개의 고름을 X자로 묶고서 긴 쪽 고름을 손으로 받쳐 고름 '고'를 만든 다음, 나머지 한쪽으로 '고'의 둘레를 한 번 감고난 뒤에 '고'의 안쪽으로 넣은 다음 '고'의 크기를 조절하여 옷고름이 흐트러지지 않게 살짝 죄어 여미고 맵시를 다듬으면 된다.

바지의 대님을 맬 때는 바짓가랑이를 단정하게 여민 뒤 대님 한쪽의 끝부분은 남겨두고 바깥쪽으로 두 번 돌린 다음, 안쪽에서 두 개의 끝을 나비 모양으로 단정하게 매면 된다.

한복을 입을 때마다 대님을 맬 줄 몰라서 혹은 두루마기의 옷고름을 제대로 매지 못해서 쩔쩔매는 사람들도 없지 않은데, 이는 누구의 잘못도 아니고 바로 우리들의 잘못임을 깨달아야 한다.

잘해야 1년에 두어 번씩 입는 한복이니 어느 세월에 한가롭게 한복 입는 방법을 익힐 수 있었겠는가?

내 자신부터가 1년 열두 달 아무 때고 입을 수 있는 철철의 한복을 갖추어 놓고도 남의 이목이 두려워 선뜻 입지 못하는 주제에 남의 얘기를 할 염치도 없지만, 무더위가 일찍부터 기승을 부리는 올여름엔 시원한 모시한복이 더없이 좋을 것 같다.

한복이 한국인들로부터 대우를 받는 날이 언젠가는 꼭 오게 될 것으로 굳게 믿으며 한복의 아름다움을 다시 한 번 생각해본다.

무크지 《수필과비평》 창간호 1987. 8.

가을밤에 부르는 노래

가을이라는 계절 탓인지 자꾸만 서글픈 생각이 들고 엄습해오는 고독감을 떨쳐버릴 수 없다. 내가 무슨 사춘기 소년이라고 계절의 무드에 젖어 가슴앓이를 하고 있는지 아무리 생각해봐도 모를 일이다.

가을은 축복받은 결실의 계절이다. 풍성한 오곡백과며 이름 모를 들풀에도 알찬 결실이 있고, 인내와 순종으로 온갖 악조건들을 이겨낸 농부들의 구릿빛 얼굴에는 한가위 보름달처럼 환한 미소가 치렁치렁 넘쳐난다.

구름 한 점 없이 맑고 쾌청하기만 한 청잣빛 하늘, 춥지도 덥지도 않은 선선한 날씨, 밤을 지새우며 울어대는 귀뚜라미들의 청아한 목소리, 청초한 모습의 여인을 연상케 하는 코스모스들의 가녀린 몸부림, 황금의 물결이 출렁이는 가을 들녘, 어느 것 한 가진들 아름답지 않고 사랑스럽지 않은 것이 없다.

하지만 가을은 낙엽의 계절이요, 이별의 계절이기에 결실의 기쁨도 잠시뿐, 수확을 끝낸 벌판은 쓸쓸하기 그지없고 잎새를 떨쳐버린 나목들은 보는 이들의 마음까지 허전하게 한다.

이별이라야 겨울 한철뿐인데도 헤어지기가 아쉬운 듯 마지막 순간까지 거센 바람 앞에서 몸부림치고 있는 낙엽의 슬픈 운명을 지켜보며 O. 헨리의 ≪마지막 잎새≫가 생각나 하염없이 눈물짓던 청소년 시절의 예리한 감성이 아직도 남았음인가? 가을만 되면 괜시리 마음이 서글퍼지고 표정이 굳어진다.

남들은 모두 축복받은 계절이라고 반가워하는 가을 한철을 지독한 가슴앓이로 시달려야 하는 나는 우울함을 떨쳐버리기 위한 방법으로 노래를 즐겨 부른다.

때와 장소를 안 가리고 옆에 누가 있으면 들리지 않을 만큼 작은 목소리로 콧노래를 흥얼대지만 혼자 있게 되면 제법 큰소리로 감정을 곁들여서 노래를 한바탕 신 나게 부르고 나면 기분이 한결 상쾌해지기 때문이다.

평소에도 노래를 즐겨 부르는 게 나의 취미이자 버릇이기에 가요라면 〈눈물젖은 두만강〉에서 최근에 유행하는 조용필의 〈허공〉에 이르기까지 거의 섭렵하지 않은 노래가 드물고 〈비목〉, 〈선구자〉, 〈그리운 금강산〉 등 가곡도 50여 곡은 부를 줄 알지만 내가 즐겨 부르는 노래는 〈남원의 애수〉라는 대중가요다.

'한양 천 리 떠나간들/너를 어이 잊을쏘냐/서낭당 고갯마루/나귀마저 울고 넘네……'로 이어지는 이 노래와 무슨 관계가 있다거나 특별한 이유는 없지만 가사가 쉬울 뿐 아니라 우리 귀에 설지 않은 판소리 춘향가를 배경으로 하였으며 곡이 경쾌하기 때문에 쉽게 배웠고 자주 부르다 보니 나의 애창곡이 되어버렸다.

이 노래가 막 유행하던 시절부터 지금까지 20년에 가까운 세월 동안 줄잡아 천 번쯤은 불렀고 앞으로도 큰 이변이 없는 한 나와 더불어 생사고락을 함께할 〈남원의 애수〉에 얽힌 에피소드도 적지 않은데 대표적인 것 두어 가지만 간추려보자면 나를 아는 가까운 친구들은 아예 '한양천리'라는 대명사로 나를 지칭하는 것만 봐도 내가 얼마나 이 노래를 즐겨 부르는가를 알 수 있겠고, 지금도 가끔씩 모임의 여흥이라도 있을라치면 친절하게도 사회자가 나를 소개하면서 부를 곡목까지 지정하기 일쑤다.

작년에는 그 잘난 솜씨로 KBS-TV의 〈전국노래자랑〉에 출연했다가 긴장한 나머지 도중에서 박자를 까먹는 바람에 전국적으로 망신을 당하기도 했다. 〈전국노래자랑〉이란 프로를 즐겨 보는 분들은 잘 알겠지만 KBS가 전국을 순회하며 실시하고 있는 이 프로그램은 어느 지역에서건 자기 고장을 소개하는 순서가 있다.

노래야 잘 부르건 못 부르건간에, 전국의 시청자들에게 내 고장을 자랑할 수 있는 영광스런 기회가 주어진다는데 마다할 사람이 어디 있으랴.

22대 1이라는 치열한 경쟁을 뚫고 예선을 통과했으니 본선에 진출하여 텔레비전에 얼굴을 내미는 것만으로도 만족해야 할 처지에 사회자와의 인터뷰를 통해, 역사적으로나 문화적으로 유서가 깊은 국악의 본고장이요, 현존하는 백제 최고最古의 가요 〈정읍사井邑詞〉의 발원지인 정읍과 봄의 신록, 여름의 녹음, 가을 단풍, 겨울의 설경 등으로 사시장철 관광객들의 발길이 끊이질 않는 내장산국립공원을 소개할 수 있었으니 더 이상 바랄 게 없지만 기왕이면 내가 부른 노래 〈남원의 애수〉가 딩동댕댕… 합격의 차임벨 소리로 끝맺음을 했더라면 하는 한 가닥의 아쉬움은 지금껏 사라지지 않는다.

인생살이에 노래가 없다면 얼마나 삭막하겠는가? 즐거울 때나, 슬플 때, 노래를 맘껏 불러 기뻐하기도 하고 또 슬픔을 달랠 수 있기에 나는 노래와 함께 살아왔으며 앞으로도 그렇게 살아갈 것이다.

노래는 울적한 마음을 달래는 데는 더없이 좋은 보약이며 체내에 축적된 스트레스를 해소해주는 윤활유다. 또한 무미건조한 생활에 활력을 주는 영양제이자, 명랑한 사회를 이룩하는 데 이바지하는 청량제임에 틀림이 없다. 따라서 노래를 좋아하는 사람이라면 거의가 심성이 고운 사람이라고 보아도 무방할 것이다.

이제 머지않아서 푸르던 잎사귀들은 노랑, 빨강, 형형색색의 가을 옷으로 갈아입을 것이고 온 누리에 국화 향기 가득할 때쯤이면 외로운 낙엽이 되어 허공을 맴돌다가 흙으로 돌아가 썩어 없어질 정해진 길을 가게 될 것이다.

윤회하는 대자연의 오묘한 섭리를 그 누가 막을 수 있으랴. 이 지구상에 존재하는 모든 생물들이 언젠가는 종말을 맞겠지만 한 번 가면 다시는 회생할 수 없는 동물들도 있는데 잠시, 잠깐의 이별일 뿐, 봄이면 다시 돋아날 나뭇잎의 종말을 지켜보며 안타까워 한다는 건 한낱 기우에 불과한데도 자꾸만 서글퍼지는 내 마음을 달래기 위해서 이 가을에도 많은 노래를 불러야겠다.

그리움이 밀물처럼 밀려오는 달빛이 뚜렷한 오늘 같은 가을밤이면 더욱 열심히 많은 노래를 부르리라. 가을밤에 부르는 노래는 내 마음에 안정과 평화를 주는 진정제다. 보다 밝고 활기찬 내일을 위해 인적이 드문 가을산에 올라 나의 애창곡들을 목청껏 불러보고 싶다.

≪신아문예≫ 제2호, 1987. 3.

노래방 좋을씨고

노래방이 등장하고부터 국민들의 놀이문화가 변하고 있다는 반가운 소식이다.

반만년의 유구한 역사와 전통을 지닌 단일혈통의 민족답게 고유의 민속과 놀이문화 또한 풍부했는데 시대의 변천에 따라 무분별한 서구문명의 도입으로 우리 민족 고유의 놀이문화는 하나둘씩 자취를 감추어버리고 급기야는 국적 불명의 고스톱이 한국을 대표하는 놀이문화처럼 인식되던 때도 있었다.

마땅한 놀이문화가 없다 보니 한동안은 때와 장소를 안 가리고 세 사람만 모였다 하면 고스톱판이 벌어지기 일쑤였고 어떤 이들은 외국에 나갔다가 귀국길의 공항에서 비행기를 기다리는 시간을 이용하여 고스톱판을 벌였다가 나라 망신을 시키기도 했을 만큼 폐해가 많았다.

다른 민족에 비해서 흥이 많고 정감이 풍부했던 탓으로 한국인들의 삶은 언제나 노래와 함께했었다. 기쁠 때나 슬플 때도 노래를 불렀으며 심지어는 저승길로 떠나는 주검을 꽃상여에 메고 가면서도 구슬픈 만가輓歌를 부르곤 했다.

농사를 지으면서도 고기를 잡으면서도 언제나 노래를 불렀고 잔칫집에서는 으레 구성진 젓가락장단에 흥겨운 노랫가락이 신명을 돋우곤 했다.

이렇듯 노래를 즐겨 부르던 한국인들이 언제부턴가 노래를 잃어버린 카나리아처럼 무미건조한 삶을 살아갈 수밖에 없었던 것은 사회구조가 농경위주에서 산업위주로 변한 탓도 있겠지만 가장 큰 원인은 가족제도의 핵가족화에 있다고 봐야 할 것이다.

신도시개발이라는 핑계로 양산된 콘크리트 밀림 속에서 바로 옆집에 누가 살고 있는지조차도 모르는 채 자기본위의 삶을 살아가보니 콩 한 쪽도 나눠먹던 풍요로운 인심은 실종된 지 오래고 남을 의심하고 믿지 못하는 불신풍조가 만연되어 있는 각박한 세태에서 노래판을 벌이기가 쉽지 않음은 지극히 당연한 일인 것이다.

남녀노소, 때와 장소 구별 없이 노래를 즐겨 부르던 민족성이 하루아침에 변할 리는 만무하고 마음껏 못 부르는 대신에 듣는 걸로 대리만족을 하다 보니 오디오세트가 엄청나게 팔려나갔고 웬만한 청소년 치고 휴대용카세트 안 가진 사람이 없어서 오디오

시장은 한때 황금알을 낳는 거위에 비유되기도 했다.

항상 새로운 것을 추구하는 한국인들의 심리를 유효적절하게 이용하여 개발한 것이 바로 일본의 가라오케를 한국인의 취향에 맞게 개조한 노래방이라 할 수 있는데 노래방의 탄생은 우리나라 국민들의 정서순화와 망국병이라고까지 지탄을 받아오던 고스톱 퇴치에 크나큰 기여를 했다고 봐야 한다.

1991년 여름 항도 부산에서 비롯된 노래방은 급속도로 전국에 확산되어 현재 약 3만여 개의 업소가 호황을 누리고 있다고 들었다. 대도시에는 한 집 건너 노래방이 있다고 해도 과언이 아닐 만큼 난립되어 포화상태에 이르렀으며 시골 면소재지에까지 노래방 없는 곳이 없고 보니 일반대중들의 노래방 출입이 일상생활의 한 부분처럼 되고 말았다.

예전에는 각종 행사나 모임의 뒤풀이는 고스톱이 전부였는데 요즘에는 노래방이 이를 대신해준다고 한다.

가족동반으로 또는 연인이나 친구, 회사동료들과 함께 노래방을 찾아 좋아하는 노래를 목청 높여 마음껏 부르고 나면 마음속에 쌓였던 스트레스가 씻은 듯 사라져버리고 기분전환이 되는 노래방은 각박한 세상을 윤택하게 해주는 윤활유이며 건전한 놀이문화의 정착을 유도하는 청량제임이 분명하다.

뒤늦게 시작한 타향살이인데다 벌써 3년째 하숙생활을 하고 있는 내 처지에 노래방이 없었다면 삭막하고 고독한 환경을 어떻게 견뎌냈을지 생각만 해도 끔찍하다.

내가 노래방과 인연을 맺은 지도 그럭저럭 2년이 되어간다. 지난 92년 8월, 여름휴가로 제주도엘 갔다가 그곳의 친지들과 어울려 바다낚시를 즐긴 뒤 이름도 생소한 노래방이라는 데를 처음으로 갔었으니까 22개월 전의 일인데 지금까지 줄잡아서 120회 정도를 드나들었으니 노래방에 갖다 바친 돈만 해도 적지 않다. 한 번씩 가서 실컷 노래를 부르고 나면 며칠 동안은 기분이 상쾌해지고 쌓였던 스트레스가 말끔하게 해소되기 때문에 동행해 줄 사람만 있으면 언제라도 노래방을 찾는 단골손님이 되고 말았다.

노래방은 그야말로 요지경이다. 지위의 고하나 신분의 귀천은 따질 것도 없으며 자신 있는 노래를 선곡하여 음정, 박자를 정확하게 부르기만 하면 높은 점수가 나온다.

내가 노래방에서 즐겨 부르는 노래들은 동행인의 취향에 따라 달라지기 때문에 김정구 선생의 〈눈물 젖은 두만강〉에서부터 김건모의 〈핑계〉에 이르기까지 세대를 넘나들고 있으며 김수희의 〈애모〉, 임주리의 〈립스틱 짙게 바르고〉 등도 자주 등장하는 곡목의 하나다.

'서당 개 3년이면 풍월을 읊는다.'는데 노래방 출입 22개월째이니 가요, 민요, 가곡, 동요를 망라해서 1천 곡쯤은 거뜬하게 부를 수 있을 정도로 실력이 향상되었지만 이 나이에 가수로 나갈 것도 아니고 오로지 취미 삼아 노래를 부를 뿐이다.

적은 비용으로 가까운 곳에서 손쉽게 만날 수 있는 노래방이 우리 곁에 있는 한 머지않아서 우리 사회는 밝고 건강한 옛 모습을 되찾을 수 있을 것으로 확신한다.

≪내장문학≫ 제12집, 1994. 10.

억새와 갈대

어느덧 가을이 깊었다. 엊그제만 해도 황금의 물결이 일렁이던 들녘에는 수확을 끝낸 지푸라기 더미만 여기저기 흩어져 볼썽사나운 모습을 연출하고 있는데 황량한 늦가을의 텅 빈 들판 곳곳에 무더기로 피어 있는 억새와 갈대가 그나마 삭막함을 덜어주고 있다.

억새와 갈대는 생김새가 비슷하여 제대로 구분하기가 쉽지 않은 탓에 혼동하는 사람이 많은 것 같다.

며칠 전 텔레비전에 출연한 어느 유명인사가 바람에 춤을 추는 억새의 화면을 보고 설명하면서 갈대가 아름답다고 말하는 걸 들은 일이 있는데 아침 시간대에 전국으로 생방송되는 이 프로그램을 시청한 수많은 시청자들 상당수는 억새를 갈대로 잘못 알았을 것이다.

방송에 출연할 만큼 유명한 인사라면 적어도 억새와 갈대를 구분하는 안목쯤은 있어야할 텐데 아무런 사전준비도 없이 불쑥 방송에 나와서 시청자들을 오도誤導하는 우를 범하고서도 태연자약해하는 모습을 지켜보면서 실소를 금할 수 없었다.

억새와 갈대는 얼핏 봐서는 비슷하지만 조금만 유심히 살펴보면 확연하게 구분할 수 있다.

억새는 벼목에 속하는 벼과의 다년생풀로 1~2m 높이에 줄기는 원기둥 모양이고 약간 굵으며 잎의 길이는 40~70㎝의 줄 모양으로 폭은 1~2㎝, 잎 끝은 차차로 뾰족해진다. 가운데 맥은 굵고 흰색이며 기부는 긴 잎집으로 되어 있고 긴 털이 있는데 가을 무렵에 줄기 끝에서 산방꽃차례를 이루어 작은 이삭이 빽빽하게 달린다.

작은 이삭은 길이 5~7㎜이고 긴 자루 및 짧은 자루를 가진 것이 쌍으로 달리며, 길이 7~12㎜의 털이 다발로 나고 끝에 8~15㎜의 까락이 있다. 턱겨는 약간 단단하고 끝이 뾰족하며 안겨는 끝이 2개로 갈라진다. 참억새의 한 변종으로 참억새는 작은 이삭이 노랑색을 띠는데 억새는 자줏빛이며 한국의 전 지역에 분포한다고 백과사전에 기록되어 있다.

갈대는 영화목에 속하는 포아풀과의 외떡잎식물로 높이 3m 정도의 여러해살이풀이며 뿌리줄기는 거칠고 큰데 길게 가로 뻗고 마디에서 많은 수염뿌리가 나며 황백색이다. 줄기는 길고 크며 원기둥형이고 단단하며 모여 나고 곧게 선다.

잎은 두 줄로 어긋나며 좁고 긴 바소꼴이고 길이 50㎝, 나비 4㎝ 내외이며 끝이 점점 뾰족하고 가장자리가 거칠거칠하며 녹색이다. 엽초葉鞘는 털이 없으며 설편舌片은 짧고 가장자리에서 털이 난다. 꽃은 원추꽃차례로서 길이 15~50㎝의 대형이며 줄기 끝에 나는데 많은 가지가 갈라지고 다수의 작은 이삭이 약간 밀착하며 처음에는 자색이었다가 나중에 자갈색으로 변한다.

작은 이삭은 꽃이 5개이고 가늘고 길며 끝이 날카롭다. 영穎은 두 조각이고 길이가 길지 않으며 총포의 털은 길고 꽃보다 길게 나온다. 연못이나 개울가 등 습기가 많은 곳에 나며 한국 및 북반구의 온대 · 난대 · 아한대에 분포하는데 꽃은 9월에 핀다고 기록되어 있다.

내가 자란 고향 마을은 산들이 병풍처럼 겹겹이 둘러싸인 관계로 갈대는 볼 수 없었고 늦가을이면 온 산야가 억새꽃으로 뒤덮여 버리기 때문에 바람결에 흔들리는 무더기로 핀 억새꽃은 그야말로 장관이었다.

어린 시절에는 억새를 갈대로 잘못 알고 친구들과 어울려 들로 산으로 쏘다니며 한 아름씩 꺾어다가 꽃병에 꽂아두기도 하고 다발로 묶어서 벽에 걸어놓았다가 꽃이 떨어져 방을 어지럽힌다고 어머님으로부터 꾸중을 듣기도 했다.

그 당시에는 우리들이 억새를 갈대라 해도 누구 한 사람 지적하는 사람이 없었기 때문에 갈대인 줄만 알았다가 철이 들어서 태인에 사는 큰누나 댁에 간 일이 있는데 조카들과 고기를 잡으러 다니면서 진짜 갈대를 볼 수 있었다.

생김새는 비슷했지만 꽃의 색깔부터가 다른 생소한 갈대를 보고 저게 뭐냐고 조카에게 물었더니 갈대라고 하기에 그럼 저건 뭐냐고 곁에 있던(내가 갈대로 알고 있는) 억새를 가리켰더니 억새라고 알려 주었다.

나이는 나보다 몇 살 위지만 그래도 조카인데 명색이 외삼촌이라는 사람이 조카에게서 억새와 갈대를 구분하는 방법을 배운 셈이다. 그날 이후로는 억새와 갈대를 정확하게 식별할 줄 아는 안목을 갖게 되었으니 다행한 일이 아닐 수 없다.

억새는 억새대로 갈대는 갈대대로 저마다 늦가을의 정취를 더해주는 고마운 식물이라고 생각한다.

갈대 이야기를 하다 보니 10여 년 전의 일화가 생각난다. 내가 전주 신아출판사에 재직하던 때였으니까 1986년 이맘때로 기억되는데 수필가 김학 선생의 수필집 ≪춘향골 이야기≫ 출판관계로 당시 KBS남원방송국에 근무하던 김학 선생을 만나기 위해 전주 남원 간을 몇 차례 오간 일이 있다.

그때만 해도 도내 문인들의 작품집 발간이 지금처럼 활발하지 못했기 때문에 몇몇 뜻이 맞는 문인들끼리 공동작품집을 발간하곤 했다. '전북수필' 동인들을 대상으로 공동수필집 발간을 주선하여 7인수필집 ≪전라도사람들≫을 펴낸 데 이어 두 번째로 임중택, 김영선, 박근후, 김정웅, 임정순, 고삼곤, 고원곤, 김훈일, 강일, 장세진, 서경희 씨 등 열한 분의 작품을 묶어 '신아에세이선②'라는 공동수필집 발간을 추진하고 있었다. 적당한 제목이 떠오르지 않아서 고민하던 중에 김학 선생을 만나러 남원에 가면서 오수를 지나 임실 쪽으로 가다 보니 도로변 개울가에 무더기로 핀 갈대꽃들이 가을바람에 한가롭게 흔들리고 있는 광경을 목격할 수 있었다.

바로 그 순간 뇌리를 스쳐가는 제목 하나가 바로 '갈숲에 이는 바람'이었고 필자 몇 분에게 자문을 구했더니 모두가 좋다고 해서 11인 수필집의 제목을 ≪갈숲에 이는 바람≫으로 결정했으며 뒷날 '갈숲문학동인회'를 탄생시킨 계기를 마련한 셈이 되었다. 1987년 5월 16일자로 필자에게 신아에세이선② ≪갈숲에 이는 바람≫의 저자 열한 명이 준 감사패는 지금도 나의 서재 한편에 자리를 지키고 있다. 내용을 옮겨 보면 '우리들의 작품을 신아에세이선이라는 틀스런 그릇에 담아 ≪갈숲에 이는 바람≫으로 승화시켜 주시고 열한 사람이 좋은 인연을 맺도록 도와주신 선생의 높은 뜻을 기리고자 감사하는 마음을 이 패에 새깁니다.'

언제나 이 패를 볼 때마다 그날의 정경이 떠오르곤 한다. 평화롭기만 하던 갈대꽃들의 아름다운 모습이…….

≪전북문단≫ 제24호 1997. 12.

영원한 정읍인

만시지탄은 없지 않지만 반가운 소식이 아닐 수 없다. 정읍이라는 정겨운 이름을 잃어버린 지 4,933일 만에 되찾았다는 반가운 소식을 전해 듣고 춤이라도 더덩실 추고 싶은 심정이었다.

고향을 버리고 타향객지를 떠도는 주제에 이름이 정주면 어떻고 정읍이면 어떠냐고 핀잔을 줄 사람도 없지 않겠지만 어려서부터 귀에 못이 박히도록 들어오던 정읍이라는 이름에 비해 정주라는 지명은 왠지 생소하게 느껴져 호감이 가질 않았었다.

지금에 와서 생각해 보면 1981년 7월 1일 정주시 승격 이후 13년 6개월 동안 수많은 출향인사들과 8만여 시민들은 순전히 타의에 의해 고향을 잃어버린 실향민 아닌 실향민생활을 해온 셈이다.

불과 15년 앞을 못 내다보고 기관단체명을 서둘러 정주라고 바꾸는 데 앞장서는가 하면 내장산의 관문인 역 이름까지 정주역으로 고치게 해달라고 관계기관에 청원하던 유지들의 체면만 우습게 되어버렸다.

'한 번 실수는 병가의 상사'라는 옛말로 위안을 삼고 지난날의 잘못을 겸허하게 반성하는 뜻에서 각급 기관이며 단체의 명칭을 원래대로 정읍으로 바꿔야 할 것이다. 전통이란 오랠수록 빛을 발한다는 사실을 잊지 말아야 한다.

정읍이란 지명이 하루이틀에 비롯된 것이 아님을 일깨워주는 의미에서 문헌을 살펴보았더니 공교롭게도 지금부터 1백 년 전인 1895년 5월 26일자로 공포된 칙령 제98호에 의거 전주부 정읍군으로 명명되었다고 기록되어 있었다.

이듬해인 1896년 8월 4일 고부군으로 이름이 바뀌었다가 1914년 3월 1일 부군폐합에 따라 고부군 15개 면과 정읍군 8개 면, 태인군 18개 면을 병합하여 정읍군을 설치했고 1930년 1월 1일 정읍면을 정주면으로 개칭하였으며 1931년 4월 1일 부령 제 103호에 의해 정주면이 정주읍으로 승격되었다.

다시 말하자면 정읍면의 읍 승격을 앞두고 정읍읍이 될 경우 읍자가 중복이 되기 때문에 이를 피하기 위해 읍자와 뜻이 같은 고을 주州자를 쓰게 되었는데 이후 50년 동안은 정주읍 앞에 정읍군이라는 명칭이 붙어 있어서 부르는 데 큰 불편은 없었으나 1981년 정주읍이 정주시로 승격하고부터 문제가 생긴 것이다.

차라리 그 당시에 시의 명칭을 정읍시로 했더라면 좋았을 텐데

50년 전에 빌려왔던 남의 이름을 되돌려주지 않은 채 그대로 정주시로 부르기로 한 것까지는 좋았지만 결국에는 정읍시로 바뀌고 말았으니 앞을 내다보지 못하는 당국자들의 근시안적인 작태가 한심스러울 뿐이다.

정주시 승격을 앞두고 고향을 사랑하는 많은 사람들이 정주라는 지명은 읍이었을 때는 읍자의 중복을 피하기 위해 어쩔 수 없이 사용했었지만 시가 되는 마당에는 옛이름인 정읍을 다시 사용해야 한다고 주장했었고 몇 가지의 부당성을 들어 정주라는 지명의 사용을 극구 반대했던 기억이 있다.

첫째로 정주井州는 북한의 평안북도 정주定州와 한글 동음이므로 남북통일이 되었을 때 혼동이 우려된다는 것과 둘째로 세계화, 국제화 시대를 앞두고 외국과의 빈번한 교류에 대비하여 영문 발음상 정주는 청주, 전주, 경주 등과 혼동될 우려가 있다는 사실을 지적했었다.

주민들의 강력한 반대로 전남 나주군의 나주읍과 영산포읍을 묶어 금성시로 바꾸려던 계획을 포기하고 나주시로 명명한 사례를 들기도 했었지만 내로라하는 지역유지들로 구성된 거창한 단체의 서슬 퍼런 위세에 눌려 지명은 그렇다 치고라도 오랫동안 불려오던 기관이며 단체의 이름까지도 몽땅 정주라고 바꿔버리는 우를 범하고 말았던 것이다.

여기에 비해 몸은 비록 멀리 떠나 있지만 정읍땅에서 태어난 것을 자랑스럽게 생각하는 재경향우들의 모임인 '노령회'의 발기

문을 살펴보면 이들의 고향을 아끼고 사랑하는 마음이 얼마나 지극한지를 피부로 느낄 수 있을 것이다.

'우리들은 백두白頭의 정기를 이어내린 노령의 웅봉 내장산의 우물을 마시며 같이 자랐다. 이제 우리는 만나면 서로의 백발에 놀라면서 사물과 도리에 밝을 불혹을 지나 어언 천명을 알아야 할 지천명의 나이가 되었음을 문득 쓸쓸하게 깨닫는다. 우리는 〈정읍사〉를 읊으며 남달리 백제의 찬란한 숨결을 느꼈고 산과 들에서 음식을 들 때면 반드시 농신農神 고시레高失禮 단군을 그렸으며 특히 갑오농민전쟁의 혁명 정신에 고무되며 자랐다.

그러나 지금껏 고을은 바뀌어도 우물은 바뀌지 않은 개읍불개정을 잊었고 두레박 줄이 짧아 깊은 샘물을 긷지 못하였다. 이제 우리는 다시 모여 우물 돌을 쌓고 짧은 두레박 줄을 서로 이어 맑은 샘물을 긷고자 한다. 사람은 문화적인 존재라서 뿌리와 고향을 떨쳐버릴 수 없으며 또한 뿌리를 잊으면 자신과 민족을 잃을 것이요, 민족분단의 아픔도 모를 것이니 애향정신은 민족을 하나로 묶는 끈일 것이다.

이에 배달 검님 때부터 행해진 구서회九誓會의 전통을 살린 우리 고향 할아버지들이 만들었던 대동계大同契의 정신을 이어받아 여기 노령회蘆嶺會를 만드나니 독립 애향정신과 천민상보정신天民相補精神을 기풍으로 명예롭고 고결한 모임이 되어 후세에까지 기려지기를 기약한다.(중략) 우리는 이러한 소중한 뿌리사상이 갑오농민혁명을 통하여 우리의 맥박에 살아 숨쉬고 있는 것을 자랑스럽

게 생각한다.(후략)'

구구절절 고향을 생각하는 진한 체취가 배어 있음을 알 수 있을 것이다. 눈 감으면 단숨에 달려오는 고향의 정경들이 오늘따라 더욱 그리워진다. 진달래 먹고 물장구치던 시절의 옛 모습은 아닐지라도 조상들의 선영이 있고 가까운 친척들이며 친구들이 아직도 살고 있는 영원한 내 고향 정읍이 존재하는 한 나는 언제나 정읍인임을 자랑스럽게 생각하면서 정읍인으로 살아갈 것이다.

≪정읍문화≫ 제3호 1994. 12.

대금과 함께 산 80평생

지금 창밖에는 불볕더위를 식혀주는 소나기가 줄기차게 내리고 있다.

오늘같이 비가 내리는 날이면 두고 온 고향산천의 정겨운 모습들이 생생하게 되살아나 타향살이에 지친 외로운 떠돌이의 마음은 마냥 울적하기만 하다.

고향을 떠난 지도 어언 8년이 흘렀으니 살같이 흐르는 게 세월이라는 걸 실감할 수 있을 것 같다. 그대로 고향에 눌러 살았더라면 지금쯤은 벌써 내장산 깊은 계곡을 열 번도 더 넘게 찾았을 텐데 타향을 전전하다 보니 3년 전 정읍사문화제 때 딱 한 번 다녀오고는 그만이다.

고향이라고 해봤자 부모님께서는 이미 세상을 떠나셨고 누님

두 분만 살고 있어서 특별한 행사가 있다거나 추석명절이 아니고는 여간해서는 찾아갈 기회가 없지만 우정을 나누던 친구들과 멀고 가까운 친척들이며 시간만 나면 모여앉아 문학을 얘기하고 인생을 논하던 문우들이 아직도 고향을 지키고 있으니 몸은 비록 천리타향에 있을지라도 마음만은 늘 고향의 언저리를 맴돌고 있다.

고향 얘기를 늘어놓다 보니 문득 송파松坡 선생님이 생각난다. 그토록 나를 아껴주셨는데 세상을 떠나신 줄은 까맣게 모르고 연초에 연하장을 덜렁 보냈으니 유족들이 나를 얼마나 괘씸하게 생각했을까? 살아 계셨을 때 한 번이라도 더 찾아뵙지 못한 게 못내 아쉽고 송구스러울 따름이다. 예로부터 예향藝鄕, 또는 국악의 본고장으로 불린 내 고향 정읍은 수없이 많은 예술가를 배출했는데 송파 선생처럼 고향을 끔찍하게 생각했던 예술가는 흔치 않을 것이다.

송파 김환철金煥喆 선생은 서기 1910년 1월 5일 정읍시 고부면 만수리 부안김씨 가문에서 출생하여 서당에 다니며 한학을 익힌 선비였다. 국악에 매료되어 집을 뛰쳐나와 흥덕에 살던 퉁소와 대금의 명인으로 맹인인 편재중片在中 선생으로부터 대금정악大笒正樂, 영산회상곡靈山會上曲 전편을 전수받고 본격적인 국악인의 길을 걷게 된다.

당시만 해도 국악인들은 재인才人이나 광대廣大로 천대를 받던 시절이어서 어느 정도 기량을 익힌 뒤에는 고향을 떠나 서울로 진출해야만 성공을 할 수 있는 기회를 잡게 되었다. 그러나 송파 선생은 그대로 고향을 지키면서 다시 추산秋山 전용선全用先 선생의 문하생이 되어 대금정악을 완벽하게 전수받기에 이른 것이다.

추산 선생은 정읍시 태인면 낙양리 태생으로 단소와 대금, 가야금, 거문고, 양금의 풍류와 산조에 능한 달인이었는데 선생의 문하에서 수학한 단소의 김무규金茂圭, 가야금의 조계순曺桂順, 이순조李順祚, 대금의 김환철 선생 등을 모두 인간문화재로 키워낸 당대 최고의 만능국악인이었다.

편재중, 전용선 두 스승으로부터 대금정악을 전수받은 송파 선생은 1958년 대구에서 개최된 정악대회에서 최우수상을 받은 것을 시작으로 전국의 각종 대회를 휩쓸다시피 했다. 대금하면 송파 선생을 연상할 만큼 명성을 얻었으면서도 정통 정악만을 고집했기 때문에 1984년도에야 대금정악 부문 전라북도 무형문화재로 지정된 훌륭한 국악인이었다.

내가 송파 선생과 인연을 맺은 것은 1982년 여름의 일이었다. 고향을 지키며 창작활동에 전념하고 있는 향토 예술인들의 구심점이 되어줄 예총(한국예술문화단체총연합회) 정주지부를 창립하기 위한 준비작업으로 회원단체인 국악, 문인, 미술, 사진작가, 음악협회의 지부가 창립 또는 개편되었는데 송파 선생은 국악협회 부지부장으로, 나는 문인협회의 일원으로 참여하게 되면서 분야는 다르지만 서로가 같은 길을 걷고 있다는 데 어떤 동료의식을 느꼈던 것 같다.

그 뒤로 내가 예총 정주지부의 초대 사무국장을 맡으면서 송파 선생과는 더욱 긴밀한 유대관계를 맺게 되었다. 다름이 아니고 우리 할머님이 송파 선생과는 그리 멀지않은 혈연관계였기 때문에 내게 남다른 관심과 애정을 갖고 각별하게 보살펴주신 것이라 여겨진다.

국악에는 문외한인 나를 초산음률회楚山音律會의 삭회朔會에 빠짐없이 초대했고 각종 국악행사가 있을 때마다 앞장서서 나를 챙겼으며 별다른 사정이 없는 한 거르지 않고 예총 사무실에 들러서 나를 격려해주던 인자하고도 자상한 어르신이었다.

내가 첫 수필집을 출간한다고 했더니 자신의 일처럼 기뻐하며 손수 그리신 묵매墨梅 한 폭을 주시기에 책 앞부분에 실은 바가 있다. 내가 작성한 전라북도 무형문화재 지정신청서로 송파 선생이 전북도 무형문화재가 되셨을 때는 정주시청이 마련한 축하공연의 기획과 진행을 맡았을 만큼 끈끈한 관계를 지속했었다.

송파 선생은 한평생을 청빈으로 일관하면서 진정한 예술만을 추구한 이 시대의 마지막 재인이라 일러도 지나침이 없을 훌륭한 예술인이었다.

팔순의 고령에도 불구하고 전주 대사습놀이 전국대회장을 비롯한 전국의 시조경창대회장을 누비며 대금반주를 도맡아 하던 그 열정을 어찌하고 세상을 뜨셨는지 뒤늦은 부음에 그저 말문이 막히고 소리 없는 눈물이 옷깃을 적실 뿐이다.

그래도 다행인 것은 선생의 생전에 건립된 공적비가 향리인 정읍시 고부면 만수리에 남아 있으며 선생의 각별한 가르침을 받은 김영수, 진철호(인천광역시지정 무형문화재), 김문선 씨 등이 송파 선생의 맥을 잇고 있으니 비록 선생은 가고 없어도 우리나라 국악발전에 쏟아부은 순수한 예술혼은 두고두고 빛을 발하게 될 것으로 믿어 의심치 않으면서 다시 한 번 옷깃을 여미고 고인의 명복을 빈다.

≪내장문학≫ 제12집 1994. 9.

지방 시대에 바란다

본격적인 지방자치 시대가 개막되었다.

주민들이 직접 뽑은 단체장들이 고장의 행정을 펼쳐가는 이름하여 지방 시대가 눈앞의 현실로 다가온 것이다. 하지만 그토록 갈망하던 지방자치 시대에 살게 되었음에도 씁쓸한 기분을 떨쳐버릴 수 없는 건 무슨 연유일까?

이번 선거만큼은 지역일꾼을 뽑는 지방선거니까 정당보다는 인물 위주의 선택을 할 것으로 기대했는데 지역에 따라 특정 정당의 공천만 받으면 허깨비라도 당선을 시켜버리는 싹쓸이 현상이 빚어지고 말았기 때문이리라.

풀뿌리민주주의라 일컫는 지방자치가 특정 정치인의 한풀이 제물이 되리라고는 상상도 하지 못했다가 지역갈등이 더욱 심화된

6 · 27선거결과 앞에 충격과 분노를 금할 수 없었다. 경제는 선진국을 향해 줄달음치고 있는 나라의 국민들이 정치 수준에서는 후진국의 테두리를 벗어나지 못하고 있으니 한심한 일이다.

네 가지를 한꺼번에 묶어 실시한 이번 동시선거는 그 시도 자체가 잘못이었다고 생각한다. 1개월 정도의 시차를 두고 두 가지 선거씩 분리해서 실시했더라면 이번과 같은 결과는 빚어지지 않았을 텐데 30년 넘게 단일선거에만 익숙해온 유권자들이 광역단체장과 의원, 기초단체장과 의원 등 4명을 한꺼번에 뽑으려다 보니 인물 본위의 선택은 엄두도 못 내고 기억하기 쉬운 대로 특정기호만을 일괄해서 선택하는 바람에 엉뚱한 사람이 횡재를 했는가 하면 특정 정당의 공천을 받았음에도 기호 때문에 낙선의 고배를 마셨을 만큼 혼란의 극치를 이룬 선거였다.

과정이야 어찌되었든 이제 선거는 끝났고 민주주의의 기본인 다수결원칙에 따라 승자와 패자가 가려졌다. 주민들에 의해 선택된 단체장과 지방의원들이 내 고장의 살림을 꾸려가는 자치 시대가 개막되었으니 관심을 갖고 지켜볼 따름이다.

다만 한 가지 바라는 게 있다면 지역경제의 발전과 주민들의 복리증진에 앞장서야 할 선량들이 장기적인 안목으로 확고한 소신과 철학을 가지고 지역사회발전을 위한 청사진을 마련하여 차근차근 단계적으로 추진하는 게 바람직한 일일 것이다.

지방 시대에 걸맞는 지역주민들의 축제를 육성하여 화합의 계기를 마련하는 일도 시급한 과제의 하나라고 생각한다. 우리 정읍시의 경우 시·군통합 이전에는 시지역의 '정읍사문화제'와 군지역의 '갑오동학혁명기념문화제', 그리고 '벚꽃축제'가 있었다.

우리 고장의 자랑인 현존하는 백제시대 최고의 가요 〈정읍사〉를 지역주민의 표상으로 승화시키는 한편 선인들의 정한과 예술을 전승·재현하고 창달하기 위해 마련된 '정읍사문화제'는 지역축제의 범주에서 탈피해서 범국민적인 축제로 발전시킬 만한 가치가 있다고 본다.

구한말 청일전쟁의 도화선이었으며 우리나라 민주주의의 여명의 장을 열었던 갑오동학농민혁명을 기리기 위해 열리고 있는 갑오동학농민혁명기념제 역시 이 고장의 자랑이 아닐 수 없는데 아무런 의미나 역사성이 없는 벚꽃축제까지 개최해야 하는지는 재고해 볼 일이다.

벚꽃의 원산지는 우리나라 제주도 한라산과 전남 해남의 두륜산이라고 하지만 벚꽃을 국화國花로 삼고 있는 일본은 벚나무의 원산지가 일본이라고 주장하고 있다. 일제 강점 시절 미국에서 독립운동을 하던 이승만 박사는 이를 시정하기 위해 미국 국회에 진정했지만 일본의 힘이 컸던 때인지라 결국은 일본도 한국도 아닌 동양벚꽃이라고 부르게 되었다고 한다.

양인석 선생이 지은 ≪백화전서百花全書≫에 의하면 일본 사람들은 벚나무를 소메이요시노染井吉野라고 부르는데 이 이름은 도쿄의 소메이染井에 있던 한 꽃집에서 벚나무의 묘목이 퍼져나갔기 때문에 붙여진 것이라고 한다.

처음에는 벚꽃의 명소인 요시노를 따서 요시노吉野라고 했다가 1872년 '소메이요시노'라 이름 짓고 일본의 도쿄가 벚나무의 본고장이라고 주장하기에 이르렀다. 1930년 서울대 강사인 일본인(石戶谷勉)에 의하여 제주도 한라산에 일본 벚나무보다 훨씬 오래된 왕벚나무의 원시림이 있는 것이 발견되었고, 그 뒤로 우리나라 학자들에 의하여 그것이 틀림없는 사실로 확인되었다고 한다.

우리나라 왕벚나무가 바다를 건너간 것인지, 일본인들이 말하는 대로 도쿄에서 인공적으로 잡종을 만들었는지는 알 수 없는 일이로되 왕벚나무는 일본 전국에 퍼져 일본벚나무의 약 80%를 차지하고 있을 만큼 번식력이 아주 강하다고 한다. 일본이 한국을 점령했을 때 가장 먼저 한 짓이 한국인의 민족혼을 말살하기 위해 창경궁을 비롯한 우리의 고궁에 왕벚나무를 가득 심었으며 심지어는 학교에까지 왕벚나무를 심어 전국에 번식시켰다는 기록이 있다.

아무리 원산지가 우리나라일망정 우리에게 치욕적인 역사를 갖게 한 일본의 국화를 시가지 한복판에 심은 것 자체도 잘못된 일인데 이 꽃의 이름을 딴 축제까지 연다는 건 우리 고장의 수치라고 생각한다.

다른 고장은 소설 속의 주인공을 기리는 행사를 전국 규모의 축제로 치르기도 하는데 우리 고장에는 역사성에 있어서나 예술성에 있어서 타의 추종을 불허하는 독특하고 완벽한 두 개의 축제에다 지역예술인들의 발표의 장인 '정읍예술제'도 있는데 무엇이 부족해서 벚꽃잔치를 시작했는지 모를 일이다.

이제부터는 곁눈 팔지 말고 '정읍사문화제'와 '갑오동학농민혁명기념제'를 우리나라 최고 수준의 축제로 육성 · 발전시켜 나가는 일에 앞장서야 할 것이다.

먼 훗날 우리의 후손들이 정읍에 태를 묻은 걸 자랑스럽게 생각할 수 있도록 힘과 지혜를 모으는 일이 이 시대를 사는 우리 모두의 사명이요 책무임을 자각해야 한다.

16만 시민 모두가 주인의식을 갖고 나에 앞서 우리를 먼저 생각한다면 그토록 열망하던 지방자치는 활짝 꽃필 것임을 확신하면서 새롭게 출범한 지방 시대의 앞날에 무궁한 발전이 있기를 빌어마지 않는다.

《내장문학》 제13집 1995. 10.

문화유산의 해 유감

`97년은 정부가 정한 '문화유산의 해'다. 조상으로부터 물려받은 훌륭한 문화유산을 제대로 알고 올바르게 지키고 보존하여 후손들에게 남겨주자는 취지에서 전국에서는 지금 문화유산의 해에 걸맞는 각종 사업이 펼쳐지고 있다.

'문화'라는 말뜻은 ① 인지人智가 깨어 세상이 열리고 생활이 보다 편리하게 되는 일, ② 철학에서 진리를 구하고 끊임없이 진보. 향상하려는 인간의 정신적 활동 또는 그에 따른 정서적 · 물질적인 성과를 이르는 말, ③ 문덕文德으로 백성을 가르쳐 이끎이라고 국어사전에 적혀 있으며 '문화유산'은 '다음 세대에 물려 줄 민족 및 인류사회의 모든 문화'라고 풀이하고 있다.

이렇듯 넓은 의미의 '문화유산'에는 문화의 소산所産인 학문이나 예술을 포함하여 문화재 보호의 대상이 되는 유형문화재와 무형문화재 및 기념물, 민속자료들이 있다. 우리 고장 정읍에는 그 어느 고장보다 많은 문화유산이 곳곳에 남아 있다.

국가지정 14점을 비롯하여 도지정 32점 등 46점의 지정문화재와 10점의 문화재자료, 1백여 점의 비지정문화재가 조상들의 손길을 간직한 채 보존되고 있는 역사와 문화의 고장이다. 평소부터 우리 고장의 문화재에 대해 관심은 많았지만 이를 체계적으로 파악하고 접근할 기회가 없었는데 `96년 1월 1일자로 정읍문화원 사무국장으로 취임하였기에 업무관계로 자연스럽게 수많은 문화유산을 접할 수 있게 된 것이다.

관내 학생들의 사적지답사 인솔이나 문화유적에 대한 책자를 발간하면서 각종 문화유적에 관한 참고문헌들을 두루 섭렵하다 보니 정확한 위치까지는 파악하지 못했어도 지정문화재들의 유래나 연혁은 어느 정도 이해할 수 있을 만큼의 식견은 갖게 되었다.

백문百聞이 불여일견不如一見이라 했는데 명색이 문화원 사무국장이라면서 관내의 문화재들을 직접 답사해 보지도 않고 책상머리에서 막연하게 어느 곳에 어떤 문화재가 있을 것이라고 얘기한다면 직무태만임이 분명한데도 생각만 간절할 뿐, 행동으로 옮기지 못하는 게 늘 마음이 께름칙했었다.

그러던 중 우리 정읍문화원도 '`97 문화유산의 해'를 맞아 우리 고장의 문화재들을 널리 알리기 위해 사무실에 관내 '문화재분포도'를 제작하기로 하는 한편 98년도판 '정읍시 문화재달력'을 만드는 데 필요한 자료를 준비하고자 지난 4월 초순에 관내에 산재한 지정문화재들을 한 바퀴 돌아보았다.

첫날인 4월 6일 칠보면 무성리에 있는 '무성서원(사적 제166호)'을 찾아가서 비디오와 카메라에 담았는데 촬영을 하면서 생각해 보니 이런 기회도 흔치 않을 텐데 기왕에 나온 김에 이 마을에 있는 모든 문화유적들을 두루 살펴보고 싶은 욕심이 생겨 당초의 예정에는 들어 있지 않았던 원촌 마을의 문화유적들을 모두 돌면서 열심히 셔터를 눌러댔다.

칠보면 무성리 원촌 마을은 금년도에 문화체육부로부터 문화마을로 지정을 받았을 만큼 많은 문화유적을 간직하고 있는 마을이다. '무성서원'을 비롯하여 '필양사', '시산사', '송산사', '송정', 불우헌 정극인 선생의 '상춘곡 가사비' 등 원촌 마을의 문화유적들을 모두 돌아보고 현장을 안내하느라 고생한 면사무소 직원들과 함께 점심을 먹은 뒤 숨을 돌릴 겨를도 없이 인근에 있는 '용계서원', '남천사', '고현동각', '고현동향약', '도봉사', '감운정'을 차례로 들러 촬영했다.

내친걸음에 산외면 동곡리의 '김동수고가(중요민속자료 제26호)', 옹동면 산성리에 있는 '모충사', 칠보면 백암리의 '남근석(전북민속자료 제13호)' 등의 촬영을 마치고 나니 해가 서산으로 뉘엿뉘엿 지고 있었다.

둘째 날에는 내장산국립공원 경내에 있는 '서보단사적비', '조선왕조실록 내장산이안사적비', '영은사지 내장사', '조선동종', '내장산 굴거리나무군락(천연기념물 제91호)', '내장사지 벽련암' 등을 둘러보고 태인으로 가서 '피향정(보물 제289호)', '태인향교 만화루(전북기념물 제121호)'를 거쳐 태인초등학교 교정에 있는 '태인동헌'과 '신잠 선생 소상'을 찾았으나 가던 날이 장날이라고 작전훈련 중인 군인들이 출입을 통제하는 바람에 그냥 돌아올 수밖에 없었다.

다음 날에는 흑암동의 '정충사旌忠祠'를 시작으로 '망제동 석불입상', '천곡사지 7층석탑(보물 제309호)', 이평면의 '만석보 유지비', '예동마을', '말목장터(말목정, 감나무)'를 거쳐 덕천면 하학리에 있는 황토현전적지의 '기념관', '전봉준 선생 동상', '구민사', '제민당' 등을 카메라에 담은 뒤 일정을 마쳤다. 하루를 쉰 다음 날에는 덕천면의 '도계서원', '동학혁명기념탑(사적 제295호)', 이평면 장내리의 '전봉준 선생 고택'과 '단소(가묘)', 영원면의 '은선리 3층석탑(보물 제167호)', '백정기 의사 순국기념비', '탑동 석불좌상', 고부면의 '해정사지 석탑'과 '석불입상', '군자정', '장문리 5층석탑', '미륵암석불', '남복리 5층석탑', '동학혁명모의탑', '무명 동학농민군 위령탑' 등을 차례로 돌다 보니 하루해가 짧게만 느껴졌다.

이렇게 강행군을 하며 관내에 있는 지정문화재 모두와 비지정문화재 일부를 합쳐 1백여 군데를 11일 만에 작업을 마치려고 산으로 들로 열심히 돌아다닌 덕분에 얼굴은 검게 그을렸고 몸과 마음이 지칠 대로 지쳐버렸지만 조상들의 숨결과 손길이 깃들어 있는 소중한 문화유산들을 내 눈으로 직접 살펴볼 수 있는 절호의 기회를 얻은 것으로 만족했다.

이토록 많은 문화유적들을 오랜 세월 동안 지키고 보살펴온 조상들의 훌륭한 정신을 계승하여 이를 제대로 보존하고 훼손된 것들은 보수를 해서 원형 그대로 후손들에게 넘겨주어야 함은 현대인들의 책임이요 의무라고 생각한다.

오랜 세월이 흐르는 동안에 풍마우습風磨雨濕으로 인해 자연훼손된 것은 물론이고 원형 그대로 온전하게 남아 있는 수많은 문화유산들을 체계적으로 관리하고 유지보수하는 데는 관계당국의 재정적인 뒷받침도 필요하겠지만 일반 시민들의 각별한 관심과 문화유산을 아끼고 사랑하는 지극한 정성이 있어야 할 것이다.

문화유산의 해를 맞았다고 해서 요란한 구호나 실속 없는 일과성 행사로만 그칠 게 아니라 보다 장기적인 안목으로 확실하고도 근본적인 대책을 세워 역사적 · 문화적 흔적인 문화유적들을 제대로 지키고 보살피는 계기를 마련하는 뜻깊은 한 해가 되었으면 하는 바람이다.

월간 ≪우리문화≫ 제107호, 1997. 9.

민주 외길 걸어온 인동초의 승리

지난 수년 이래 종사발전에 크게 공헌해온 본회 김대중金大中 고문이 오는 12월에 실시되는 제14대 대통령선거에 출마할 민주당의 대통령 후보로 선출되었다.

지난달 26일 서울 올림픽공원 펜싱경기장에서 개최된 민주당의 대통령 후보 지명 및 제1차 정기전당대회에서 재적 대의원 2천4백26명 중 2천3백48명이 참가한 대통령 후보 경선투표결과 1천4백13표를 획득하여 대통령 후보로 확정된 김대중 고문은 오는 연말의 대통령선거에 출마하게 됐다.

1925년 1월 6일 전남 신안군 하의면 후광리에서 김해김씨 경파의 중시조 금녕군金寧君(휘 목경牧卿)의 19세손인 김운식金雲植 공의 4남 2녀 중 차남으로 출생한 김 고문은 1944년 5년제 목포상업

고등학교를 졸업한 뒤 목포상선회사에 입사하였다. 20대에 목포일보 사장과 목포해운회사 사장, 전남해운조합 회장 등을 역임했을 만큼 사업에도 뛰어난 솜씨를 보였다.

일제의 학병을 피해 대학진학을 포기했던 김 고문은 해방 후에도 6·25가 터지는 바람에 학업을 중단할 수밖에 없었으나 식을 줄 모르는 학구열은 1970년 경희대 대학원 경제과 수료, 1983년 미 하버드대 국제문제연구소 초청연구원 등의 특별학력 취득으로 이어졌으며 최근에는 모스크바대 평생 명예교수직을 수여받기도 했다.

김 고문은 현역 정치인 중 가장 왕성한 독서열을 지닌 끊임없는 노력형의 탐구파로 알려져 있다. 1954년 29세의 나이로 목포에서 제3대 국회의원선거에 입후보, 정계에 입문했으나 낙선의 고배를 마신 뒤 4수修의 고행 끝에 1961년 5월, 제5대 국회의원 보궐선거에서 당선의 영광을 안았지만 당선지인 강원도 인제에서 서울로 오는 동안에 5·16 군사쿠데타가 일어나 곧바로 영어의 몸이 되는 비운을 겪기도 했다.

1962년 12월 20일 군사정권의 계엄령해제와 더불어 정치활동을 재개, 이듬해인 1963년 목포에서 국회의원에 당선되었고, 성실한 연구와 날카로운 질의로 각광을 받아 민중당 대변인(1965년), 구 신민당 대변인(1967년)과 정책위원회 의장을 거쳐 3선의원의 정치경력을 발판으로 사실상의 의정입문 7년 만인 1970년 구 신민당의 대통령 후보로 선출되어 1971년 제7대 대통령선거에 입후보한 바 있다. 1987년 평화민주당의 후보로 제13대 대통령선거에 입후보하기까지 모두 55차례에 걸친 가택연금, 6년여의 투옥, 16년간의 정치활동금지, 3년여의 해외망명생활 등을 통해 '세계적인 인권지도자', '한국을 대표하는 정치인'으로 전 세계의 주목을 받게 되었다. 1981년 오스트리아의 '부르노 크라이스키인권상'과 1987년 미국의 '조지미니 인권상'을 수상한 데 이어 1987년부터 금년까지 6년 연속으로 '노벨평화상' 후보에 올랐다.

꽃가꾸기와 국악감상, 달관의 경지에 도달한 서예가 취미라고 하며 존경하는 인물은 백범 김구와 간디이고 '행동하는 양심'을 좌우명으로 삼고 있는데 이희호李姬鎬 여사와의 사이에 3남을 둔 다복한 가장이기도 하다.

저서로는 ≪분노의 메아리≫, ≪내가 걷는 70년대≫, ≪대중경제론≫, ≪독재와 나의 투쟁≫, ≪김대중 옥중 서신≫, ≪한국현대사가 묻는 것≫, ≪행동하는 양심으로≫, ≪국민을 살리는 마지막 선택≫, ≪민족의 새벽을 바라보며≫, ≪평화를 위하여(연설문)≫, ≪민족의 내일을 생각하며≫, ≪그래도 역사는 전진한다≫, ≪공화국연합제≫, ≪정의와 평화의 이름으로≫ 등이 있다.

종사宗事에도 해박한 식견과 남다른 관심을 갖고 열심히 참여하고 있는데 숭선전을 비롯한 '전릉성역정비사업'을 위해 소속 의원들로 하여금 예산배정에 앞장서도록 독려하여 지난 89년부터 76억 원의 국고를 지원받는 데 결정적인 역할을 함으로써 종친들의 찬사를 받고 있다.

월간 ≪가락회보≫ 제158호 1992. 6.

손과 영혼이 어우러진 최고의 미

지칠 줄 모르는 정열과 끊임없는 실험정신으로 독보적인 회화 세계를 구축해온 한국미술사의 거목 운보雲甫 김기창金基昶 화백. 금년 10월로 팔순을 맞아 평생의 인간적 · 예술적 업적과 영광을 회고하고 방대한 작품과 자료를 정리하는 우리나라 화단사상 유례없는 대규모 잔치를 계획하고 있다.

8천 점이 넘을 것으로 추산되는 작품 가운데 소재 확인이 가능한 모든 작품을 수록한 전작도록全作圖錄을 발간하고 대표작품 1천 점쯤을 전시할 대규모 회고전 및 신작전시회를 함께 가질 이번 잔치는 운보의 생애뿐만 아니라 한국문화계에서도 손꼽을 만한 큰 행사가 될 것으로 기대된다.

운보 김기창은 피카소, 살바도르 달리, 헨리무어, 중국의 장대

천張大天, 이가염李可染과 어깨를 나란히 하는 거장으로 국제적으로 인정을 받고 있는 한국화가다. 파리 유네스코 본부에는 운보가 그린 2백 호짜리 대작 〈무락도無樂圖〉가 피카소, 헨리무어, 달리의 걸작들과 나란히 상설 전시되고 있다.

1914년 가락駕洛 문중에서 태어난 운보는 여덟 살 때 장티푸스를 앓아 하루아침에 영영 소리를 들을 수 없게 되었으나 그림에는 남다른 솜씨를 보였다. 운보의 어머니는 그가 초등학교를 간신히 마치자마자 당대 최고의 동양화가 이당以堂 김은호金殷鎬 화백을 찾아가 열일곱 살 된 아들을 제자로 받아줄 것을 간청했다.

어머니와 함께 사랑방으로 안내된 소년 운보는 벽에 걸린 커다란 인물화에 넋을 빼겨 그 그림만 들여다보고 있었는데 이를 본 이당은 한눈에 화가로서의 재질을 꿰뚫어보고 즉석에서 그를 화가로 키워주기로 승낙했다.

이당 밑에서 그림공부를 시작한 운보는 이당 문하에 들어온 지 반년 만에 조선미술전람회에 입선하고 스물네 살 때는 고담古談이라는 작품으로 특선을 차지, 최고상인 창덕궁상昌德宮賞을 받는다. 그 후 조선미술전람회에서 내리 네 번이나 특선을 차지하여 화가로서의 지위를 굳혔다. 이 무렵 운보는 우리의 옛 생활풍습에 관심을 기울여 정서적이고 단아한 분위기의 그림을 그렸으나 전통 동양화와는 다른 특유의 개성을 나타내기 시작한다.

1946년 운보는 신진 여류화가인 우향 박래현(1920~1976)을 예술과 인생의 반려자로 얻는다. '우향은 나의 일생에서 어머니 다음으로 중요한 여인이었지요.' 사람들과 글씨로 대화를 나누는 운보는 이렇게 말한다. 우향은 운보에게 네 자녀를 낳아준 충실한 아내였을 뿐만 아니라 예술의 동반자이기도 했다. 그러나 우향이 1976년 암으로 타계하자 운보는 30년 동안 함께 살아온 가장 가까운 반려자를 잃었다.

1950년 한국전쟁이 터지자 운보는 처가가 있는 군산으로 피난, 미군 병사들의 초상화를 그려 생계를 꾸려갔다. 이 무렵 어느 날 우리 민족에게 닥친 동족상잔의 비극이 예수그리스도의 생애와 퍽 비슷하다는 영감을 받고 〈예수일대기〉 30폭을 연작 형식으로 그렸다. 이 성화聖畵들은 전통동양화 기법으로 그렸을 뿐만 아니라 인물 · 옷 · 풍속을 조선시대의 모습으로 바꾸어 그렸다.

운보의 독자적 세계를 향한 부단한 실험정신은 1950년 초반 무렵부터 두 갈래로 병행된다. 하나는 내적인 '힘'과 '야성'이 용출되는 전통화법의 재창조 측면이고 다른 하나는 전통을 초극하여 서구의 추상미술을 도입한 순수한 조형적 주제구성의 전개이다.

1959년에 그린 대작 〈군작群雀〉은 1천 마리의 참새 떼가 양쪽에서 날아와 치열하게 싸우는 모습을 통해 인간의 극렬한 생존경쟁을 묘출해냈다. 이 작품은 한걸음 더 나아가 우리 민족의 비극을 형상화한 것으로 크게는 인류전쟁의 축도라고 할 수 있으며 운보 자신의 내면세계를 표출한 것이기도 하다.

이처럼 〈투우鬪牛〉 · 〈기러기〉 · 〈부엉이〉 등 간략하고 활달하여 더할 나위 없이 필력이 넘치는 그림을 그리는가 하면 태고의 이미지 연작, 청자이미지연작, 뉴욕에서 제작한 〈태양을 먹은 새〉, 〈나비의 꿈〉 등 추상계열의 작품으로 동양화의 새로운 가능성을 보여주기도 했다.

운보는 한 가지 양식에 안주하지 않고 끊임없이 예술적 변신과 다양함을 추구하는 작가로 알려졌다.

70년대에 들어와서도 〈서상도瑞祥圖〉와 〈장생도長生圖〉를 민화풍의 단순하고도 자유로운 운필로 그려내어 한국적인 미의식의 한 전형을 창조해냈으며 점과 선을 주제로 한 1천5백 호가 넘는 8폭 병풍을 제작하는 등 엄청난 창작력을 과시하고 있다.

오늘날 운보는 뛰어난 예술적 성과로 존경을 받을 뿐 아니라, 장애를 딛고 성공했다는 점과 자기와 같이 듣지도, 말하지도 못하는 사람을 위해 많은 노력을 기울이고 있어서 많은 이들에게 추앙의 대상이 되고 있다. 운보는 1980년 우리나라 농아들을 돕기 위한 '한국농아복지회'를 조직하여 ≪농아회보≫를 출간하는 등 농아들의 복지향상에 크게 기여하였으며 1985년에는 '세계농아연맹'의 문화예술분과 부위원장으로 선임되기도 했다.

'운보는 손과 영혼으로 이룩할 수 있는 최고의 그림을 그린 사람이다.'라고 '알프레도 바렌테'가 운보의 예술을 평한 이 말은 운보의 예술인생을 가장 잘 나타낸 것이 아닌가 생각된다.

지금 운보는 청주 근교에 있는 화실에서 자연과 하느님과의 대화에 몰두하고 있는데 종사에도 남다른 열정이 있어 종친회가 주관하는 각종 전시회에 수준 높은 작품들을 찬조 출품하여 가락駕

洛의 명예를 드높이기도 했다.

월간 ≪가락회보≫ 제166호 1993. 3.

서리실 이야기

신 나는 전원생활

각박한 도심에서 벗어나 전원생활을 시작한 지도 60여 일이 흘렀다.

애시당초 시골에서 태어나 잔뼈가 굵었기 때문에 언젠가는 돌아가 살겠다는 생각을 하던 터라 새삼스러울 게 없지만 아직은 본격적인 전원생활이 아니고 낮에는 직장관계로 시내에 나와 근무를 하다가 퇴근한 이후에만 잠깐씩 손에 익지 않은 일들을 익히기에 여념이 없는 견습농부에 불과한데도 마음만은 편안해서 더없이 행복하기만 하다.

시골생활의 무료함을 달래려고 취미삼아 한두 마리씩 기르기 시작한 가축들과 애완동물들이 날이 갈수록 종류와 숫자가 늘어나 60여 동물가족의 가장이 되었지만 이들이 있기에 하루하루가 어떻게 가는지 모를 만큼 즐겁게 살고 있으니 얼마나 좋은 일인가.

지난 설 명절 때 둘째 누님 댁에 세배 차 갔다가 지금 내가 살고 있는 집을 사게 되었다. 이사를 해서 통근을 하자면 자동차가 한 대 있어야 하고 자동차를 사자면 우선 운전을 할 줄 알아야 하겠기에 부랴부랴 운전전문학원에 등록하고 2개월간의 연수를 거쳐 운전면허증을 발급받는 등의 준비를 하는 동안 집수리도 끝나 드디어 지난 8월 12일 새로운 보금자리인 정읍시 칠보면 반곡리 원반 마을로 이사를 하기에 이르렀다.

마을은 20여 호 규모로 주민들을 모두 합쳐도 50명이 채 안 되기 때문에 가족처럼 오순도순 살고 있는데 어느 날 갑자기 끼어들기를 했으니 까딱 잘못하면 따돌림을 당하기 십상이겠구나 하는 우려를 하지 않을 수 없었다. 그러나 다행히 어렸을 때부터 누님 댁에 다니면서 40년이 넘게 얼굴들을 익힌 덕분에 별다른 어려움 없이 주민의 일원으로 동화되기에 이른 것이다.

이삿짐과 함께 옮겨간 잉꼬 한 쌍과 청거북 다섯 마리는 시내에 살면서 기르던 것들로 오랜 기간 정성을 다해 보살피면서 정이 들었다. 이사를 해서 새로운 가족으로 합류한 동물들은 닭 10마리, 병아리 33마리, 토끼 5마리, 강아지 4마리, 청둥오리 6마리, 송아지 2두, 금붕어 5마리 등 6종에 65마리였지만 2개월 동안에 토끼가 1마리 도망쳐버리고 닭 4마리, 병아리 3마리, 금붕어 3마리가 죽은 까닭에 전에 기르던 잉꼬와 청거북을 합쳐도 60마리밖에 안 된다.

종류도 다양하지만 식성도 제각각이라 아침에 눈을 뜨면 축사를 한 바퀴 돌면서 먹이를 주는 데만 꼬박 1시간이 걸린다. 틈틈이 토끼에게 줄 풀도 뜯어 와야 하고 송아지와 닭들에게는 사료를 먹이기 때문에 사료 구입비도 만만치가 않다. 다른 동물들은 잡식성이어서 전주에서 제과점을 하는 둘째 처남네 가게에서 팔다 남은 빵들을 얻어다가 말려서 가루를 만들어 먹이므로 큰 어려움 없이 많은 가족을 부양하고 있다.

말은 못해도 주인임을 알아보고 가까이 가면 알은체를 하는 녀석들과 무언의 대화를 나누는 재미에 틈만 나면 축사에서 살다시피 하다가 아내로부터 핀잔을 듣기도 하지만 아내도 그러는 내가 싫지만은 않은 눈치다.

다른 사람들은 오히려 도회지로의 진출을 시도할 시기에 반대로 도회지생활을 청산하고 첩첩산중 시골로 들어가게 되었어도 내가 원하는 일이라서인지 불평 한 마디 하지 않고 따라주더니 요즈음엔 안 하던 농사일도 거침없이 달려들어 하고선 저녁이면 끙끙 앓는 소리를 하는 걸 지켜보자면 안쓰럽기만 하다.

그래도 시일이 지나면서 농촌생활에 재미가 붙었는지 손바닥만 한 뒷마당을 일구어 각종 채소들을 심고 가꾸기에 여념이 없다. 누님네 텃밭을 빌려 심은 무와 배추, 쪽파, 갓, 당근 등은 작황이 좋아 올 김장은 따로 사지 않아도 충분할 것 같다. 내년에는 고추도 갈고 고구마도 심는다는 영농계획을 세워놓고 곡식을 말리는

데 필요한 건조장을 만들 꿈에 부풀어 있는 모습이 대견하기만 하다.

아직은 내가 직장관계로 주말이나 휴일이 아니면 낮에는 일손을 거들어주기 어렵지만 머지않아서 이곳에 상주하며 아내와 함께 완벽한 전원생활을 해볼 생각이다. 공기 맑고 인심 순박한 이 마을에서 자연을 벗 삼아 이웃들과 더불어 정을 나누며 유유자적하면서 가축들도 기르고 논농사와 밭농사도 직접 지어 식량과 부식들을 자급자족하겠다는 원대한 계획도 세워놓았다.

비록 짧은 기간이지만 두어 달 살다 보니 새록새록 재미가 느껴지는 걸 보면 나는 갈데없는 시골 사람인 모양이다. 나 한 사람 빠졌다고 도회지가 어떻게 되는 게 아닐 바엔 일찌감치 떨쳐버리고 몸과 마음이 더 늙기 전에 새로운 일에 도전해 보는 것도 괜찮은 방법이라고 생각한다. 내년 여름쯤이면 손수 기른 닭을 잡아 가까운 친구들을 불러 함께 나눠먹으며 신선놀음 흉내도 내볼 생각을 하니 벌써 마음이 설렌다.

≪내장문학≫ 제18집 2007. 7.

세상을 살다 보면

자고 나면 하루가 다르게 치솟는 물가 때문에 서민들의 생활에 어려움이 많다고 아우성이다.

서민의 범주를 벗어나지 못하는 나도 어려움을 겪어야 하기는 마찬가질 텐데 그나마 연료를 연탄으로 바꾼 덕분에 연료비 걱정을 하지 않고 따뜻한 겨울을 보낼 수 있었으니 얼마나 다행스러운 일인가?

지금 살고 있는 산골 마을로 처음 이사를 하던 1999년 겨울에는 기름 보일러로 난방을 했었는데 뭐가 잘못되었는지 한 달에 2드럼씩의 기름이 소모되어서 6개월간의 난방비가 무려 140여만 원이나 들었다. 그렇다고 보일러를 마음대로 켜보지도 못하고 추위 때문에 몸을 웅크린 채로 겨울을 보내야 했다. 이사할 때 보일러도 새로 설치를 했고 보온시설도 그런 대로 갖추어진 것 같은데 방은 별로 따뜻하지 않으면서 난방비만 엄청나게 들어가는 겨울이 오는 게 두려운 정도였다.

설치한 지 1년도 안 된 보일러를 놔두고 다른 보일러로 교체하기도 쉽지 않은 일이고 작년처럼 비싼 기름을 그냥 때기도 뭐해서 고심하던 어느 날 출근하려고 차를 몰고 집을 나오는데 연탄을 가득 실은 대형트럭이 골목을 막고 있어서 알아봤더니 앞집에 연탄을 배달하러 온 차였다. 연탄을 연료로 사용하던 때가 언제이던가 생각이 잘 나지 않을 만큼 까마득한 옛날이다.

곰곰이 생각해보니 1993년 서울에 있으면서 연탄을 연료로 사용하는 집에서 하숙을 한 이후로 7년 동안이나 까맣게 잊고 살아온 것이다. 연탄 한 장에 얼마나 하는지도 모르고 살았기에 연탄배달 아저씨에게 물어봤더니 260원이라고 했다. 연탄보일러를 설치해서 하루에 10장씩을 땐다 해도 2,600원이요, 한 달이면 78,000원이니 6개월 동안 난방을 한다 해도 50만 원도 채 안 들어간다는 계산이 나온다. 연탄보일러를 설치하면 아침, 저녁으로 연탄을 갈아야 하는 불편이 뒤따르겠지만 기름 값 3분의 1정도의 가격으로 겨울을 따뜻하게 날 수 있다면 그까짓 불편쯤은 얼마든지 감수하겠다는 오기가 발동했다.

출근하기가 무섭게 보일러를 취급하는 친구에게 전화를 걸어서 연탄보일러를 설치하려고 하는데 한번 알아보라고 했더니 내가 필요로 하는 2구 3탄식은 공장으로 주문을 해야 한다고 하기에

계약금을 줘서 주문하게 했다. 며칠 뒤 주문했던 보일러가 도착해서 기름보일러와 겸해서 사용할 수 있도록 시공을 했지만 특별한 경우가 아니면 기름을 사용하지 않고 연탄만을 연료로 사용했다. 작년 초가을부터 지금까지 6개월 동안에 총 374,400원 연료비가 들어간 셈이다. 하루에 평균 여덟 장의 연탄이 들어가는데 260원X8장=2,080원이고 2080원X180일=374,400원이란 계산이 나온다. 기름 값의 4분의 1이 조금 넘는 가격으로 겨울을 따뜻하게 보낼 수 있으니 가정경제에도 많은 보탬이 되었다. 더구나 작년같이 기름 값이 수시로 인상되는 와중에서 연료비 걱정을 하지 않고 마음 편하게 지낼 수 있었던 것은 순전히 경험법칙에 의한 나의 선견지명 덕분이다.

지금까지 세상을 살아오면서 적잖은 시행착오를 거듭하였기 때문에 웬만한 일에는 놀라거나 실망을 하지 않는 게 습관처럼 되어버렸는데 연료를 연탄으로 과감하게 바꾸어버린 일만은 아무리 생각해봐도 잘한 것 같다. 시류와는 동떨어진 내 나름의 개똥철학대로 살다 보면 번번이 손해를 보기도 하지만 때로는 생각지도 않았던 소득을 얻기도 한다. 다름 사람이라면 오히려 청산했어야 할 전원생활을 뒤늦게 시작한다거나, 2001년도부터는 쇠고기 수입이 완전히 개방된다고 하여 다른 농가들은 모두 한우사육을 포기하는 마당에 송아지를 입식시키는 무모한 호기를 부리기도 했는데 다행히 재작년 10월에 2백만 원을 주고 구입했던 2마리의 송아지가 얼마 전에 각각 새끼를 낳아서 어미와 새끼를 한꺼번에

팔면 9백만 원을 받을 수 있다니까 18개월 만에 무려 4.5배의 수익을 얻게 된 셈이다. 이 정도의 시행착오나 고집이라면 간혹 한 번씩 부려봄 직도 하지 않은가?

어렸을 때 어깨너머로 봐왔던 농사를 직접 지어본 작년에는 모든 게 서툴러서 고추, 참깨, 들깨, 땅콩, 무, 배추, 고구마 등의 수확량이 기대에 미치지 못했지만 금년에는 무슨 일이 있어도 다른 사람에게 뒤지지 않겠다는 생각으로 영농준비에 만전을 기하고 있다.

작년에는 고추모苗를 1포기에 70원이나 주고 사다가 심었는데 금년에는 고추씨앗을 사다가 집에서 묘를 길러서 심으려고 아침저녁으로 물을 주어가면서 열심히 기르고 있으며 고구마, 호박, 오이, 가지, 옥수수 등도 비닐하우스 안에서 육묘育苗를 하고 있다. 땅 심을 높이기 위해 규산질, 석회, 고토비료와 1년 동안 발효시킨 두엄을 뿌렸으니 이변이 없는 한 올 농사는 제법 풍성할 것으로 기대한다.

≪내장문학≫ 제19집 2001. 9.

초보운전자의 겨울나기

먼 남녘 제주에는 개나리가 피었다는 꽃소식이 들린다. 내일 모레면 춘분이니까 그 지겹던 겨울도 머지않아 자취를 감추겠지만 내게는 지난겨울이 다시 돌이켜 생각하기조차 두려울 만큼 괴로운 계절이다.

지금 내가 살고 있는 시골집은 정읍시 도심에서 정확하게 20km 거리에 있는데 내장산과 인접한 산간지대여서 겨우내 아침 최저기온이 영하에 머무는 추운 지역이다. 오늘 아침에도 마당의 수도가 꽁꽁 얼어 더운 물로 녹이느라 애를 먹었으니 한겨울에야 오죽했겠는가.

본디부터 담력이 약해서 자동차 운전은 엄두도 못 내고 50년을 넘게 살아오다가 뒤늦게 운전을 배워 면허증을 따고 자동차를 사서 직접 차를 몰게 되었다. 지금 생각해봐도 꿈만 같은데 가던 날이 장날이라고 지난겨울은 유별나게 춥고 눈도 많이 내려 겨울 한철을 온통 근심 걱정으로 보내야 했다. 운전이 능숙한 사람도 눈이 내려 미끄러운 길은 차량운행이 어렵다는데 햇병아리인 나는 마음고생이 얼마나 심했는지 모른다.

첫눈이 내리던 날은 겁도 없이 차를 몰고 출근을 해서 일을 마치고 다른 행사에 참석했다가 밤늦게 귀가를 하는데 내린 눈이 얼어붙어 빙판을 이룬데다 지척을 분간할 수 없을 정도로 눈보라가 휘몰아쳤다. 평소 같았으면 30분도 안 걸리는 거리를 1시간을 넘게 거북이 운전을 하면서 어찌나 고생을 했던지 집에 도착해서 살펴보니 온몸이 땀에 흠뻑 젖어 있었다.

시내에서 집에까지 가자면 몇 군데의 오르막길과 내리막길이 있다. 이 지역을 통과하면서 브레이크를 사용하지 않으려고 속력을 최저로 했는데도 전방에 차량이 있으면 나도 모르는 순간에 브레이크를 밟았다가 중앙선을 몇 번씩이나 넘었는지 모른다. 다행히 한적한 시골길이어서 끔찍한 사고는 없었지만 지금 생각해도 아찔하기만 하다.

다음 날 아침에 일어나 보니 밤사이에 또 많은 눈이 내려 내 재주로는 차를 몰고 출근을 할 수 없을 것 같기에 택시를 불러 타고 출근을 해야 했다. 그 뒤로는 눈이 많이 내리면 아예 시내버스를 이용하든가 택시를 불러 타느라 기름 값보다 많은 교통비가 들긴 했어도 겨울을 무사히 넘기게 되었으니 얼마나 다행한 일인가.

작년 12월 18일에는 고 박정만 시인의 시비제막식이 있었다. 이날도 정읍지방에는 많은 눈이 내렸다. 문인협회 지부장을 맡고 있어놔서 행사장에 참석을 해야겠는데 차를 몰고 나갈 엄두가 나지 않았다. 시내버스를 타려고 아무리 기다려도 차가 안 오기에 버스회사로 전화를 했더니 많은 눈 때문에 부득이 결행을 했다는 것이었다. 안 되겠다 싶어서 택시를 부르려는데 전주에서 전화가 걸려와 전북예총 김남곤 회장과 전북문협 김학 회장, 정군수 시인과 김용옥 시인 등이 직행버스를 타고 정읍으로 가는 중이니 차를 가지고 정읍버스터미널로 나오라고 했다.

마지못해 대답은 했지만 미끄러운 빙판길에 차를 몰고나갈 생각을 하니 겁이 덜컥 났다. 몇 번을 망설이다가 큰 맘먹고 차를 운전하여 약속 장소로 갔다. 시간이 많이 지체되긴 했어도 별 탈 없이 도착하여 전주 손님들을 모시고 내장호수공원으로 가서 행사에 참석할 수 있었다.

이날의 주인공인 고 박정만朴正萬 시인은 1946년 8월 26일 지금의 정읍시 산외면 상두리 872번지에서 아버지 박승걸朴勝傑 공과 어머니 이효인李孝仁 여사의 2남 4녀 중 차남으로 태어났다. 화죽초등학교와 전주북중, 전주고등학교를 거쳐 경희대학교 국어국문학과를 졸업했고 고교 재학 시절에 경희대학교가 주최한 전국고교생백일장에서 시 부문 장원에 입상하였으며 대학 재학 중엔 ≪서울신문≫ 신춘문예에 시 〈겨울 속의 봄 이야기〉가 당선되어 촉망

받는 시인으로 문단의 주목을 받기 시작했다.

대학을 졸업한 뒤 학원출판사를 시작으로 학창사, 중앙문화사, 월간문학사, 어깨동무, 고려원 등에서 편집장 일을 맡아 젊음과 열정을 바쳐 한국문학 발전에 이바지하다가 1981년 5월, 소설가 한수산이 ≪중앙일보≫에 연재하던 장편소설 ≪욕망의 거리≫의 필화사건으로 연행되어 옥고를 치렀다. 이때 받은 모진 고문의 후유증은 결국 그를 몸져눕게 하였으며 그의 건강을 극심하게 악화시켜 죽음에 이르게 했다.

1987년 8월 19일부터 20여 일 동안에 3,000여 편의 시를 썼다고 하는데 죽음을 예감이라도 한 듯 짧은 기간에 그 많은 작품을 쓴 강인한 정신력과 왕성한 창작의욕은 한국문학사에 전무후무한 기록으로 영원히 남을 것이다. 박정만 시인은 1988년 10월 2일 오후 잠실 올림픽 메인스타디움에서 제24회 서울올림픽이 끝나던 날 서울 봉천동의 자택에서 홀로 숨을 거두었고 이틀 뒤인 10월 4일에 경기도 양평군 서종면 도장리 산26번지 소재 무궁화묘원에 묻혔다고 한다.

그가 남긴 저서로는 ≪잠자는 돌≫을 비롯한 시집 8권, 선시집 2권, 시선집, 시화집 각 1권, 수필집 2권, 동화집 2권 등이 있으며 경희문학상(1987)과 현대문학상(1989), 정지용문학상(1992) 등을 받기도 했다.

시인의 20주기를 맞아 박정만 시비건립추진위원회가 구성되어 시와시학사가 주관하고 한국문인협회, 한국시인협회, 민족문학

작가회의 전북지회, 현대문학사, 현대시학사, 경희대 국어국문학과 동문회, 전주고 43회 동창회 등이 후원하여 각계의 성금으로 시비를 건립, 1999년 12월 18일 향리인 정읍시 내장산동 내장산 국립공원 입구 내장호 주변 호수공원에서 제막식을 갖기에 이른 것이다.

얘기가 잠시 다른 방향으로 흘렀지만 이날 행사에는 평소에 박정만 시인을 흠모하는 많은 내빈들이 참석하여 성황을 이루었는데 이 행사에 참석했던 한국문인협회의 박종철 사무국장이 광주에 개인적인 볼일이 있다면서 정읍터미널까지만 태워다 달라고 부탁을 했다. 행사가 끝나자마자 박종철 시인과 함께 차를 타고 시내로 나오다가 끔찍한 사고를 당할 뻔했다.

밤새 눈이 내려 시내 중심가에서 멀리 떨어진 외곽지역은 제설작업을 하지 않은 관계로 편도 2차선의 도로가 1차선으로만 겨우 차량통행이 가능할 뿐이었다. 모든 차량들이 한 줄로 거북이 운행을 하고 있는데 갑자기 내 앞으로 승용차 한 대가 끼어드는 바람에 나도 모르게 급브레이크를 밟았더니 차가 제자리에서 빙글빙글 돌아가 중앙선을 넘어 반대편 차선으로 미끄러지면서 가로수를 들이받기 직전에 가까스로 멈춰섰다.

어찌나 놀랐던지 한동안 넋을 읽고 멍하니 앉아 있다가 다시 차를 몰고 시내로 나와 터미널에 박종철 시인을 내려주고는 엉금엉금 기다시피 하여 집으로 돌아왔다. 그 일이 있고부터는 눈이라도 조금 내린 날이면 아예 시내버스나 택시를 이용하여 출퇴근을 하기에 이르렀으니 아무런 대가도 치르지 않고 운전자들의 대열에 편승하려던 초보자로서의 신고식은 제대로 치른 셈이다.

이제 그 지겹던 겨울이 가고 만물이 생동하는 새봄을 맞게 되는데 화사한 꽃소식과 함께 나도 초보운전자라는 꼬리표를 떼어버리고 도로교통법을 준수하는 모범운전자로 변신을 해야겠다고 다짐해 본다.

≪내장문학≫ 제18집 2000. 7.

서리실 이야기

지금 내가 살고 있는 마을을 세상 사람들은 서리실이라고 부른다.

행정구역상 명칭은 전북 정읍시 칠보면 반곡리 원반 마을이지만 마을 주민 누구라도 원반이라는 명칭보다는 서리실이라는 이름을 즐겨 쓰고 있는 것 같다.

반곡리盤谷里는 본래 태인군泰仁郡 남촌일변면南村一邊面과 고현내면古縣內面 구역인데 1914년 행정구역 개편 때 남촌일변면의 동막리東幕里와 옥촉리玉燭里, 여암리餘巖里, 벌수리伏水里, 광신리光新里, 고현내면의 만궁리滿弓里 일부, 세류리細柳里, 사리四里, 진종리眞從里, 백화리白花里를 병합하여 이 산골의 특징을 잡아 서리실이라는 이름을 따서 반곡리라 하고 정읍군 칠보면에 편입시켰다고 한다.

현재 반곡리는 세류細柳, 원반元盤, 석탄石灘, 동막東幕, 여옥餘玉, 벌수伐水 등 여섯 개 마을로 구성되어 있는데 원반 마을은 반곡리 원 마을이라는 뜻이 담겨 있으며 반곡(서릴盤 골짜기谷)리의 어원도 서리실의 한자표기漢字表記임을 감안하면 서리실은 반곡리를 대표하는 마을이라 할 수 있겠다.

이 마을에는 우리 둘째 누나가 58년 전에 출가出嫁해서 지금도 살고 있기 때문에 어렸을 적부터 어머님의 손에 이끌려 첫발을 디딘 이후로 오랫동안 자연스럽게 드나들어서 고향마을처럼 정이 들었고 마음 사람들과도 친분관계를 유지하기에 이른 것이다.

내게는 위로 누나가 세 분이 있지만 다른 누나 집은 명절이나 행사가 있을 때만 의례적으로 방문했던 것 같고 둘째 누나 집에는 방학 때는 말할 것도 없고 틈만 나면 찾아다니며 마을 사람들과도 허물없는 농담을 주고받을 만큼 가까운 사이로 발전한 것 같다.

마을 앞으로는 사시장철 맑은 물이 흐르는 개천이 있고 뒤로는 산자락이 병풍처럼 휘둘린 전형적인 배산임수背山臨水 터에 30여 가구의 집들이 옹기종기 모여 있는 아담하고 정갈하다. 서리실의 매력에 흠뻑 빠져버린 나는 언젠가는 이 마을에 정착해서 주민의 한 사람으로 살아가겠다는 생각을 품게 되었고 1992년에는 4촌 형제들과 상의하여 이 마을 뒤에 있는 1ha의 임야를 사들여 가족 묘지를 조성하면서 정착의 계기를 마련하였다.

임야를 매입한 데 이어 2단계로 1998년에는 여러 곳에 분산되어 모셔진 증조부모 이하 조상들의 묘소 14기를 이곳으로 모셔왔고 1999년 8월에 이 마을로 이사를 하였다. 2004년에는 묘비墓碑와 상석床石, 망주석望柱石 등의 석물을 설치하고 조경造景까지 마침으로써 오랜 소망을 이루었다.

마을을 굽어보는 사자산獅子山 용태봉龍台峰 중턱에는 고현팔경古縣八景의 하나인 석탄모종(石灘暮鐘-석탄사에서 울려 퍼지는 해 질 녘 쇠북소리)의 주인공이자 천년고찰인 석탄사石灘寺가 고즈넉한 모습으로 자리 잡고 있으며 마을 주위로는 덕실, 뒷골창, 마골, 텃가마실, 가마실, 암소고개 등의 정겨운 지명이 전설처럼 남아 있다. 가마실이라는 지명은 옛날에 도자기를 굽던 가마가 있던 곳이라 해서 붙여진 이름이라고 한다.

이 마을은 원래 의성김씨義城金氏들이 터를 닦아 오랫동안 부富를 누리며 살았는데 궁궐을 방불케 하던 호화저택들은 6 · 25 한국전쟁 때 소실燒失되어 버렸고 지금은 옛날의 영화를 말해주는 듯 3미터의 높이로 견고하게 축조된 돌담 100여 미터만이 남아 있어 권불십년權不十年이요, 화무십일홍花無十日紅이라는 단어를 연상케 한다.

고향을 떠나 전주로 서울로 10년 넘게 떠돌다가 지난 1995년에 귀향해서 1996년 1월부터 정읍문화원 사무국장에 취임하여 안정된 생활을 시작했다. 도회지생활에 염증을 느껴 잘 나가던 직장도 미련 없이 포기하고 고향으로 돌아왔는데 정읍에서조차 아파트생활을 하다 보니 어쩐지 어색하고 쉽게 적응이 안 되어 몸에 맞지 않은 남의 옷을 입은 것처럼 불편하다는 생각을 떨쳐버릴 수 없었다.

다람쥐 쳇바퀴 돌 듯 사무실과 집을 오가는 일상생활에 싫증을 느끼던 차에 누나 집에 들렀더니 둘째 누나가 그 마을에 내가 살기에 적당한 집이 한 채 나왔는데 둘러보고 마음에 들면 사두었다가 나중에 나이가 들면 와서 살면 어떻겠느냐는 얘기를 했다. 아무 생각 없이 누나를 따라 집 구경을 갔다가 너무도 마음에 들기에 집주인을 불러 덜컥 매매계약을 해버리고 만 것이다.

처음에는 누나 말대로 노후에 대비해서 그냥 샀는데 계약을 하고 중도금과 잔금을 치르면서 드나들다 보니 적잖은 돈을 들여 큰맘먹고 마련한 집을 무작정 비워두기가 아깝다는 생각이 들었다. 하여 이사를 하기로 마음을 굳혔지만 내가 운전을 할 줄 모르기 때문에 이 마을에서 정읍까지 통근을 하자면 고생을 각오해야 한다는 게 걸림돌이었다.

고심 끝에 내린 결론은 이번 기회에 운전을 배워 면허증을 취득하자는 거였다. 쇠뿔은 단김에 빼랬다고 마음이 변하기 전에 자동차 학원에 들러 수강신청을 하고 원장님께 승낙을 받아 주로 낮 시간에 학원에 다니며 운전교습을 받았다. 평소 가깝게 지내던 정칠환 선배와 송대식, 박성우 군 등이 매일 교대로 학원에 오갈 때마다 차량을 제공해준 덕분으로 기능과 학과 도로주행시험까지 모두 1차에 합격하여 1999년 4월 30일자로 1종 보통운전면허증을 발급받을 수 있었다.

면허증을 받자마자 중고승용차를 한 대 사서 3개월여의 운전연습과정을 거쳐 혼자서도 차를 몰고 거리를 달릴 만한 자신감을 얻고 나서 8월 13일 그토록 갈망하던 서리실로 이사를 하기에 이른 것이다.

오랜 떠돌이 생활을 청산하고 초라한 시골집이나마 내 손으로 장만해서 정착을 하게 되었다는 기쁨은 하늘을 찌를 듯했고 이런 내 사정을 잘 아는 정읍국악협회 박태주 회장을 비롯한 회원 여러 분이 먼 거리를 마다않고 찾아와서 터 눌림을 한다고 풍물을 울리며 나의 서리실 정착을 축하해 주었다. 이 마을에서 자취를 감춘 지 30년이 넘어 기억마저 희미한 풍물소리를 다시 듣는 마을 주민들도 모두가 신바람이 나서 옛 추억을 더듬으며 밤이 깊도록 함께 어울리는 한바탕 화합의 장이 펼쳐지기도 했다.

그 뒤로 9년이란 세월이 흘러 이제는 누가 뭐래도 완벽한 이 마을 주민의 한 사람이다. 적잖은 논농사와 밭농사도 지으면서 취미 삼아서 기르기 시작한 가축들로는 소 1두와 염소 20여 마리, 토끼 60여 마리, 오리 20여 마리, 토종닭 50여 마리, 오골계 20여 마리, 고양이와 개가 있고 3년 전부터는 토종벌 20여 군群도 사육하고 있다.

지금은 직장 때문에 5직 2농(5일은 직장 주말 2일은 농장)생활을 하고 있어 뚜렷하게 직장인이랄 수도 농부라고 할 수도 없는 어정쩡한 입장이지만 2010년 말에 정년퇴직을 하게 되면 본격적으로 서리실의 터줏대감으로 변신하여 이 마을의 수려한 풍광을 벗 삼아 농사도 짓고 작품도 쓰면서 마음이 통하는 가까운 벗들을 불러 정담을 나누며 여생餘生을 한가롭게 살아갈 생각이다.

≪내장문학≫ 제25집 2007. 11.

금연기

새해 벽두부터 담뱃값이 평균 12.30%나 올랐다.

한번 피우기 시작하면 좀처럼 끊지 못하는 애연가들의 심리를 악용해서 서민들이 가장 많이 피우는 1,100원짜리 디스는 1,300원으로 18.8%나 대폭 올랐고 고급 담배에 속하는 심플은 1,500원에서 6.6%인상된 1,600원으로 올랐으니 얼토당토않은 하후상박下厚上薄의 원칙이 적용된 셈이다.

아니꼽고 치사하면 담배를 끊어버리면 될 게 아니냐고 반문할 사람도 없지는 않겠지만 생각처럼 쉽지 않은 게 피우던 담배를 끊는 일일 것이다. 오죽했으면 하루아침에 금연을 결행하는 사람과는 상종도 하지 말라는 얘기가 나왔겠는가. 여간한 결단력이 아니고서는 담배를 끊기가 쉽지 않으며 금연을 결심하기는 쉬워도 성공하기는 어렵다는 뜻에서 생겨난 얘기일 것이다.

나도 34년 동안 담배를 피워왔지만 금연을 하겠다는 생각은 꿈에도 해보지 못했고 담뱃값이 인상되면 당분간은 흡연량을 좀 줄여 볼까 고민을 하다가 결국에는 도로아미타불이 되곤 했었다. 공교롭게도 나와 가깝게 지내는 주위의 친지들 중 대부분이 담배를 즐겨 피우는 애연가들이라서 만났다 하면 누가 먼저라 할 것 없이 담배를 권하는 일이 당연한 일처럼 되어버렸으니 금연이라도 했다가는 따돌림을 당하기 십상이겠다 싶어서 아예 금연 자체를 포기하고 살아온 셈이다.

작년에는 뉴밀레니엄 열풍에 휘말려 새천년을 맞아 담배를 끊는다는 거창한 계획을 세우고 신문광고에 나오는 금연보조제를 구입하여 사용하면서 금연을 시도했다가 1주일도 버티지 못하고 다시 담배를 피우면서 쓸데없는 약값만 낭비했다고 두고두고 아내의 핀잔을 들어야 했던 뼈아픈 기억 때문에 금연은 남들이나 하는 것으로 치부해버리고 말았다.

지난해 12월 성탄절 무렵에 새해부터 담뱃값이 인상된다는 신문을 읽고 아무런 생각 없이 단골가게에 들러 10갑짜리 한 케이스를 사서 피우는 동안에 새해를 맞았고 새해 들어서 1월 5일경에야 담배를 사러 갔다가 담뱃값이 올랐다는 사실을 실감했다. 내가 피우던 담배는 한 갑에 100원 올랐으니 1년에 36,500원이 인상된 셈이지만 담배 한 갑에 2,000원이 간다 해도 피울 수밖에 없는 처지인지라 그나마 적게 오른 것을 다행이라 생각하고 말았다.

1월 들어 첫 번째 일요일인 7일 오후에 아내와 함께 처가에 들렀더니 마침 전주에 사는 큰처남 내외가 왔기에 이런저런 얘기를 나누다가 담뱃값 인상에 관한 얘기도 나왔다. 골초에 가까우리만큼 애연가였던 큰처남이 뜻밖에도 담배를 끊었다고 하면서 나에게도 금연을 해보라고 권유했다. 그냥 권유만 하는 게 아니라 몸에 붙이는 금연패치 1갑을 건네주면서 사실은 자기가 사용하려고 구입했는데 큰 맘먹고 무조건 금연을 결행하여 몇 주일이 지났다고 하면서 시험 삼아 붙여보라고 했다.

생각해주는 성의가 고마워서 받아가지고 오긴 했지만 금연을 결행할 의사는 전혀 없었다. 귀가해서 저녁을 먹은 뒤 텔레비전을 시청하다가 낮에 처남이 준 금연패치 생각이 나서 설명서나 읽어보자고 꺼낸 것이 내가 금연을 결심하게 된 계기가 되었다. 설명서의 내용대로 실천만 한다면 금단현상으로 인한 큰 어려움 없이 금연에 성공할 수 있겠다는 자신감이 생겨 이튿날 아침에 자리에서 일어나기가 무섭게 금연패치를 붙이기에 이른 것이다.

피우다 만 담배가 머리맡에 놓여 있는데도 의지력을 시험해볼 요량으로 치우지 않고 그냥 두고 캘린더에 금연 시작 스티커를 붙이면서 금연을 시작했다. 다른 날 같으면 아침에 눈을 뜨기가 무섭게 담배부터 태워 물고 화장실에 가는 것을 시작으로 조반 전에만 3~4개비의 담배를 피워야 했고 숟가락을 놓자마자 또 한 개비, 출근을 하기 위해 자동차의 시동을 걸어놓고 또 한 개비, 사무실에 도착해서 또 한 개비 등 오전 9시 이전에만 일곱 개비의 담배를 피웠다. 새벽부터 퇴근시간까지 줄잡아 15개비, 퇴근 이후 잠자리에 들기까지 다섯 개비 등 하루에 20개들이 한 갑씩을 단 하루도 거르지 않고 1967년 3월 7일부터 2001년 1월 7일까지 12,350여 일 동안이나 흡연을 해온 것이다.

처음으로 담배를 피우기 시작할 때 아리랑 한 갑에 25원이었으나 금연을 시작한 2001년 1월 현재의 심플 한 갑은 1,600원이니까 평균 1,000원씩만 쳐도 지금까지 담뱃값으로 소비한 돈은 대략 1,230여만 원이라는 계산이 나온다. 중형승용차 한 대 값을 담배 연기로 날려버린 셈이다.

가던 날이 장날이라고 내가 금연을 시작한 지 얼마 지나지 않아서 정부가 소비억제 차원이라는 그럴듯한 구실로 담배 관련 세금을 인상하는 방안을 검토하고 있다는 얘기를 들었다. 비싼 세금을 물어가면서도 마치 사회에 해악을 끼치는 범죄자 취급을 받아야 하는 흡연자들이 안쓰럽기만 하다.

현재 판매되고 있는 디스 1갑의 생산원가는 532원인데 폐기물 부담금과 국민건강증진기금, 담배소비세, 교육세, 부가가치세 등으로 768원의 세금을 붙여 1,300원을 받고 있으니 흡연자는 봉이란 말인가?

한국금연운동협의회는 1999년 말 현재 우리나라의 흡연 인구는 1,240만 명이며 국민 1인당 하루에 6.3개비씩 연간 2,296개비(20개비들이 115갑)를 소비한다고 밝혔다. 중학생들의 흡연율은 최근 10년 동안에 3배 이상 늘었고 특히 실업계 여학생의 흡연율이 크게 늘었다고 한다. ≪흡연과 건강≫이란 자료집에 따르면 남자 중학생 흡연율은 88년에 1.7%였으나 99년에는 5.6%로 늘었고 같은 기간에 남자 고등학생의 흡연율은 23%에서 32.3%로 증가했으며 여학생 흡연율은 91년에 중학생이 1.2%, 고등학생 3%였는데 99년에는 중학생 3%, 고등학생이 7.7%로 늘었다고 한다.

특히 실업계 여고생은 95년에 4.85%가 담배를 피웠으나 97년에 14.8%, 99년에는 20.8%로 급증했다. 반면에 20세 이상 성인남자 흡연 비율은 80년 79.3%에서 99년 65.1%로 줄었고 여성들의 흡연율도 12.5%에서 4.8%로 감소했지만 세계보건기구WHO 통계에 의하면 한국의 남성 흡연율은 세계에서 가장 높다고 한다.

나 한 사람이 담배를 끊는다고 세계에서 가장 높은 우리나라 남성의 흡연비율에 영향을 끼치지는 않겠지만 오늘로서 38일째 담배를 피우지 않고 있으나 금단현상으로 인한 고통은 별로 느끼지 못한 걸로 봐서 잘하면 금연에 성공할 수 있으리라는 자신감이 생긴다. 성공 여부는 더 지나봐야 알겠지만 시작이 절반이라고 했으니 별다른 변수가 없는 한 그토록 어렵다는 금연의 꿈을 실현할 날도 그리 멀지만은 않은 것 같다.

≪내장문학≫ 제19집 2001. 9.

늦게 배운 도둑

1종 보통 전북 99-016925-20.

나이 50이 넘은 내가 어렵게 취득한 자동차 운전면허증의 번호다.

지내놓고 생각하니 쉬운 것 같지만 이 면허증을 손에 넣기까지 얼마나 많은 시간과 노력, 경비 그리고 주위 사람들의 협조가 투자되었는지 모른다.

지난 3월 5일에 자동차운전전문학원에 등록을 하고 기능교육과 학과수업을 받은 뒤 3월 25일에 기능검정, 4월 7일에 학과 시험, 마지막으로 4월 26일에 도로주행시험을 거쳐 1999년 4월 30일자로 운전면허증이 발급되어 5월 4일에 드디어 내 손에 쥐어진 것이다.

담력이 약해서 대중교통을 이용할 때면 자리가 없어서 서서 갔으면 갔지 운전석 바로 뒷자리에는 앉지도 못하던 내가 운전면허증을 취득해서 직접 차를 몰아 보겠다고 나선 건 하나의 사건임에 틀림이 없다.

학원에 오갈 때마다 귀중한 시간을 할애하여 자신들의 승용차로 나를 태워다 주던 주위 사람들의 협조와 격려가 없었다면 꿈도 꾸어보지 못했을 운전면허 취득이 눈앞의 현실로 다가온 것이다.

원하던 면허증을 손에 넣었으니 중고차라도 한 대 사서 직접 운전을 해보긴 해야겠는데 무턱대고 아무 차나 살 수는 없는 노릇이고 값은 고하간에 속을 아는 차를 구하려고 몇 군데 부탁을 했더니 자동차 사정에 밝은 집안 당질로부터 연락이 왔다.

1995년 12월식 크레도스 1.8 한 대가 경미한 접촉사고로 정비공장에서 수리 중인데 55,000km를 주행한 새 차나 다름없으니 의향이 있으면 구경이나 해보라 했다. 친구와 함께 가서 봤더니 괜찮기에 350만 원을 주고 그 차를 인수하기로 했다. 자동차를 이전하면서 번호판이 구형이기에 새로운 번호판으로 갱신했는데 전북 33나 4811번이다.

5월 20일자로 모든 절차를 마치고 차량을 넘겨받아 집에까지는 친구가 운전을 하고 왔지만 나 혼자서는 마음대로 차를 움직일 수 없으니 그림의 떡이나 마찬가지였다. 전에도 몇 번 내 이름으로 차량등록을 했던 경험이 있긴 하지만 사업관계로 차를 사서 운전기사를 두고 운행했기 때문에 내가 직접 운전을 하기 위해 차량을 구입한 건 이번이 처음이어서 감회가 새로웠다.

그나저나 차를 샀으면 운전을 해야 할 텐데 자신은 없고, 어느 세월에 마음 놓고 직접 운전을 해 보려나 생각하니 진즉에 운전을 배우지 못한 게 못내 후회스러웠다. 그렇다고 언제까지나 두고 볼 수만은 없는 노릇이라 이튿날 새벽 다섯 시에 일어나 차량통행이 뜸할 때 조심해서 운전연습을 해 보려고 어렵게 시동을 걸어 길을 나섰다. 한참을 달리다 보니 오른쪽 뒷바퀴 있는 곳에서 이상한 소리가 났다. 차를 멈추고 살펴보았더니 아뿔싸 뒤 타이어에 펑크가 나 있는 게 아닌가?

초보운전자 주제에 도로변에 차를 세워놓고 타이어를 교환할 수도 없고 어떻게 하나 망설이다가 그대로 차를 몰아서 사무실 앞에까지 오고 말았다. 누가 볼세라 땀을 뻘뻘 흘려가며 난생처음으로 타이어를 교환했는데 쉬운 일이 아니었다. 1시간이 넘게 씨름을 한 끝에 가까스로 펑크 난 타이어를 빼내고 스페어타이어로 갈아 끼우긴 했지만 펑크 난 차를 무리하게 끌고다녔기 때문에 거금 5만 원을 주고 새 타이어를 구입해야 하는 경제적 손실을 감수해야 했다.

음력 4월 초파일인 5월 22일은 공휴일로 칠보면 축현리 신기마을과 북면 보림리 가정 마을 두 군데서 차례로 선조의 시제를 모시는 날이다. 해마다 시제에 참석하자면 문중 형제들의 차에 편승을 하든가 아니면 시내버스나 택시를 이용하는 수밖에 없었지만 금년에는 마침 차도 생겼고 미숙한 대로 운전도 할 줄 아니까 직접 운전을 하고 시제에 참석하기로 했다. 모든 준비를 해가지고 차에 올라 시동까지는 걸었는데 출발하려는 순간 갑자기 겁이 나고 자신감이 없어져서 도저히 운전을 못하겠기에 포기하고 휴일인데도 비상근무 중인 집안 형님에게 연락을 해서 형님의 차에 편승하여 시제에 다녀와야 했다.

능숙한 솜씨로 운전하는 형님을 곁에서 지켜보고 있으려니 나는 어느 세월에 저렇게 마음대로 운전할 수 있을까 하는 부러운 생각도 들었다. 그럭저럭 며칠을 보내고 이대로는 안 되겠다 싶어 운전을 할 줄 아는 친구에게 부탁해서 운전실습을 몇 시간 했더니 이제는 아쉬운 대로 다른 사람의 도움을 받지 않아도 혼자서 차를 몰고 도로를 주행할 만큼 운전 실력이 향상되었다.

아직도 좁은 골목길이나 복잡한 시가지 주행에는 자신이 없어서 운행을 피하고 있지만 좀 더 시일을 두고 연습에 박차를 가한다면 머지않아 자동차의 편리함을 만끽하는 운전자가 될 수 있을 것이다. 그런데 가던 날이 장날이라고 차를 살 때 주위 사람들의 권유로 운전하기에 편리하다는 오토매틱을 선택했더니 차를 사자마자 급발진 사고가 빈번하여 가뜩이나 겁이 많은 내 속을 태우고 있다.

그렇지 않아도 며칠 전에 사무실 앞에 주차해둔 차를 타고 퇴근하려고 시동을 걸고 후진기어로 변속하여 차를 출발시키면서 브레이크를 밟는다고 엑셀을 밟는 실수를 범해 순간적으로 차가 5~6m나 빠른 속도로 후진했던 일이 있었는데 때마침 곳곳에서 자동차 급발진 사고가 잇따르고 있으니 차종 선택을 잘못한 게 아닌가 하는 생각을 떨쳐버릴 수가 없다.

그렇다고 급발진 사고가 두려워 멀쩡한 차를 놔두고 스틱 차를 새로 살 수도 없는 노릇이니 처음 핸들을 잡는다는 마음가짐으로 조심조심 안전운전을 하는 수밖에 달리 방법이 없을 것 같다. 늦게 배운 도둑이 날 새는 줄 모른다더니 시간이 흐를수록 운전에 재미가 붙어 틈만 나면 차를 몰고 도로를 달려보곤 한다.

≪내장문학≫ 제17집 1999. 10.

봄이 오는 금강산에서(1)

지난 3월 14일부터 2박 3일 동안 금강산 일원에서 있었던 '제12차 전국문화원 사무국장 교육에' 참석하고 돌아왔다.

향토문화 전승보존과 지역주민들의 삶의 질을 높이는 데 기여한다는 거창한 명분 때문에 열악한 근무 여건과 많지 않은 보수에도 아랑곳하지 않고 묵묵히 맡은 바 소임을 다하고 있는 전국의 문화원 사무국장들에게 파격적인 기회를 제공해준 문화관광부와 전국문화원연합회의 배려가 그저 고마울 따름이다.

당초에는 3월 8일에 출발한다고 했다가 선박사정으로 3월 14일로 변경되는 바람에 여유를 갖고 여행 준비를 할 수 있었다.

남북분단 반세기 만에 금강산 뱃길이 열리고 주위 사람들이 벌써 다녀왔다는 얘기를 들으면서도 남의 일로만 생각했었는데 드디어 내게도 그토록 그리던 금강산 구경을 할 수 있는 기회가 주어진 것이다.

교육일정은 2박 3일이지만 가고 오는 날을 포함하면 4박 5일이나 되기 때문에 금강산은 북쪽이라 추울 것이라는 생각으로 두터운 겨울옷들을 챙기다 보니 여행 가방이 제법 묵직하다.

3월 13일 오전 10시 30분, 전주공용버스터미널에 집결한 전북도내 문화원 사무국장들은 속초행 직행버스에 몸을 싣고 11시 정각에 전주를 출발했다. 전주에서 속초까지 넉넉 잡아서 다섯 시간이면 도착할 수 있을 것으로 예상했는데 도중에 마음 놓고 식사를 할 만한 겨를도 없이 대전 유성, 강원도 원주, 횡성, 홍천, 인제, 원통 등 중간 정류장에 들러 길면 10여 분 짧게는 2~3분을 쉬었다가 바로 출발을 하는데도 무려 일곱 시간이나 걸리는 바람에 집에서 준비해간 오리알 두 개씩과 간단한 음료수로 점심을 대신하면서 긴긴 여정에 시달려야 했다.

채 녹지 않은 잔설殘雪이 한겨울을 연상케 하는 설악산의 미시령을 넘어 저녁노을이 길게 그림자를 드리운 석양 무렵 속초시에 도착하여 숙소를 정하려고 돌아다니다가 주택가 정원의 목련과 개나리가 꽃망울을 활짝 터뜨린 모습을 볼 수 있었는데 오히려 남부지방보다 봄소식이 먼저 와 있는 걸 보니 금강산 지역도 그렇게 춥지는 않으리라는 생각이 들어 한결 마음이 가벼웠다.

민박집에 방을 잡아 여장을 풀고 속초여객선터미널 부근의 식당에서 저녁식사를 하면서 소주 몇 잔으로 노독을 달랜 뒤 숙소로 돌아와 내일의 여정을 위해 일찍 잠자리에 들었다.

3월 14일 새벽에 잠에서 깬 일행들은 동명항 부근 해안도로를 산책하고 돌아와 아침식사를 한 뒤 현대아산이 금강산관광객들을 위해 따로 마련한 여객선터미널 대합실로 나가 보니 전국의 문화원 사무국장 170여 명을 비롯한 일반 관광객 등 600여 명이 모여들어 북한에서 사용할 달러를 환전하고 2박 3일 동안의 단체행동에 필요한 반과 조를 나누느라 북새통을 이루고 있었다.

출국신고를 하고 설봉호에 올라 정해진 좌석에 앉아 출항을 기다리면서 가만히 생각을 해보니 이역만리 타국에 가는 것도 아닌데 달러를 바꿔야 하고 출국신고를 해야 한다고 법석을 떠는 현실이 무척 안타까웠다.

12시 30분에 속초항을 떠난 설봉호는 고성항까지 네 시간이 걸린다고 한다. 공해상으로 우회하지 않고 직행을 한다면 한 시간 남짓이면 도착하고도 남을 텐데 아까운 시간과 연료를 허비해야 하는 불편을 언제까지 겪어야 될지 모르겠다.

선실에서 V.T.R을 통해 방북에 따른 교육과 관광안내교육을 받고 반입금지 품목인 핸드폰 등을 보관시킨 뒤 무료함을 달래려고 도내 국장들과 술잔을 기울이다 보니 16시 30분쯤 고성항에 도착하였다. 통관절차와 입국수속을 마치고 말로만 들어오던 북한 땅을 직접 밟아보고 숙소인 호텔 해금강 604호실에 여장을 풀었다.

호텔 해금강은 바다 위에 떠있는 해상 건물로 지하 1층, 지상 6층 규모이며 베트남에서 건조하여 예인선을 이용해 이곳까지 끌고 와서 정박을 시켰다고 하는데 어지간한 바람에는 끄떡도 하지 않을 만큼 완벽함을 자랑한다고 한다.

산천이며 사람들의 모습은 전혀 낯설지 않은데 고성항 부두의 마이크를 통해 울려 퍼지는 북한 노래를 듣노라니 북한 땅에 와 있다는 사실이 실감난다. 호텔 앞에서 셔틀버스를 타고 금강산온천장에 도착하여 원하는 관광객들은 온천욕을 즐기고 나머지는 산책로를 따라 온정각 휴게소까지 걸어 내려와 북한토산품 판매점에서 쇼핑을 하는 등 자유 시간을 갖은 뒤 현대백화점이 운영하는 식당에서 뷔페식 저녁식사를 하면서 어둠이 살며시 장막을 드리우는 북한 산천을 바라보니 감회가 새롭다.

살아 계셨으면 올해로 99세이실 선친께서 지금부터 77년 전인 스물세 살 때 이곳 금강산에 다녀가셨다고 들었다. 교통이나 숙박시설이 형편없던 시절에 정읍에서 꼬박 26일을 걸어서 이곳에 오셨다가 열흘 정도 구경을 하고 다시 한 달을 걸어서 귀가하셨다고 하니 금강산 유람을 위해 투자된 경비도 만만치 않았겠지만 오고 가실 때의 고생인들 오죽 했겠는가? 요즘 사람들로서는 상상도 못 했을 용기임에 틀림이 없다.

아버님께서 살아생전에 늘 입버릇처럼 '사내대장부로 태어났으면 금강산 구경은 꼭 한번 하고 죽어야 하는데 나는 다행히 그 꿈을 이루었다만 가로막힌 휴전선 때문에 너는 구경을 할 수 있을지 모르겠구나."라고 말씀하시면서 금강산 구경을 한 걸 무척 자랑스럽게 여기셨다. 그런 아버님께서 세상을 떠나신 지도 벌써 23

년이란 세월이 흘렀건만 금강산에 와서 지난날의 추억들을 더듬다 보니 나도 모르게 눈시울이 젖는다.

이런저런 생각에 사로잡혀 저녁식사를 마치고 셔틀버스를 기다렸다가 9시가 넘어서야 숙소인 호텔 해금강으로 돌아왔는데 제12차 전국문화원 사무국장 교육이 있다고 해서 피곤한 몸을 이끌고 2층 회의실로 올라갔다. 전국문화원연합회 장상호 총무부장의 사회로 진행된 개회식 때 국민의례를 하면서 태극기를 반입하지 못하게 해서 국기에 대한 경례를 하지 못하고 국악 반주에 맞춰 애국가 1절을 목 터지도록 큰소리로 불렀다. 북한 지역에서 애국가를 부르다 보니 가슴 뭉클한 감동이 느껴졌다. 전국문화원연합회 이수홍 회장은 개회사를 통해 문화원 행정실무 책임자인 사무국장들에게 지역문화 창달에 필요한 소양교육을 실시하고 남북교류의 현장체험을 통해 대북 인식을 제고하기 위해 문화관광부의 지원을 받아 마련한 이번 교육에 참가해준 전국문화원 사무국장들의 노고에 감사를 드린다면서 비록 2박 3일의 짧은 여정이지만 모처럼 번잡한 일상사에서 벗어나 민족의 영산인 금강산을 두루 살펴보고 돌아가는 즐거운 추억거리를 만들기 바란다고 말했다.

이번 행사를 직접 기획하고 추진한 문화관광부 전통지역문화과 최천식 과장은 축사에서 지역문화의 첨병인 전국의 문화원 사무국장들에게 금강산을 직접 돌아보고 남북교류의 현장체험을 할 수 있는 기회를 제공하기 위해 마련한 행사의 취지에 공감하여 적극적으로 참여해준 여러분께 깊이 감사를 드린다고 말한 뒤 빠른 시일 내에 지방문화원장들과 간사들을 대상으로 하는 교육프로그램도 마련하겠다고 약속했다. 개회식에 이어 지방문화원 운영 활성화를 위한 토론회가 있었다. 제1주제는 동두천문화원 이계홍 국장의 지방문화원 행 · 재정의 문제점, 제2주제는 진해문화원 이경자 국장의 지방문화원 시설 및 기자재 문제, 제3주제는 인제문화원 이만철 국장의 공연 및 전시프로그램 문제, 제4주제는 함평문화원 김창훈 국장의 향토(사)문화자료 생산방안문제, 제5주제는 김천문화원 송기동 국장의 문화예술행사 수행문제, 제6주제는 연제문화원 박종오 국장의 문화강좌 추진 문제가 발표되었다. 표출된 건의 사항이나 문제점들은 문화관광부 최천식 과장이 종합 정리해서 답변을 하는 등 열띤 분위기 속에서 자정이 임박해서야 토론회를 마치고 숙소로 돌아와 북한에서의 첫 밤을 보냈는데 룸메이트는 고창문화원의 최이수 국장이었다. 바다 위에 지어진 해상호텔이라서 파도가 칠 때는 다소 흔들릴 줄 알았는데 제법 큰 물결이 출렁이는데도 미동도 하지 않았다. 잠자리에 들었지만 왠지 잠이 오지 않아서 뒤척이다가 머리맡에 놓인 텔레비전의 스위치를 켰더니 뜻밖에도 한국의 방송들이 고스란히 실시간으로 방송되고 있었다.

심신은 지치고 피곤해서 파김치가 되었지만 꿈에도 그리던 금강산을 내일이면 직접 밟아볼 수 있으리라는 기대감 때문인지 잠을 이루지 못하고 뒤척이다가 새벽녘에야 잠깐 눈을 붙일 수 있었는데 모닝콜 소리에 잠이 깨고 말았다. 숙소인 호텔 해금강 1층

레스토랑에서 뷔페식 아침식사를 마치고 셔틀버스를 이용하여 온정각 휴게소로 가 잠시 쉬면서 기념촬영을 하고는 금강산관광 1일차 코스인 구룡연을 향해 출발했다. 금강산 관광코스는 구룡연(외금강), 만물상(내금강), 삼일포(해금강) 등 세 개가 있는데 2박 3일의 짧은 일정 때문에 만물상 코스는 생략하고 다른 두 곳만 보게 된다는 조장(가이드)의 설명을 들으며 신계사 터를 지나 주차장에 버스를 세워두고 본격적인 산행을 시작했다. 가던 날이 장날이라고 날씨가 잔뜩 흐려지는가 싶더니만 제법 굵은 빗줄기가 내리기 시작하는데 좀처럼 그칠 것 같지가 않다. 우의를 준비하지 않은 탓에 꼼짝없이 비를 맞으면서 걷다 보니 목란관(식당) 건물이 눈앞에 나타났다. 아직은 오염이 안 된 태곳적 자연형태를 간직하고 있는 천해의 절경 외금강 입구에 식당 건물을 지은 것은 옥의 티라는 생각을 떨쳐버릴 수가 없었다. 금강산에서 가장 많이 볼 수 있는 나무는 소나무였다. 온 산에 빽빽하게 늘어선 낙락장송들의 장엄한 모습에 감탄사를 연발하며 금강산에 있는 소나무라고 해서 금강송金剛松, 미인의 각선미를 연상케 한다 하여 미인송美人松, 옛날 왕실의 국상 때 관을 짜는 재료로 사용했다 해서 황장목皇葬木이라고도 한다는 가이드의 설명을 듣다 보니 금강문에 가까워졌다.

≪내장문학≫ 제20집 2002. 9

봄이 오는 금강산에서(2)

계절에 따라 그 아름다움이 달라 여러 가지 별칭을 갖고 있는 금강산은 온갖 꽃이 만발하고 만물이 생동하는 봄에는 금강산金剛山, 만산의 녹음이 유수幽邃하여 신선들이 산다고 하는 여름에는 봉래산蓬萊山, 나무들이 온통 붉게 단풍드는 가을에는 풍악산楓嶽山, 낙엽이 져서 나무들과 기암괴석의 산체가 헐벗은 모습을 드러내고 또 거기에 흰 눈이 내려 눈부시게 눈꽃으로 단장하는 겨울에는 개골산皆骨山 또는 설봉산雪峰山으로 불린다. 동서의 길이 40km, 남북의 길이 60km의 광대한 지역을 차지하는데 강원도의 고성군高城郡, 금강군金剛郡에 속하며 면적은 530km이고 높이 1,638m의 비로봉毘盧峰을 중심으로 동쪽에는 세존봉世尊峰, 서쪽에는 영랑봉令郎峰, 남쪽에는 월출봉, 일출봉, 차일봉遮日峰, 북쪽에는 오봉산五峰山, 옥녀봉玉女峰을 비롯한 1만 2천여 개의 봉우리가 솟아 있고 도처마다 천태만상의 암주巖柱, 암대巖臺, 단애斷崖 및 기암괴석과 폭포, 시내, 못 등이 아름다운 경관을 이루고 있다고 한다. 금강산의 연평균 기온은 11℃이며 1월의 평균 기온은 -2.1℃, 8월의 평균 기온은 23.6이고 연평균 강수량은 1,500m라고 한다. 금강산에는 2,256종의 식물과 100여 종의 특수식물, 38종의 금수류禽獸類, 130종의 조류藻類, 9종의 파충류爬蟲類, 10종의 양서류兩棲類, 30종의 물고기류가 서식한다고 하며 금강국수나무, 금강초롱, 만리화 등 금강산에만 자생하는 특산물들이 분포하고 있다고 한다. 갈수록 더욱 굵어지는 빗줄기를 피할 방법이 없어 고스란히 맞아가며 산길을 더듬어 오르다 보니 산 전체에 노란 산수유 꽃이 만발해 있었다. 예년 같으면 개화 시기가 남쪽보다 열흘쯤 늦는다는데 금년에는 오히려 1주일 이상이나 빨리 꽃이 피는 이상기후 때문에 삭막하기만 했을 개골산이 분위기를 확 바꾸었으니 우리 일행들의 여행길에 복이 내린 셈이다. 금강문을 지나 옥류담, 연주담, 비봉폭포, 무봉폭포, 주렴폭포를 거쳐 나무꾼과 선녀의 전설이 깃든 상팔담 정상을 향해 올라가는데 갑자기 천둥번개가 치면서 진눈깨비를 곁들인 우박이 쏟아져 가파른 계단길이 빙판으로 변하는 바람에 무척 애를 먹었다. 중국의 근세를 대표하는 사대부로서 당송팔대가唐宋八大家의 한 사람이요 이지적 학자이면서 섬세한 감각의 시인이었던 소식蘇息(1036~1101, 호는 동파거사東坡居士)은 일찍이 '고려국에서 태어나기를 원하는 것은 원생고려국願生高麗國,

금강산을 한 번 보기 위함이라네一見金剛山'라는 시로 금강산을 예찬했고 고운孤雲 최치원崔致遠 선생도 천 길 흰 비단을 드리웠는가千丈白練, 만 섬 진주알을 흩뿌렸는가萬斛眞珠라고 노래했을 만큼 아름다운 세계적인 명산 금강산을 직접 밟아볼 수 있는데 이까짓 악천후쯤은 얼마든지 감수해도 상관없다는 생각으로 정상을 향해 올라가다가 누군가가 부르는 우렁찬 노랫소리에 나도 모르게 발걸음이 멈춰졌다. '누구의 주제련가 맑고 고운 산/ 그리운 만 이천봉 말은 없어도/ 이제야 자유만민 옷깃 여미고/ 오늘에야 찾을 날 왔나 금강산은 부른다.' 내가 평소에 즐겨 부르는 가곡 중의 하나인 〈그리운 금강산〉을 현장에서 직접 듣는 감회는 한 마디로 벅찬 감동이었다. 노래의 주인공은 올해 나이 환갑이라는 울주문화원 이부열 사무국장이었는데 낭랑한 목소리에 풍부한 감정까지 곁들여 어찌나 열심히 부르는지 주위에 있던 일행들도 하나둘씩 따라 부르기 시작하여 나중에는 합창으로 변해 금강산 골짜기에 울려 퍼졌다. 지척을 분가하지 못할 정도로 안개가 짙게 낀 상팔담 정상의 바위 위에서 목청껏 노래를 불러댔더니 기분이 좀 호전되어 하산하는 발걸음이 한결 가벼웠다.

비봉폭포, 십이폭포, 조양폭포와 함께 금강산 4대 폭포의 하나이며 개성의 박연폭포, 설악의 대승폭포와 더불어 우리나라 3대 폭포의 하나로 꼽히는 구룡폭포九龍爆布를 그냥 지나칠 수 없어 구룡폭포가 한눈에 바라보이는 관폭정觀爆亭에 들러 일행들과 기념촬영을 한 뒤 가이드의 설명을 들었다. 전체가 화강암으로 이루어진 구룡폭포는 너비 4m에 높이 74m이며 폭포 밑에는 깊이 13m의 구룡연九龍淵이 있고 그 위로는 여덟 개의 맑고 푸른 못이 층층으로 있는데 이곳이 하늘에서 선녀가 내려왔다는 상팔담이라고 한다. 구룡폭포 옆 암벽에는 해강海岡 김규진金圭鎭 선생이 썼다는 미륵불彌勒佛이란 대형글씨가 새겨져 있었고 금강산 곳곳의 바위마다 많은 사람들의 이름이 새겨져 있어서 자연훼손의 본보기를 보는 것 같아 마음이 편치가 않았다. 금강산도 식후경이라고 했는데 아침부터 계속 비를 맞아가며 몇 시간을 미끄러운 계단을 오르고 내렸더니 전신의 맥이 풀리면서 몸에 한기가 들고 시장기까지 들어 발걸음이 무거웠다. 서둘러 주차장으로 내려와 대기하고 있던 셔틀버스를 타고 온정각 휴게소로 돌아와 식당에서 뷔페식으로 마련한 늦은 점심을 먹고 잠시 휴식을 취하다가 오후 4시부터 공연되는 평양 모란봉교예단의 묘기를 관람하기 위해 일행들과 함께 문화회관으로 이동했다. 관람료는 특석 $30, 일반석 $25로 한화로 계산하면 특석은 40,410원, 일반석은 33,675원으로 좀 비싼 편이지만 공연이 시작되어 출연진들이 고난도의 묘기를 연출할 때마다 아슬아슬하여 손에 땀이 났고 우레와 같은 박수갈채가 쏟아져서 장내는 열광의 도가니로 변하고 말았다. 안내원의 설명에 의하면 모란봉교에 단원 중 상당수가 공훈배우이고 나머지는 모두 인민배우인데 공훈배우는 장관급, 인민배우는 차관급의 특별대우를 받기 때문에 여유 있는 생활을 영위한다고 했다. 공연이 끝나고 출연했던 단원 모두가 무대로 나와 〈반갑습니다〉라는 북한 가요를 합창하자 관람객들도 모두 자리에서 일어나 함께 노래를 부르면서 박수를 치다가 끝내는 눈물을 흘리며 남과 북이 하나 되는 진한 동포애를 느낄 수 있었다. 문화회관을 나와 셔틀버스를 타고 금강산온천장으로 이동하여 오늘 하루의 노독을 풀기 위해 온천욕을 즐겼다. $12, 우리 돈으로 16,164원이나 되는 적지 않은 입장료를 부담해야 했지만 온종일 비와 눈을 번갈아 맞아가며 먼 길을 걸어다닌 탓으로 다리도 아프고 몸에 오싹하는 한기가 들어 따끈한 온천수에 전신을 담그고 나면 좀 나아지려나 싶었다. 일행들과 함께 노독을 푼 뒤 온정각 휴게소로 내려와 저녁식사를 하고 토산품판매점에서 시간을 보내다가 숙소인 호텔 해금강으로 돌아왔다. 변덕스런 날씨에 모처럼 먼길을 걸었더니 몸이 나른해서 일찍 잠자리에 들까 하다가 북한에서의 마지막 밤을 무의미하게 보내기가 아쉬워서 도내 사무국장들에게 술이나 한잔 나누자고 연락을 했더니 모두가 기다렸다는 듯 우리 방으로 모였다. 속초에서 사온 술과 안주로 조촐한 술상을 마련하여 권커니잣커니 하며 정담을 나누다 보니 어느덧 자정이 넘었는데 술자리는 쉽게 파할 것 같지 않았다. 새벽녘에야 잠깐 눈을 붙일 수 있었지만 모닝콜 소리에 놀라서 자리에서 일어나 샤워를 하고 1층 식당으로 내려가 뷔페식으로 마련한 조반을 먹고 숙소에 있던 짐들을 챙겨서 셔틀버스에 싣고 3일차 관광코스인 해금강을 향해 출발했다. 고성군 동해 기슭의 수원단에서 옥교암에 이르는 해안 절경을 일컫는 해금강은 일출日出 광경이 빼어나며 풍화風化와 침식浸蝕에 의

해 형성된 배바위, 사공바위, 동자바위, 잉어바위 등 천만 가지의 기묘한 생김새를 가진 해만물상海鏝物相이 유명하고 해금강 남쪽에 위치한 바다 기슭에 높이 솟은 암석기둥과 기묘한 모습의 동굴들이 절경을 이루는 통천의 총석정叢石亭은 관동팔경關東八景 중의 하나이다. 참고로 관동팔경은 총석정을 비롯하여 고성高城, 삼일포三一浦, 간성杆城, 경포대鏡浦臺, 삼척三陟, 죽서루竹書樓, 울진蔚珍, 망양정望洋亭, 평해平海, 월송정越松亭 등 강원도를 중심으로 한 동해안의 여덟 명승지를 이른다. 월송정 대신에 흡곡翕谷의 시중대侍中臺를 넣기도 하며 옛날에는 모두 강원도에 속해 있었으나 망양정과 월송정은 현재 경상북도에 편입되었고 삼일포와 총석정은 북한지역에 있다. 눈앞에 펼쳐진 해금강의 절경에 반해 벌어진 입을 다물지 못하다가 일행들과 함께 기념촬영을 하고 나서 모래사장에 둘러앉아 컬컬해진 목을 몇 잔의 소주로 축인 다음 셔틀버스를 타고 삼일포로 이동했다. 온정리에서 12km 떨어진 곳에 위치한 삼일포는 먼 옛날 어느 왕이 하루를 즐기려고 왔다가 그 경치에 매혹되어 3일을 놀고 갔다는 전설을 지닌 아름다운 석호潟湖인데 석호란 사주砂洲나 사취砂嘴 따위의 발달로 바다의 일부분이 떨어져 나와서 생긴 자연호수를 이르는 말이다. 유달리 맑고 푸른 물을 자랑하는 삼일포는 면적이 0.79km이며 호숫가의 반짝이는 은빛 모래밭에서는 해당화가 만발하기도 한다는데 계절이 계절인지라 그 아름다운 모습만을 상상하면서 아쉬운 발길을 돌려야 했다. 삼일포에는 전망이 좋은 장군대와 봉래대, 연화암, 연화대, 몽

천 등의 금강산을 제대로 구경하려면 계절마다 한 번씩 최소한 네 번을 와봐야 한다는데 2박 3일의 짧은 여정旅程에서 보고 느낄 게 뭐가 있겠는가. 계절에 따라 이름이 바뀐다는 천하의 명산 금강산을 주마간산走馬看山식으로 살펴보고 돌아오면서 서산대사의 시 '장할시구 풍악산 높이도 솟았구나/ 몇 번이나 비바람을 겪어 왔던가/ 푸르른 네 등줄기 굽지 않았고/ 몇 번이나 눈서리를 겪어 왔던가/ 우뚝한 그 기상 하늘을 펴 이고 섰네.'를 읊조리며 금강산 관광의 대장정을 마무리했다.

≪내장문학≫ 제20집 2002. 9.

우리말 겨루기(1)

우리말을 사용하는 한국인이면 누구라도 관심을 갖는 건 당연한 일이지만 〈우리말 겨루기〉라는 텔레비전 프로가 방송을 시작한 지도 벌써 만 2년이 지났다. 2003년 6월 25일에 〈퍼즐 챔피언〉이란 타이틀로 인기 개그맨 정재환의 진행으로 첫선을 보인 이 프로는 16회를 방영한 뒤 〈우리말 겨루기〉로 이름이 바뀌면서 진행도 정재환, 이화선의 더블MC로 바뀌더니 정재환, 서민정으로 다시 김현욱, 서민정으로 2TV에서 1TV로 잦은 변경 끝에 지난 5월 2일부터는 매주 월요일 저녁 7시 30분에 한석준 아나운서의 단독 진행으로 개편되어 지금에 이르고 있다.

2TV에서 1TV로 채널을 변경해서 방송을 시작할 때만 해도 방송시간이 매주 토요일 오후 5시여서 집에서 TV를 봐야 하기 때문

에 예선에 참가하고 싶어도 집에서는 인터넷을 이용할 수 없었고 설령 예심을 통과한다 해도 방송에는 2인 1조로 출연해야 하는데 함께 출연할 파트너를 구하기도 쉬운 일은 아니어서 마음만 간절할 뿐 엄두도 못 냈었다. 지난 4월 말경 우연한 기회에 봄철 프로그램 개편으로 〈우리말 겨루기〉가 매주 월요일 저녁 7시 30분으로 시간대를 옮기고 진행 방식도 2인 1조에서 혼자겨루기로 바뀐다는 예고 방송을 보고는 그토록 갈망하던 방송 출연의 기회라도 잡은 듯 쾌재를 부르며 예선 참여에 꼭 필요한 인터넷(얼마 전까지만 해도 우리 마을에서는 인터넷을 사용할 수가 없었음) 연결을 KT에 요청했다.

드디어 인터넷이 연결되고 5월 16일 밤 7시 30분에 방송되는 〈우리말 겨루기〉를 열심히 지켜보면서 방송 중간에 출제되는 시청자 예선문제를 메모했다가 방송이 끝난 후 인터넷을 통해 응모했는데 운이 좋아서인지 5월 18일 아침에 KBS가 시청자 게시판에 올린 200명의 예선통과자 명단에 내 이름이 들어 있었다. 〈우리말 겨루기〉에 출연하기 위해서는 매주 방송되는 시청자 예선문제 3문제 중 2문제 이상 맞힌 사람 가운데 컴퓨터 추첨을 통해 200명, 출연을 희망하는 사람들이 써 보낸 사연 중에서 10여 명 등 2주일에 한 번씩 430명 내외를 한자리에 모아 놓고 필기시험을 치러 10문제 중 7문제 이상을 맞힌 사람들을 상대로 방송 출연에 적합한지 여부를 가늠하는 면접시험을 거쳐 방송에 출연할 10명(1주일에 5명씩)을 선발한다고 한다.

시청자 게시판에서 예선통과자 명단을 확인한 지 이틀 뒤인 5월 23일 월요일 오후 7시부터 서울 여의도에 있는 KBS 신관 라디오 공개홀에서 최종 예선이 있으니까 참가하라는 〈우리말 겨루기〉 제작팀의 전갈을 받았다. 참석을 할까 말까 망설이다가 지정된 날짜에 열차편으로 상경하여 방송국 공개홀로 갔다. 가서 보니 초등학생으로 보이는 꼬마들로부터 다양한 연령층의 출연 희망자들이 방청석을 가득 메우고 있었다. 400명이 넘는 사람 중에서 내가 두 번째로 나이가 많았고 대부분이 40대 이전의 젊은이들이었다.

약속된 시간이 되자 방송국 관계자들이 나누어준 시험지로 필기시험을 봤는데 우리말과 관련이 있는 문제들이어서 10문제 중 8문제는 거뜬하게 맞힐 수 있었다. 예상대로 필기시험을 통과한 60여 명을 대상으로 최종 면접시험을 치러 방송에 출연할 10명을 뽑는다고 했다.

필기시험을 통과한 사람 중에서는 내 나이가 가장 많은 데다 시험을 마치고 다시 정읍까지 내려가야 한다는 사정이 고려되어 제일 먼저 면접시험을 치렀는데 여러 명의 면접관이 돌아가면서 이것저것 물어 보기에 생각나는 대로 대답을 하고는 서둘러 방송국을 떠나오면서 최종 면접에까지 온 것만도 다행이라 생각했었다.

올라올 때 미리 왕복으로 열차표를 사두었기 때문에 시간에 늦지 않으려고 서둘렀는데도 영등포역에 도착해 보니 열차는 이미 떠나버린 뒤여서 할 수 없이 이튿날 아침 첫차라도 타기 위해 KTX 호남선 시발역인 용산역 부근의 여관에서 하룻밤을 묵어야 했다.

5월 24일 이른 아침에 용산역에 나갔더니 06시 35분에 출발하는 첫차는 좌석이 없다기에 07시 40분에 출발하는 두 번째 열차의 표를 사놓고 구내매점에서 주먹밥과 우유를 사서 간단하게 아침 식사를 한 뒤 시간이 되어 열차를 타고 09시 50분에 정읍역에서 하차하여 주차장에 세워둔 차를 몰고 사무실에 출근을 했다.

서울에 다녀온 3일 후에 KBS 〈우리말 겨루기〉 제작팀으로부터 전화가 걸려왔는데 출연자로 확정이 되었으니 5월 31일 오후 1시까지 서울 여의도에 있는 KBS 본관 TV공개홀로 나와 달라는 것이었다. 그토록 고대하던 방송 출연의 기회를 잡은 것은 기쁜 일이지만 공교롭게도 〈우리말 겨루기〉 프로그램을 녹화하는 날이 화요일이어서 망설일 수밖에 없었다. 매주 화요일에는 우리 문화원이 운영하는 문화학교의 '관내 문화유적답사교실'이 있는 날이다. 40여 명의 수강생들을 인솔하고 현지에 나가서 내가 직접 강의를 해야 하는데 아무런 예고도 없이 수업날짜를 바꿀 수도 없어서 난감해 하다가 제작팀에 전화를 걸어서 5월 31일에는 강의 때문에 도저히 출연을 못하겠으니 1주일만 늦춰달라고 사정을 했다. 처음에는 안 된다고 했다가 나중에 다시 전화가 걸려오길 강의 때문이라니까 특별히 봐줘서 1주일을 연기해 주겠다고 했다.

어렵게 잡은 기회를 포기할 뻔했다가 방송국 측의 호의로 방송 출연의 꿈을 실현하게 되었지만 괜히 망신만 당하는 게 아닌가 하는 두려운 마음도 들었다.

5월 31일 아침에 수강생들과 함께 문화유적답사를 나가면서 원래대로 라면 오늘이 〈우리말 겨루기〉 녹화를 하기 위해 서울에 가야할 날인데 여러분과의 약속 때문에 1주일을 늦추어 6월 7일에 녹화를 하기로 했으니 다음 주에는 강의 날짜를 하루 늦춘 수요일로 변경하게 되었다는 경위를 설명하고 양해를 구했다.

6월 1일 밤늦은 시간에 KBS 제작팀으로부터 출연자들의 인터뷰 메일이 도착했기에 주어진 질문들을 꼼꼼하게 살펴보고 성심성의껏 작성한 답장을 보내고 나니 자정이 훨씬 지나 있었다.

내가 보낸 답 메일을 읽어본 제작팀에서는 응원단은 누구누구가 오느냐, 응원구호는 무엇이냐, 방송에 입고 나올 의상은 어떤 것이냐 귀찮으리만큼 수시로 전화를 걸어 물어대는 걸 보면서 방송 출연이 임박함을 느낄 수 있었다.

그러는 와중에 금년 춘추 여든여덟이신 막내 숙부님이 6월 2일 오후에 수원에서 작고하셔서 6월 4일 오전에 우리 마을에 있는 가족묘지에서 장례식을 치렀고 6월 6일은 삼우일이라 상주들이 다녀갔는데 손님을 치를 음식이며 장례를 모시는 데 필요한 모든 준비를 내가 도맡아서 했기 때문에 방송 출연을 위한 사전준비는 전혀 할 수가 없었다.

드디어 녹화가 있는 6월 7일 새벽부터 아내는 부산했다. 서울에 가다가 휴게소에서 나눠 먹을 김밥을 싸랴, 이것저것 맛있는 반찬을 준비하느라 야단이었다. 다른 날보다 일찍 잠에서 깬 나도 아내를 도와 집안일을 거들다가 축사畜舍로 가서 짐승들 먹이를 주시 시작했다. 맨 먼저 소와 염소들에게 사료와 볏짚을 준 뒤 토끼들에게도 사료를 주고 개들과 고양이, 토종닭과 오리, 오골계와 거위들에게까지 먹이를 주고 나서 시계를 보니 7시 10분 전이었다. 서둘러 아침식사를 마치고 아내와 함께 집을 나서서 아랫마을에 사는 아줌마를 태우고 태인 피향정 옆 주차장에 차를 세워두고 동행하기로 한 처가 식구들을 기다렸다. 무심코 차를 세워둔 주변을 살펴보다가 한 무더기의 클로버를 발견하고는 혹시나 하는 마음으로 쪼그리고 앉아 자세히 보니까 행운을 상징한다는 네 잎 클로버가 많은 클로버 무리에 숨겨져 있었다. 이른 아침에 이 무슨 횡재란 말인가? 오늘 방송국에 가면 틀림없이 우리말 달인에 등극할 것 같은 예감이 들기에 기를 쓰고 클로버 밭을 뒤져서 여섯 개의 네 잎 클로버를 찾는 데 성공했다.

그러는 동안에 김제의 장모님과 전주의 둘째 처남댁, 익산의 막내 처남과 처조카 용인이 등 네 명이 합류하여 일곱 명으로 불어난 일행들은 익산에서 렌트해온 승합차를 함께 타고 서울 여의도의 방송국을 향해 출발했다.

서울에 가는 도중에 가끔씩 휴게소에 들러 집사람이 새벽잠을 설쳐가며 정성껏 준비한 김밥과 간식을 나눠 먹으며 서두르지 않고 느긋하게 갔는데도 서울 여의도에 도착해 보니 11시가 조금 지나 있었다.

약속시간까지는 거의 두 시간이나 남았기에 방송국 주차장에 차를 세워두고 부근의 여의도공원을 찾았다. 예전에는 5 · 16광장이라는 이름으로 새까만 아스팔트로 포장된 삭막하기 그지없었던 이곳이 시민들의 휴식공간인 공원으로 탈바꿈되었으니 상전벽해라는 옛말이 떠올랐다.

공원의 벤치에 앉아 휴식을 취하고 있으려니까 서울 큰댁의 형수님과 장조카 승현이, 서울에 사시는 처외숙모님이 속속 도착해서 일행이 열 명으로 늘어나 가장 많은 응원부대를 동원한 출연자가 되었다.

오후 1시에 방송국에 들어가면 출입이 곤란할 것 같아 좀 이르지만 점심식사를 하자고 공원 내 매점에 들러 간단한 음식을 주문했다. 얘기를 나누며 음식이 나오기만 기다리고 있는데 어찌된 영문인지 12시 50분이 되도록 감감무소식이어서 별수 없이 일행들은 남겨두고 나만 먼저 〈우리말 겨루기〉 제작팀과 만나기로 한 KBS 본관 로비로 갔다. 그곳에는 이미 다른 출연자들과 응원단들이 와 있었다.

≪내장문학≫ 제24집 2006. 7.

우리말 겨루기(2)

시간이 되자 우리 일행들도 모두 왔는데 주문한 음식이 늦게 나오는 바람에 식사도 제대로 못하고 그냥 왔다면서 내 몫의 빵과 우유를 사다 주었지만 마음 편하게 먹을 수가 없겠기에 이따가 시간을 봐서 먹겠다고 하고는 제작팀의 안내로 분장실에 들러 난생처음으로 분장이라는 걸 해봤다. 분장을 마치고 출연자 대기실에 들러 방송에 출연할 모시 개량한복으로 갈아입고 앉아있 으려니까 〈우리말 겨루기〉의 진행자인 한석준 아나운서가 와서 인사를 하고는 인터뷰를 했다. 이 얘기 저 얘기 나누다 보니 한 아나운서는 바로 내 큰고모님의 증손자여서 나와는 인척관계로 손자뻘이라고 귀띔을 했더니 우연한 곳에서 생면부지의 인척 할아버지를 만난 것이 좋았던지 제작팀이며 출연자들에게까지 내가 자기의 집안 어르신이라고 소개를 하는 것이었다.

처음부터 큰 기대는 하지 않고 내가 좋아하는 프로그램에 직접 출연해서 나의 우리말 실력이 어느 정도인지 알아보려고 심심풀이로 인터넷 예심에 응모했다가 방송에까지 직접 출연하는 행운을 얻었기 때문에 비록 1차전에서 탈락을 하더라도 억울할 것은 없겠지만 '말 타면 경마 잡히고 싶다.'는 속담처럼 기왕에 출연을 했으면 '우리말 달인'이 되어보는 것도 괜찮으리라는 은근한 욕심이 아예 없던 것은 아니었다. 그런데 느닷없는 복병을 만나고 보니 이러지도 저러지도 못하는 난감한 처지가 되고 말았다.

설령 내 스스로의 실력으로 우리말 달인이 된다고 해도 다른 사람들은 진행자가 가까운 인척이라서 미리 문제를 알려주었을지도 모른다는 의혹의 눈초리를 보낼 것이라 생각하니 적당하게 초반 탈락만 면하는 선에서 마무리를 짓는 편이 현명하리라는 판단을 하기에 이르렀다.

몇 차례의 리허설을 거쳐 본격적인 녹화가 시작되었는데 프로의 시작을 알리는 시그널뮤직과 함께 다섯 명의 출연자가 한 사람씩 소개되면서 순위추첨에서 4번을 뽑은 내 차례가 되어 우리말 달인이 되기 위해 34년을 기다려왔다. 김희선 씨 하는 아나운서멘트에 이어 내가 불끈 쥔 오른손 주먹을 힘차게 치켜들면서 "우리말 달인 이 손안에 있소이다."하고 외치자 방청석 맨 앞자리를 차지하고 있던 내 응원부대가 "맞습니다. 맞고요, 꼭 달인이 되세요."라는 구호를 외치며 '달.인.이.되.세.요. 꼭!' 일곱 개의 글자판을 흔들어댔다.

다섯 명이 겨루는 1단계에서는 정답을 알면서도 버저를 늦게 눌러서 50점짜리 문제를 세 개씩이나 놓쳤고 제시되는 모음을 보고 연상되는 단어를 맞히는 코너에서는 ㅆㄱ 쑥갓과 ㅌㄹ 토란을 놓쳤음에도 240점이라는 제법 높은 점수로 1단계를 1등으로 통과해서 세 명이 겨루는 2단계에 진출할 수 있었다.

1단계를 끝내고 무대 세팅을 위해 잠시 쉬는 동안에 방청석에 앉아 빵과 우유로 허기진 배를 채우자마자 곧바로 불꽃 튀는 2단계가 시작되었다.

2단계 1차전은 알쏭달쏭 속담 맞추기였는데 변명 같지만 텔레비전을 보면서는 90% 이상을 맞추던 실력이 카메라 앞에서는 주눅이 들었는지 상대방들이 모음을 모두 맞추어놓은 단어도 도무지 생각이 안 나서 번번이 놓치다가 '밑 빠진 독에 물 붓기다.' 한 문제만을 겨우 맞혀서 체면 유지는 할 수 있었다. 참고로 다른 문제들을 소개하면 '벼룩도 낯짝이 있다.' '남의 떡이 커 보인다.' '소 잃고 외양간 고친다.' '병 주고 약 준다.'등으로 자주 사용하는 속담들로 비교적 쉬운 문제였다.

2단계 2차전은 영상보고 맞히기로 삽화가 곁들여진 석준이의 일기에 등장하는 번번이, 얌전히, 깔끔히 세 단어 가운데 틀린 단어를 찾아내 바르게 고치라는 문제였는데 2단계 진출자 세 명 모두가 '번번히→번번이'로 써서 50점씩을 획득했지만 마魔의 3차전 문제가 운명의 갈림길이 되고 말았다. 3차전 문제는 '광한루廣寒樓'

를 소리 나는 대로 적으라는 것이었는데 나는 '광할누'라고 틀린 답을 적었고 또 한 명의 여성출연자는 '광한루'라고 역시 틀린 답을 적었는데 다른 여성 출연자가 '광활루'라고 엉뚱한 답을 적었다가 진행자가 한자로 활로 소리가 날 수 있느냐고 묻자 그 자리에서 활을 할로 고치는 해프닝이 벌어졌다. 그러자 담당 PD가 NG를 외쳐 녹화가 중단되었는데 그때까지만 해도 40점을 앞서고 있던 내가 끝까지 우겨서 세 사람 모두를 오답으로 처리하고 다른 문제를 출제한다면 유리할 수도 있었지만 다른 사람도 아닌 인척 손자뻘인 진행자의 실수를 문제 삼을 수도 없어서 활을 할로 고친 것을 양해하는 바람에 그 답이 정답으로 인정되어 410점대 400점으로 내가 오히려 10점을 뒤지는 결과를 초래하고 말았다. 2단계의 마지막 문제를 나 혼자만 맞히면 또다시 40점을 앞서게 되어 역전극을 연출할 수도 있겠구나 하는 희망을 버리지 않고 차분한 마음으로 임했는데 생각했던 대로 내게는 비교적 쉬운 문제여서 속으로 쾌재를 부르면서 아무 생각 없이 답을 서서 모니터 옆에 올려놓았다. 다른 두 출연자들은 20대 여성이라 수작酬酌이 무엇을 뜻하는지 모르겠거니 하고 방심을 한 탓이었다. 나야 출연자석에 있으니까 휘황찬란한 조명 때문에 잘 볼 수 없었지만 방청석에서 지켜보니까 답을 몰라 쩔쩔매던 다른 출연자들이 내 페이퍼를 훔쳐보고는 이내 나와 똑같이 술잔이라고 적더란다. 결국은 세 사람 모두가 정답으로 인정되어 똑같이 50점씩을 획득하는 바람에 460점대 450점 10점 차이로 3단계 진출의 문턱에서 분누憤淚를 삼켜야 했다.

안타까워하는 진행자의 질문에 여기까지 온 것만 해도 다행으로 생각한다는 답변을 하면서도 마의 10점 차만 극복했다면 3단계에 진출해서 우리말 달인도 넘볼 수 있었다는 아쉬움을 떨쳐버릴 수 없었다.

잘했다는 응원부대의 격려를 받으며 방청석을 나오려니 나와는 한 살 터울로 여의도 한강공원에서 매점을 운영하는 고종사촌 상영 형이 와서 기다리고 있었다. 어디에 가서 저녁식사나 하자고 해서 방송국 근처의 식당으로 자리를 옮겨 삼겹살 구이를 안주삼아 권커니잣커니 소주잔을 기울이며 저녁식사를 곁들이다 보니 주위가 어둑어둑해져서 서울 식구들과는 작별을 하고 귀향길을 서둘렀다.

동행했던 아랫마을 아줌마는 천안에 사는 큰아들이 오랫동안 애기가 없어서 걱정을 했는데 오늘 마침 병원에서 건강한 여아女兒를 분만했다기에 천안에다 모셔다 드리고 칠흑같이 어두운 고속도로를 달려 아침에 출발한 태인 피향정 옆 주차장에 와서 김제로, 전주로, 익산으로 처가식구들을 보내고는 아내와 둘이서 집으로 돌아왔다.

이튿날 출근해서 어제 녹화 때문에 오늘로 미룬 문화학교 관내 문화유적답사교실 수업을 하려고 수강생들과 함께 버스를 타고 현지로 나가면서 여러분들의 기대에 부응하지 못했지만 꼴찌는 면했으니 다행 아니냐고 자초지종을 설명하면서 6월 20일 월요일

밤 7시 30분부터 방송되는 KBS1 TV를 시청하라고 당부했다.

드디어 6월 20일 결과는 이미 나왔지만 TV를 통해 방송이 된다고 생각하니 녹화 때보다 더 마음이 설레었다. 1971년 12월 30일에 방송된 KBS 제1라디오 백만인의 퀴즈 연말결선과 1985년 3월 2일에 방송된 KBS1 TV 전국노래자랑 정읍편에 출연했었고 지방방송과의 인터뷰는 여러 차례 해봤기 때문에 방송 출연이 처음은 아닌데도 처음 마이크 앞에 서던 때처럼 묘한 감정이 들었다. 방송을 시청해야 한다는 핑계로 방송시간 무렵에 있을 사단법인 한국미술협회 정읍지부장 이 · 취임식 참석도 포기하고 퇴근하자마자 집으로 직행했다.

서둘러 저녁을 먹고 아내와 함께 텔레비전 앞에 앉아 열심히 방송을 시청하고 있는데 문화원장님의 전화를 시작으로 전국 각처의 친인척이며 문화원가족들로부터 집전화로 휴대폰으로 30여 통의 전화가 쉴 틈 없이 걸려와 전화를 받느라 진땀을 흘려야했지만 방송의 위력, 〈우리말 겨루기〉의 높은 인기를 실감할 수 있었다. 그날 이후로도 30년 동안이나 연락이 끊겼던 친구며 지인들로부터 수많은 격려와 축하전화, 편지 전보 등이 쇄도하여 내가 갑자기 유명인사라도 되어버린 듯 유명세를 톡톡히 치렀다. 언젠가는 〈우리말 겨루기〉에 다시 한 번 도전하여 우리말 달인의 영예를 꼭 차지하고야 말겠다고 다짐해 본다.

≪내장문학≫ 제24집 2006. 7.

능소화 찬讚

오늘따라 능소화凌霄花가 더욱 아름답게 느껴진다. 세상의 온갖 것들이 더위에 지쳐 활기를 잃어버렸는데 오직 능소화만이 불볕 더위에도 아랑곳하지 않고 싱싱한 모습으로 아름다운 자태를 한껏 자랑하고 있다.

주변에서 흔하게 볼 수 있지만 그냥 아름답다고만 느낄 뿐 꽃 이름을 제대로 알지 못하고 있는 독자들을 위해 능소화에 대한 자료를 찾아봤다. ≪세계대백과사전≫(동서문화, 1991년 발행)에 '능소화는 통화식물목筒化植物目 능소화과의 낙엽덩굴식물로 높이는 10m 정도에 줄기는 덩굴성이고 잎이 마주 붙어 나며 홀수깃꼴 겹잎인데 톱니가 있는 작은 잎은 7~9개로 달걀 모양 혹은 바소꼴이고 끝이 뾰족하다 새로 나온 가지 끝에 바깥쪽은 등황색, 안쪽은 주황색의 지름 6~9cm의 큰 꽃이 5~15송이 핀다. 만개하였을 때에는 전면을 덮어 성황을 이루는데 꽃대는 아래로 늘어지고 꽃받침 조각은 다섯 갈래로 갈라지며 꽃부리는 넓은 깔대기 모양이다. 안쪽에는 짙고 아름다운 맥이 있으며 2강二强수술과 1개의 암술이 있는데 열매는 삭과蒴果로 길고 혁질革質이다. 10월에 익으며 씨는 날개가 달렸는데 배젖이 없다. 관상용으로 정원에서 재배되는데 원산지는 중국이며 우리나라와 북아메리카 등지에 분포 한다.'고 기록되어 있었다.

내가 어린 시절을 보낸 고향 마을은 120가구가 넘는 큰 마을이었는데 마을에서도 까다롭기로 유명한 국鞠 생원 댁에만 능소화나무가 몇 그루 있어서 꽃이 만발하는 여름이면 동네 꼬마들이 꽃구경을 하려고 몰려드는 바람에 온종일 북새통을 이루었다.

꽃 이름도 모르면서 고색창연古色蒼然한 우물가에 무더기로 피어 있는 아름다운 모습에 반해서 주인이 귀찮아하건 말건 매일같이 몰려들어 술래잡기도 하고 숨바꼭질도 하다가 툭하면 치고 패고 싸움질을 해대는 동네 아이들 등쌀에 애꿎은 능소화나무는 뿌리째 뽑혀 마을에서 영영 자취를 감추어버리고 말았다.

그 이후론 능소화를 볼 기회가 없어서 까맣게 잊고 살았는데 1986년 여름, 어느 날 대우 스님을 만나려고 군산시 소룡동에 있는 은적사隱寂寺에 들렀다가 그곳에서 우연히 어렸을 때 보았던 낯익은 꽃을 다시 볼 수 있었다. 시인이자 수필가인 대우 스님이 주지로 있던 은적사는 군산시 소룡동 설림산雪琳山 남쪽에 자리 잡고 있는데 정확한 창건연대는 알 수 없으나 신라 진평왕眞平王 35년(613)에 원광국사圓光國師에 의해서 창건된 것으로 전해지며 고려 광종光宗 3년(952)에 정진국사靜眞國師가 중창했고 고려 공민왕恭愍王 22년(1373)에 나옹화상懶翁和尙, 조선 정조正祖 5년(1781)에 보경선사寶鏡禪師, 1937년 허옹선사虛翁禪師등에 의해서 4차례 중수되어 오늘에 이르고 있다고 한다.

천년고찰千年古刹 은적사 뜨락에는 해묵은 쭉나무 몇 그루가 서 있는데 그중 한 나무에 어린 시절에 내가 봐왔던 능소화가 만발했다. 어찌나 반갑던지 대우 스님과 다른 얘기를 나누다 말고 능소화가 있는 곳을 가리키며 "스님, 저 꽃의 이름이 뭔지 아십니까?" 하고 물었더니 "예. 저 꽃은 능소화라는 꽃이지요." 하셨다. 비로소 내가 그토록 좋아하던 꽃 이름이 능소화라는 사실을 알게 된 것이다.

어렸을 땐 꽃 이름도 모르면서 그냥 좋아하다가 꽃구경을 하러 몰려드는 동네 아이들이 귀찮다고 꽃나무를 송두리째 없애버린 심보 고약한 주인 덕분에 20년 넘게 잊고 지내던 반가운 꽃을 다시 만날 수 있었으며 그 꽃의 이름이 능소화라는 걸 알게 되었으니 이를 두고 금상첨화錦上添花라 해야 할 것이다.

능소화와의 우연한 해후邂逅는 내게 있어 행운이었을까? 그 뒤로는 내가 있는 곳이면 어디에건 능소화가 가까이 있어서 여름마다 만나고 있다. 전주에 있을 때는 매년 여름 군산 은적사 뜨락의 능소화를 보다가 서울로 옮겨가서는 내가 근무하던 사무실 건너편의 지방행정공제회관 정원에 심어진 능소화를 5년 동안이나 지켜볼 수 있었다. 고향에 돌아와선 정읍문화원 사무국장으로 재직하며 여기서도 능소화를 만나게 되었으니 얼마나 끈질긴 인연인가?

고향을 떠난 지 꼭 10년 만에 다시 돌아와 문화원에 근무하면서 새로운 업무에 적응하느라 5~6개월을 정신없이 보내고 무더위가 기승을 부리는 7월을 맞았다. 지금은 에어컨을 3대씩이나 설치하여 웬만한 더위에는 끄떡도 하지 않지만 내가 취임하던 1996년 당시에는 선풍기 1대에 의존해야 했으니까 여름이면 수시로 화장실에 드나들면서 흐르는 땀을 씻어야 했다.

옥상 물탱크에 저장되었던 물이라 수도꼭지에서 쏟아지는 물은 미적지근했지만 그래도 씻고 나면 한결 시원한 느낌이 들기 때문에 여름날 오후에는 졸음도 쫓을 겸 수시로 화장실에 들랑거렸는데 어느 날 무심코 바라본 화장실 창문 너머로 능소화가 배시시 웃고 있었다. 사무실과 인접한 단독주택의 정원에는 향나무가 여러 그루 심어져 있었고 그중 한 나무를 의지해서 6m쯤 높이까지 덩굴을 뻗고 올라간 능소화에는 나팔꽃을 닮은 등홍색의 꽃들이 무더기로 피어 있었는데도 지금까지 한 번도 눈에 띄지 않았던 것이다.

가까운 곳에 능소화를 두고도 까마득히 몰랐을 만큼 바쁘게 지내다가 어느 날 갑자기 능소화를 발견하고부턴 화장실을 출입하는 횟수가 늘었다. 문화원 건물에서 직선 거리로 10여 미터쯤 떨어진 곳에 능소화가 있는데 다른 곳에서는 잘 보이지 않지만 화장실에 가면 창문을 통해 또렷하게 볼 수 있기 때문이다.

모양은 나팔꽃과 비슷하게 생겼지만 아침에 피었다가 저녁이면 시들어버리는 조개모위朝開暮委의 짧은 수명이 아니라 한 번 피었다 하면 1주일 이상 싱싱한 모습으로 강인한 생명력을 자랑하는 능소화를 여름 꽃 중의 백미白眉라 일러도 결코 지나치지 않을 것이다. 이제 10여 일 후면 시골집으로 이사를 하게 되는데 올가을엔 모슨 일이 있어도 능소화를 구해다가 마당 한편에 심을 계획이다.

내년 이맘때쯤이면 뜨락을 가득 채운 능소화와 함께하면서 유유자적悠悠自適하는 전원생활을 만끽滿喫하게 되기를 바라는 마음 간절하다.

≪내장문학≫ 제18집 2000. 7.

가락인의 노래

김형! 축하드립니다.

김형의 작품이 '가락인의 노래' 당선작으로 선정되어 4월 18일 12시부터 경주 금산교육관에서 개최되는 가락중앙종친회 제45차 정기총회 석상에서 시상식을 갖기로 하였으니 꼭 참석하십시오.

하는 중앙종친회 허영준許榮俊 사무총장의 전화를 받은 건 4월 9일 오전의 일이었다.

가락국駕洛國을 세운 김수로왕金首露王을 시조로 하는 김해김씨金海金氏, 허씨許氏, 인천이씨仁川李氏로 구성된 사단법인 가락중앙종친회는 전국에 약 8백만 명의 회원과 서울을 비롯한 16개 시·도 및 230개 시·군·구 종친회를 거느린 국내 최대의 종친단체다.

아버님의 영향을 받아 일찍이 종사宗事에 참여한 덕분에 20대

초반의 젊은 나이에 정읍군종친회 총무를 맡은 것을 시작으로 정읍시종친회 사무국장, 전라북도종친회 총무부장을 거쳐 중앙종친회의 가락회보駕洛會報 편집부장 겸 중앙청년회 상무에 이르기까지 20년도 넘게 종친회 업무에만 전념하다시피 하였고 지금도 정읍시종친회의 상임부회장을 맡아 나름대로 종사 발전에 이바지하고 있다.

이런 인연으로 해서 내가 중앙종친회에 있을 때 모셨던 김시우金時佑 사무총장(현재는 독립기념관의 사무처장임)과는 1주일이 멀다하고 연락을 주고받는 처지였다. 어느 날 전화가 걸려오기를 한동안 몸담았던 단체의 노랫말을 한번 만들어보면 어떻겠냐고 했다. 쾌히 승낙하고 몇 날을 고심하다가 4행 2절짜리 가사를 만들어 보낸 일이 있는데 그 뒤로 아무런 소식이 없어서 까맣게 잊고 지냈었다.

그런데 2001년 4월에 개최된 가락중앙종친회 제43차 정기총회에서 8백만 가락종친들이 함께 부를 '가락인의 노래'를 만들기로 의결하여 전국의 종친들을 대상으로 가사歌詞를 공모한다고 들었다. 어느 날 중앙종친회의 김종태 상임이사로부터 전화가 걸려오기를 전에 내가 써서 김시우 사무총장에게 보낸 작품이 2절이어서 공모작품 범주에 넣기가 곤란하니까 통일관련 가사 1절을 덧붙여 3절짜리 가사로 만들어 보내주었으면 좋겠다고 하기에 전에 보낸 가사에다 3절을 붙여서 보냈다.

1년여의 공모 기간 동안에 내가 보낸 작품을 비롯해서 총 22편이 접수되었고 대학의 권위 있는 국문과 교수들에게 의뢰하여 심사를 한 결과 내 작품이 당선작으로 뽑혔다는 것이다.

작년 11월 초에 사고를 당해 3번 요추가 골절되는 중상을 입고 2개월여의 입원치료를 받은 뒤 퇴원하여 집에서 요양을 하면서 정기적인 통원치료를 받느라 직장도 쉬다가 4월부터 겨우 시내버스를 이용하여 통근을 하는 처지라서 장거리인 경주까지 다녀오기가 무리일 것 같았지만 다른 일도 아니고 8백만 종친들이 함께 부를 〈가락인의 노래〉 가사가 당선되어 시상식을 한다는데 가다가 쓰러지는 한이 있더라도 반드시 참석을 해야겠다고 마음을 먹었다.

가던 날이 장날이라더니 시상식이 예정된 4월 18일이 하필이면 내가 수강생들을 인솔하고 관내 문화유적답사를 나가야 하는 금요일이어서 어쩔 수 없이 수강생들에게 양해를 구하고 이틀을 앞당겨 4월 16일 수요일에 문화유적답사교실 수업을 실시하기로 했는데 중앙종친회 허영준 사무총장으로부터 다시 전화가 걸려와 중앙종친회 김봉호 회장님의 뜻을 전해왔다.

내용인즉 시상식은 4월 18일에 경주에서 거행하는데 4월 16일 김해에서 시조대왕의 대제를 모신 뒤에 1만여 명의 종친들이 참석한 가운데 행해지는 음복소에서 〈가락인의 노래〉 당선작 가사를 작가가 직접 참석해서 낭송했으면 좋겠다는 것이었다.

하지만 건강상태도 그렇고 해서 두 군데를 모두 참석하기는 어려울 것 같아서 김해행을 포기하고 4월 18일 이른 아침에 영업용

택시를 대절하여 아내와 함께 집을 나서 호남고속도로를 이용해 회덕분기점에 와 경부고속도로로 접어들어 11시쯤 경주시 충효동에 있는 금산교육관에 도착해서 오랜만에 만난 반가운 얼굴들과 회포를 풀며 정담을 나누다 보니 행사 시간이 되었다.

허영준 사무총장의 사회로 진행된 가락중앙종친회 제45차 정기총회는 성원보고, 개회선언에 이어 〈가락인의 노래〉 당선작에 대한 시상이 있었는데 김봉호 중앙회장으로부터 노랫말이 새겨진 옥돌로 만든 당선패와 기념품이 수여되었고 참석한 종친들의 요청에 따라 가사를 내가 직접 낭송했는데 노랫말은 다음과 같다.

<가락인의 노래>
우리는 자랑스런 가락의 후예
2천 년 전통 이은 삼한의 갑족
위선 부종 계도를 생활화하여
대대손손 번영의 꽃 피워나가리.

구지봉 정기 받은 우리 가락인
숭조목종 정신으로 굳게 뭉쳐서
멸사봉공 민본정치 펼쳐나가던
찬란한 조상의 얼 길이 빛내리.

삼국을 통일하신 위대한 업적
흥무왕 할아버지 핏줄을 이은
가락인의 긍지와 자부심으로
조국통일 민족화합 주역이 되리.

찬란한 가야문화의 재현과 애국 · 애족 정신의 함양, 종친의 화합과 단결심 고취, 종친회 3대 목표인 위선爲先, 부종扶宗, 계도啓導 사업의 달성을 염원하는 각 4행 3절의 이 가사에 저명한 작곡가가 곡을 붙이고 이름 있는 가수가 노래를 불러 테이프나 CD로 만들어 전국의 종친회에 보급을 시켜 8백만 종친들이 함께 부르는 진정한 〈가락인의 노래〉가 되기를 바라는 마음 간절하다.

≪내장문학≫ 제21집 2003. 9.

물처럼 바람처럼

고향유정

호마의북풍胡馬依北風 월조소남지越鳥巢南枝란 고시古詩를 우리말로 풀어 보면 호마는 바람 따라 북쪽 고향을 그리고 월조는 남쪽 가지를 골라 집을 짓는다는 뜻이다.

사고思考의 능력이 없는 미물들도 고향을 못 잊어 한다는데 만물의 영장靈長이라 일컫는 사람들의 고향을 아끼고 사랑하는 마음이야 오죽 하겠는가?

고향은 우리가 태어나서 꿈을 키우며 자란 곳이요 언제나 변함없이 포근하게 우리를 감싸주는 영원한 안식처安息處이다.

내가 태어나서 자랐고 지금도 살고 있는 예로부터 산수 좋고 경관景觀이 아름다우며 인심 또한 풍요로운 내 고향 정읍은 단풍의 명소 내장산內藏山이 있는 덕분에 국내는 물론 해외에까지 널리 알려진 곳이다.

샘골[井邑]이라는 고을 이름을 증명이나 해 주듯 집집마다 맑은 물이 펑펑 솟아나는 우물을 갖고 있는 게 이 지방의 특색特色이며 행상行商 떠난 남편이 오랫동안 돌아오지 않음을 근심하여 부른 노래로 한글로 기록된 백제 최고最古의 가요歌謠 〈정읍사井邑詞〉 또한 이 고장의 자랑이다.

구한말舊韓末 청일전쟁淸日戰爭의 도화선이었으며 한국 민주주의의 여명黎明의 장을 연 갑오동학혁명甲午東學革命이 이 고장에서 일어났다는 사실 하나만으로도 우리네 조상들의 강인한 희생정신을 엿볼 수가 있다.

1894년(高宗 31年) 착취와 약탈을 일삼는 고부군수古阜郡守 조병갑趙秉甲의 천인공노할 학정에 시달림을 받아오던 이 지방 농민들이 동학접주東學接主 전봉준全琫準 장군을 구심점으로 제폭구민除暴救民 보국안민輔國安民의 구호를 내걸고 분연히 일어섰던 농민혁명農民革命을 근세近世의 사가史家들이 왜곡 해석하여 한때는 역사의 뒤안길에서 버림을 받기도 했었지만 진정한 애국심愛國心과 우국충정憂國衷情에서 기인된 값진 거사였다는 게 밝혀져 10여 년 전부터 매년 5월 11일을 갑오동학혁명 기념일로 정하여 성대한 행사를 갖고 있는데 다행한 일이 아닐 수 없다.

이 고장 출신의 항일민족투사抗日民族鬪士로는 박준승朴準承 선생과 백정기白正基 의사를 손꼽을 수 있으며 이 밖에도 유명무명의 지사志士들이 나라와 민족, 그리고 고향을 위해 수없이 순절殉節하였다.

성웅聖雄 이순신李舜臣 장군이 초임현감으로 재직했던 이 고장에는 충무공忠武公의 위업偉業을 추모하고 유덕遺德을 기리기 위한 충렬사忠烈祠가 있어 시민들의 피곤한 몸을 쉴 수 있는 휴양지休養地로서의 역할을 해 주고 있다.

또한 정읍에는 명물名物이라면 실례가 되겠지만 다른 지방에서는 쉽게 찾아 볼 수 없는 기인奇人들이 많은 것도 자랑거리다.

마이크와 더불어 30年! 금년에 환갑을 맞은 노인답지 않게 노익장을 과시하며 오늘도 정읍 공용터미널 안내 방송실에서 각 방면 버스시간 안내와 분실, 습득물 안내, 각 관공서의 공지사항 등을 쉴 새 없이 마이크에 실어 보내는 김원술金元述 할아버지는 이 고장을 찾아오는 모든 사람들에게 코믹하면서도 독특한 음성으로 정읍의 아름다운 인심을 대변해 주고 있다.

10년이면 강산도 변한다는데 30년을 하루같이 궂은 날 갠 날 가리지 않고 자신의 직업을 천직天職으로 알고 끈기와 인내忍耐로 외길을 걸어온 김원술옹金元述翁 모습에서 정읍인井邑人들의 강인한 성품을 엿볼 수 있다.

최선이崔仙伊라는 이름보다는 방위성금防衛誠金 할머니로 더욱 알려진 의롭게 살다간 노인!

젊어서 남편을 사별死別했기 때문에 슬하에 혈육이라고는 한 점도 없는 쓸쓸함을 달래기 위해 남을 돕는 일에만 몰두하여 애써 모은 전 재산을 새마을 사업 기금에 쾌척快擲했고 산에서 채취한 각종 한약재韓藥材들로 특수 조제한 한방약을 팔아 푼푼이 모은 돈으로는 마을 앞에 통학의 다리를 놓아 비만 내리면 겪어야 했던 많은 주민들의 불편과 먼 길을 돌아다녀야 했던 학생들의 수고를 덜어 주는 등 남을 돕는 일에 솔선수범한 공로가 높게 평가되어 정부로부터 새마을 훈장을 받기도 했다.

어쩌면 이 할머니는 남을 돕기 위해 이 세상에 태어난 듯 팔순이 넘었음에도 젊은이들 못지않은 건강한 모습으로 억척같이 돈을 벌어 방위성금이나 불우이웃돕기 성금을 내는 재미로 살다간 것이다.

무일물중무진장無一物中無盡藏 유화유월유루대有花有月有樓臺란 말이 있는데 풀어보면 아무리 재산이 많아도 또 아무리 모으려 해도 한도가 있으며 꽃이나 달의 아름다움도 한도가 있다는 뜻이다.

돈에 걸신들린 사람처럼 모으는 데만 급급하고 혈안이 되어 수단과 방법을 가리지 않은 덕분에 치부致富를 해서 기업企業의 이윤은 사회에 환원되어야 한다는 극히 상식적인 기업윤리企業倫理마저 무시하고 방위성금을 내는 데나 불우이웃을 돕는 데 인색한 일부 몰지각한 기업인들에게 꼭 들려주고 싶은 말이다.

최선이崔仙伊 할머니야 재산을 물려 줄 자손이 없었으니까 그럴 수밖에 없지 않느냐고 반문을 할 사람도 있겠으나 자손이 없는 사람도 사람일진대 자기 돈 아까운 줄 모르고 남을 돕는 일이 쉬운 일만은 아닐 것이다.

우리 모두 故최 할머니의 말없는 교훈教訓을 본받아 우리 주변에 불우한 이웃은 없는지 다시 한 번 살펴보고 따뜻하게 보살펴서 언제나 인정의 꽃이 활짝 피는 살기 좋은 복된 내 고장을 만드는 데 앞장서야 할 것이다.

어머니의 포근한 품속 같은 고향이기에 나는 언제나 고향을 사랑하며 고향에서 살고 있는 것이다.

고향은 나의 영원한 애인이니까.

≪內藏文學≫ 創刊號 1981. 1.

목마른 대지

올 들어 아직까지 비다운 비 한 번 제대로 내려 본 일이 없고 보니 가뭄 피해가 말이 아니다.

곡식들이 제대로 자라지 못하는 것은 물론이고 사람들이 마실 식수食水마저 구하지 못해서 소방차와 급수차給水車를 동원하는 등 야단법석이다. 좀처럼 비는 내릴 것 같지 않다는 관상대의 예보이고 보면 하느님도 무심하시지 소리를 연발하는 소박한 농민들만을 나무랄 수도 없는 일인 것 같다.

지난겨울 폭설 속에 갇혀 살면서도 내년에는 비가 흔해서 풍년이 들 것이라는 기대감에 가슴이 부풀었던 사람이었는데 이제나 저제나 비를 기다리는 애타는 심정을 아는지 모르는지 못자리의 모가 빨갛게 타들어 가고 봄에 물을 가둬둔 논바닥이 거북등처럼 갈라지도록 비가 내리지 않고 있으니 자나 깨나 한숨이요 앉으나 서나 걱정이다.

요즈음에는 만나는 사람마다 나누는 인사도 '모는 얼마나 심었느냐, 가뭄 피해는 입지 않았느냐.'다.

우리 같은 서민들은 그저 우순풍조雨順風調하여 풍년이나 들어야 가계의 압박을 받지 않을 텐데 논농사는 한 뙈기도 없고 밭서너 마지기에다 고추를 비롯한 전작물田作物만 심었을 뿐인데 이렇게 비가 내리지 않고 있으니 그나마도 수확을 못하게 된다면 큰 일이 아닐 수 없다.

옛날에는 관개 수리시설이 빈약했던 까닭에 그대로 하늘만 쳐다보는 농사를 지었지만 오늘날에는 웬만한 곳에는 저수지나 소류지, 관정管井 등이 설치되어 있어 전천후농업 시대全天候農業時代에 살고 있으면서도 오래 계속되는 가뭄에는 속수무책束手無策이니 농민들만 서러울 뿐이다.

우주왕복선 콜롬비아호가 실험비행에 성공한 현세現世에 무슨 전근대적인 사고방식이냐고 핀잔을 할지도 모르지만 지성至誠이면 감천感天이라고 갈급渴急한 심정들을 한데 묶어 경건한 마음으로 목욕재계하고 기우제祈雨祭라도 올린다면 하늘이 금세 흐려져서 일시에 가뭄을 해소해 줄 단비가 주룩주룩 내릴는지 모를 일이다.

하늘이 무너져도 솟아날 구멍은 있다는 속담은 있지만 이렇게 가뭄이 계속되다가는 하늘이 무너져 솟아날 구멍을 찾기도 전에 제풀에 지쳐 쓰러지고 말 것만 같은 생각이 든다.

어느 익살스러운 친구는 비가 내리지 않는 이유를 일러 가로되 작년 겨울에 너무나도 많은 눈을 내렸기 때문에 정작 비를 내려야 할 시기에는 비를 만들 재고在庫가 바닥나서 비를 만들지 못하는 까닭에 가뭄이 계속되고 있다며 능청을 떨기도 하지만 오죽이나 답답했으면 이러한 농담을 하겠는가?

비만 제대로 내렸다면 지금이 1년 중 가장 바쁜 농번기로 몸이 열두 개가 있어도 부족하고 부엌의 부지깽이도 한몫을 할 만큼 바쁠 텐데 들에 나가 보았자 비를 기다리다 못해 시들시들 말라 비틀어져 가는 곡식들만 눈에 보일 것은 뻔한 일이고 답답한 심정에 애꿎은 술만 축내다 보니 일손이 뜸했던 농한기農閑期 때보다 오히려 술의 소비량이 늘었다는 딱한 소식을 들었다.

'일년지계一年之計는 재어춘在於春'이라 했는데 가을에의 풍성한 타작마당을 상상하면서 영농준비에 몰두해야 할 초봄부터 겨우 먼지만 가시게 할 가랑비만 몇 번 내렸을 뿐이니 인간의 능력으로 무슨 계획을 어떻게 세운단 말인가?

이런 꼴 저런 꼴 안 보고 도시에서 살았을 때는 가뭄이고 장마 피해고 간에 직접 당해 보지 않았기 때문에 기상변화에 이처럼 관심을 갖지 않으니 마음 하나는 편했다. 아이스크림 대리점을 경영할 당시에는 날씨가 가물수록 매상률이 향상되기 때문에 농민들의 애타는 심정은 아랑곳하지 않고 좋아하기까지 했었으니 내가 생각해 봐도 어리석었다는 자책감이 앞선다. 하기야 이토록 계속되는 가뭄으로 인해 재미를 톡톡하게 보고 있는 업종도 결코 적지는 않다.

짚신 장수와 나막신 장수 두 아들을 둔 어머니의 이야기도 있지 않은가?

비가 오면 짚신 장사를 하는 큰아들 걱정에, 날이 가물면 나막신을 파는 둘째 아들 걱정 때문에 어느 하룬들 마음 편할 날이 없었다는데 한 스님의 충고를 듣고 생각을 바꾸어 비가 오는 날에는 둘째 아들의 나막신이 날개돋친 듯 팔리는 일이 즐겁고 날씨가 좋으면 큰아들의 짚신이 잘 팔릴 테니까 좋아서 얼마 남지 않은 여생이나마 마음 편하게 살 수 있었다는 내용이다.

같은 일이라 할지라도 생각하기에 따라서 큰 차이가 있다는 것을 간접적으로 시사해 주는 교훈적인 얘기지만 무슨 살판났다고 가뭄이 계속되고 있는 이 마당에 희희낙락喜喜樂樂만 하고 있겠는가? 한 방울의 물이나마 나올 만한 곳은 빠짐없이 굴착을 해서 목말라하는 대지를 적셔주어야겠다.

비가 내리지 않는다고 하늘만 쳐다보고 탄식을 하며 자포자기해 버리기에는 아직 이르다.

버틸 수 있는 데까지 참고 기다리며 하나님의 선처를 기대해 볼 일이다.

자라 보고 놀란 소 솥뚜껑만 봐도 겁을 낸다는데 작년 여름 뜻밖의 냉해冷害로 큰 피해를 입었던 농부들이기에 금년 들어 계속되는 가뭄이 반가울 리는 만무하지만 인간의 힘으로 극복할 수 있는 가뭄이라면 최선을 다해 보는 것이 상책인 것이다.

가뭄은 있어도 한해旱害는 없다는 도정구호道政口號를 내걸고 가뭄 극복 작전에 나선 도도 있다고 들었다.

모든 농민들의 걱정과 근심을 한꺼번에 덜어 줄 수 있는 길은 하루라도 빨리 목마른 대지를 촉촉하게 적셔 줄 단비, 오직 그것뿐이련만 오늘도 하늘은 구름 한 점 없이 쾌청快晴하기만 하니 걱정이다.

≪전북문학≫ 74집, 1981. 5.

담배타령

나의 하루는 담배로 시작해서 담배로 끝난다 해도 과언이 아닐 것이다.

아침에 일어났다 하면 담배부터 태워 무는 습관이야 어제 오늘 비롯된 것이 아니지만 요즈음에는 밤에 잠자리에 들어서도 담배를 몇 개비 피우고 나서야 잠을 이루는 좋지 않은 습관까지 겹치고 보니 하루 한 갑으로는 어림도 없고 이틀에 세 갑씩을 연기로 날려 버리는 골초가 되고 말았다.

건강에 이롭지 않은 줄 알면서도 흡연 량을 줄인다든가 금연禁煙 같은 건 엄두도 못 내고 오히려 담배의 위력에 눌려 하루에 750원이라는 적잖은 돈을 백해무익百害無益한 담배를 위해 허비해야 하는 내 자신이 한심하다는 생각이 든다.

다른 사람들은 몇십 년씩 피워오던 담배도 마음만 먹었다 하면 자로 잰 듯 정확하게 잘도 끊던데 의지력이 약한 탓인지, 담배를 피울 때마다 담배 곽에 쓰여진 '건강을 위하여 지나친 흡연을 삼갑시다.'라는 경고문이 마음에 걸려 피우던 것만 마저 피우고는 담배를 끊어야겠다고 다짐을 해 보지만 하루는 고사하고 한 시간도 못 가서 담배를 찾아 헤매곤 한다.

내가 담배와 인연을 맺은 지도 그럭저럭 18년이 되어 간다.

1967년 3월 7일 결혼식을 올리던 날부터 뻐끔 담배로 피우기 시작한 담배가 개근상을 받아도 좋을 만큼 충실하게 오늘에 이르렀으니 그동안에 연기로 날려 버린 돈만 해도 어림잡아 200만 원이 넘었으면 넘었지 모자라지는 않을 것이다.

애시당초 담배를 피우지 않았다 해도 그 돈이 따로 모아졌을 리 만무하지만 수입은 항상 서민층의 범주를 벗어나지 못하는 쥐꼬리인 데 반해 피우는 담배의 이름이나 가격에는 여러 번 변동이 있었어도 최고급으로만 이어져 왔다. 기간이야 길었든 짧았든간에 나와 인연을 맺은 담배의 이름들을 살펴보자면 맨 먼저 아리랑으로 시작해서 파고다, 신탄진, 청자, 수정, 은하수, 한산도, 태양, 거북선, 솔에 이르렀고 가끔 사서 피우는 장미가 있는가 하면 머지않아 새로운 모습으로 등장하게 될 아리랑까지 무려 열두 가지나 된다.

하루에 평균 한 갑씩만 잡고라도 18년X365갑=6,570갑이라는 엄청난 계산이 성립되는데 담배 1개비의 길이는 8.5cm로 1갑이면 170cm이고 내가 지금까지 피운 6,570갑X170cm=1.116.900cm를 미터로 환산하면 11,169m가 되고 다시 킬로미터로 환산하면 11,169km. 자그만치 30리 길에 해당되는 길이의 담배를 피운 셈이다.

길이는 이쯤 해두고 값을 한번 따져 보자면 당시의 가격으로 아리랑이 25원, 은하수 220원, 태양, 거북선이 300원, 솔이 500원, 장미가 600원씩이니까 평균 221원인데 221원X6,570갑=1,451,970원으로 여기에다 담배를 피우는 데 필요한 라이터 구입비며 개스 주입비, 성냥 값을 보태면 200만 원을 초과할 것이다.

그렇다고 지금까지 아무 쓸모없이 연기로 날려 버린 200여만 원의 담뱃값이 아깝다는 말은 결코 아니다.

굳이 담배를 안 피웠다고 해서 크게 손해를 볼 일도 없었을 것이며 또 지금까지 골초라는 아름답지 않은 별명을 들어가며 열심히 담배를 피워서 얻은 것은 과연 무엇인가?

담배 1개비를 피우는 데 2분씩만 잡아도 13,140분이 걸렸고 시간으로 따지면 219시간을 내 스스로 건강을 해치는 작업에 무료봉사한 꼴이 된다.

지금까지는 그렇다고 치더라도 앞으로 큰 이변이 없는 한 계속해서 담배를 피워야 하는데 그 기간이 얼마일지는 몰라도 줄잡아서 35년을 친다 해도 앞으로 12,775갑의 담배를 더 피워야 내게 주어진 흡연의 의무를 완수할 수 있다고 본다.

담뱃값이 오르지 않고 지금처럼 1갑에 500원씩 한다 해도

6,387,500원이라는 엄청난 돈을 추가로 투자해야만 전매청장으로부터 감사장이나 한 장 받게 될는지 모를 일이다.

담배는 서기 1492년에 콜럼버스의 아메리카 발견 후 유럽인에게 알려진 1560년부터 씨앗이 도입되고 17세기에 동양에도 퍼졌다고 한다.

스페인 사람에 의해 멕시코, 필리핀, 타이완, 중국, 만주로 포르투칼 사람에 의하여 유럽, 자바, 일본으로, 러시아 사람을 통해 만주로 전파되었으며, 우리나라에는 서기 1618년(광해군10년)에 일본으로부터 건너왔다는 기록을 본 일이 있다.

담배의 원산지原産地는 페루(peru)로 멕시코에 이르는 지대 즉 북아메리카의 남부로부터 남아메리카의 북부에 이르는 지역이라고 하는데 그중에서도 페루 부근이라는 설이 가장 유력한 것으로 여겨지는 이유로는 첫째로 담배에는 재배종과 야생종을 합쳐서 약 50종이 있고 그 대부분이 남아메리카를 중심으로 한 아메리카 일대에 분포하고 있으며 10여 종만이 오스트레일리아에 분포한다는 점이다. 둘째, 멕시코, 페루의 고분古墳에서는 담뱃대가 발견된다. 셋째 담배는 세계적으로 토바코(tobacco)에 비슷한 말로 불리며 타바고(tabako), 타복(tabok), 탐복(tambok), 담배 등의 이름이 있지마는 이는 토바코 라는 말이 조금씩 변화한 데 불과하다. 즉, 토바코는 원래 미국에서 살던 토인들이 Y자 모양의 담뱃대를 가리키는 말이며 나중에 스페인 사람들이 담배라는 인식을 가리킨 것이라고 들었다.

남들은 건강을 위해서 금연禁煙을 한다, 절연節煙을 한다, 야단이지만, 식사 후 속이 거북할 때나, 스트레스가 쌓였을 때 작품을 쓰다가 문맥文脈이 시원하게 통하지 않을 때 만사를 젖혀놓고 담배 한 개비를 태우다 보면 건강에는 해가 될지언정 기분만은 상쾌해지기 때문에 인연因緣을 끊지 못하고 있는 것이다.

1984. 8. 4.

밤의 의미

고요한 밤이다.

온 세상의 삼라만상森羅萬象이 깊이 잠들고 이따금씩 짖어대는 삽살개의 절규만이 밤의 적막을 깨뜨리고 있을 뿐 동지섣달 춥고 긴 겨울밤을 영롱하게 비추던 별빛마저 며칠째 계속되는 혹한酷寒에 견디다 못해 꽁꽁 얼어붙어버린 어둡고 쓸쓸한 밤이다.

라디오에서 흘러나오던 심야방송의 감미로운 음악도 멎은 지 오래고 밤을 지키는 둔중한 벽시계의 맥박脈拍 소리만이 밤을 잃어버린 나의 청각을 괴롭히고 있는 청승맞은 밤이다.

밖에는 지금 목화송이처럼 탐스러운 함박눈이 소리 없이 소록소록 내리고 있는데 곧 날이 밝으면 눈이 왔다고 소리소리 질러대며 추운 줄도 모르고 마냥 즐거워할 꼬마들은 깊이 잠이 들어 꿈

나라를 헤매고 있는지 천진스런 입가에는 야릇한 미소가 피어오르고 있다.

밤은 우리에게 피곤했던 몸과 마음을 편안하게 쉴 수 있는 기회를 제공해 주는 고마운 존재이면서도 때로는 고뇌와 번민을 불러일으켜 추야장秋夜長 긴긴 밤을 한숨으로 지새우게 하는 마력魔力을 지니고 있다.

새벽같이 출근길을 재촉해야 하는 남편과 온종일 얼음지치기하다 눈사람 만들기에 골몰하던 꼬마들이 한자리에 모여 앉아 오순도순 얘기 꽃을 피우는 시간도 밤이요, 겨울철 화재나 귀중한 생명을 앗아가기 일쑤인 무서운 연탄가스를 걱정해야 하는 시간도 밤이다. 처음에는 컬컬한 목을 축인답시고 한 잔 두 잔 마시던 술이 거나해져서 2차 3차 돌다 보면 한 달 내내 피땀 흘려 번 돈을 아까운 줄 모르고 탕진해버리는 공간도 밤이고 보면 이름하여 똑같은 밤이지만 경우에 따라서는 갖가지 사연을 연출해내는 요지경인 것이다.

합격의 영광을 꿈꾸며 시험공부에 열중하는 수험생들에겐 더없이 고마운 존재가 밤인가 하면 통금시간이 임박하도록 돌아오지 않는 주정뱅이 남편을 기다려야 하는 현숙賢淑한 아내에겐 귀찮고 지겨운 시간이 밤이다.

밤은 오늘과 내일 그리고 어제와 오늘을 연결해 주는 중요한 공간이기에 역사는 밤에 이루어진다는 말이 생겼는지도 모른다.

하루의 절반이 밤이라면 70년을 사는 인간이 소유할 수 있는 밤이라는 공간空間은 자그만치 35년이라는 계산이 나온다.

결코 적지 않은 시간이다.

만약 이 세상에 밤이라는 공간이 존재하지 않는다면 밤이라는 단어 자체가 필요치 않을 것이며 피곤한 몸과 마음을 편히 쉴 공간을 잃어버린 사람들은 피로에 지쳐 삶에 대한 의욕마저 상실해 버릴 것이다.

때문에 밤과 낮이 공존하는 지구상의 모든 사람들은 선택받은 행복한 사람들인지도 모른다.

가물거리는 촛불 아래서 틈틈이 구상해 온 작품을 원고지에 담을 수 있는 문학인의 가장 행복한 순간이 밤이라면 낮에는 윗사람들 눈치를 보기에 급급하던 말단 샐러리맨들이 과장課長이 되고 부장部長이 되는 꿈을 꾸어 볼 수 있는 홀가분한 시간도 밤이다.

낮이 양陽이면 밤은 음陰이고 낮이 동動이라면 밤은 정靜이다.

지금 이 시간 대부분의 사람들은 깊은 잠에 빠져 무아지경에 몰입해 있겠지만 삼천팔백만의 불침번인 씩씩하고 자랑스런 대한민국의 국군장병들은 밤을 낮 삼아서 호시탐탐 남침의 기회를 노리고 있는 살인마 김일성 일당의 음흉한 마수로부터 우리들을 보호해 주고자 155마일 휴전선을 지키기에 여념이 없다. 수출산업의 현장에는 수많은 산업역군들이 밤을 도와 수출품을 생산하느라 바쁜 손을 움직이고 있다.

어디 그뿐인가?

공공의 안전질서와 치안유지를 위해 부단한 노력을 기울이고 있을 경찰관들과 방범대원들, 선박의 안전운행을 돕는다는 일념으로 고독과 싸워가며 밤을 꼬박 지새우는 등대수들, 자신의 직업을 천직으로 알고 플래폼의 수은등마저 졸고 있는 텅 빈 역사를 쓸쓸하게 지키는 역무원들, 이 밖에도 우리들의 조용하고 편안한 밤을 위해 자신들의 안일은 생각할 겨를도 없이 밤을 지켜주는 고마운 사람들은 얼마든지 있다.

이 분들의 고마움에 보답하는 길은 낮에는 각자 맡은 바 직무에 충실하고 밤이면 보다 나은 내일을 위해 피곤한 몸과 마음을 포근하게 쉬는 일일 것이다.

밤과 낮도 구별하지 못하고 무분별한 생활을 하는 사람들에게 태초에 밤과 낮을 구분해 주신 조물주의 뜻을 좇아 낮에는 열심히 활동을 하고 밤이면 편히 쉬는 규칙적인 생활을 해 보라고 권하고 싶다.

어둠과 고요만이 밤의 의미를 일깨워 주는 밤 다시 한 번 진정한 밤의 의미를 되새겨 본다.

《전북문학》 70집 1981. 2.

퀴즈 인생

세상이 온통 퀴즈 투성이다.

깊이 파고들면 정답이 나올 법도 한데 한결같이 베일 속에 가려져 있으니 얼른 떠오르지 않는 정답을 찾기에 골몰하는 퀴즈 게임을 연상케 한다.

모든 국민의 지대한 관심사인 5공화국의 부정이며 비리의 내막, 광주사태의 명백한 진상 등이 퀴즈 게임의 결과처럼 버선목 뒤집어 보이듯 속 시원하게 밝혀질 날이 과연 있을 것인가? 하는 자체가 바로 하나의 퀴즈인 셈이다.

퀴즈가 하도 흔하다 보니 이 세상이 모두 퀴즈인 것만 같고 이 퀴즈 투성이의 세상에서 사는 사람들마저 퀴즈 인생이 아닐까 하는 생각도 든다.

앞으로 닥쳐올 일을 전혀 예상치 못하고 그때그때 적당하게 살아갈 수밖에 없는 인생이니 어떤 문제를 앞에 놓고 정답을 찾기에 골몰하는 퀴즈와 다를 게 무엇인가?

퀴즈라는 단어가 하도 유행하기에 말의 뜻을 국어사전에서 찾아보았더니 '시문試問, 시답試答의 뜻으로 어떤 질문을 알아맞히는 놀이 및 그 질문의 총칭'이라고 적혀 있었다.

퀴즈의 묘미는 숨겨진 정답을 찾아내는 데 있다. 가벼운 일반상식이나 시사문제 등이 폭넓게 출제되기 때문에 복잡하고 어렵게 느껴지지만 조금만 신경을 써서 주의 깊게 파고들면 쉽게 정답을 얻을 수 있다는 매력 때문에 복잡다단한 세상사를 잠시 접어 두고 퀴즈에 심취하는 사람들이 날로 느는 것 같다.

신문이나 잡지는 말할 것도 없고 학교신문, 교지에까지 〈퍼즐〉, 〈낱말 맞추기〉, 〈함께 풀어 봅시다〉 등등 이름만 다를 뿐 똑같은 형태의 퀴즈를 앞을 다투어 싣는가 하면 방송에서도 학생들에게 장학금을 지급하는 〈중학생 퀴즈〉, 〈장학 퀴즈〉를 비롯하여 국내외 관광 여행 티켓이 주어지는 〈퀴즈 올림픽〉, 〈퀴즈 아카데미〉 등을 경쟁이나 하듯 방영하고 있는 까닭에 퀴즈에 대한 매력이 다소 퇴색되어 가는 느낌이 든다.

별다른 취미가 없는 나도 퀴즈에만은 남다른 애착과 매력을 느끼는 사람이다 보니 신문이나 잡지를 대하게 되면 퀴즈가 있는지, 없는지부터를 살피게 되고 다행히 퀴즈란이 있으면 무의식 중에 남의 것, 내 것 가리지 않고 볼펜을 꺼내서 정답을 써 넣는 습관 때문에 가끔씩 이용하는 고속버스에서 손님들 좌석에 비치해 둔 〈월간 고속버스 여행〉에다 정답을 적었다가 안내양으로부터 핀잔을 당한 적도 적지 않다.

한때는 퀴즈 덕분에 전국적으로 유명(?)해진 일도 있었으니 퀴즈와 나와는 인연이 꽤나 깊은 셈이다.

TV가 널리 보급되기 이전에 1970년 초에는 라디오가 오늘의 컬러텔레비전만큼이나 대접을 받았다. KBS 제1라디오의 〈재치문답〉, 〈퀴즈열차〉 등은 남녀노소를 가리지 않고 즐겨 듣던 인기 프로그램이었다.

KBS 사옥社屋이 서울 남산 중턱에 자리하고 있던 1971년의 여름은 더위가 유난히도 기승을 부렸다. 그때 나는 서울에서 직장생활을 하고 있었는데 8월 중순경 4일간의 휴가를 받았지만 마땅히 갈 곳도 없고 해서 남산공원을 찾았다가 마침 〈백만 인의 퀴즈〉 공개방송이 있는 날이어서 방청객들 틈에 끼어 냉방장치가 완벽한 방청석의 한 자리를 차지할 수 있었다.

장에 나온 촌닭처럼 모처럼 들어온 공개홀을 이리저리 살펴보고 있자니까 담당 PD가 나오더니 〈백만 인의 퀴즈〉에 출연하고 싶은 사람은 무대 위로 나와서 신청하라고 외쳤다. 무턱대고 나갔더니 팀을 구성하여 나오라고 하는데 아는 사람은 없고 궁여지책으로 방청석 옆자리에 앉아 있던 할아버지 한 분과 중년의 아줌마 한 분, 박부영이란 청년 등 네 명으로 팀을 급조急造하여 간신히 출연 신청을 마칠 수 있었다. 얼마 후 신청한 사람들을 부르더니 진행 방법이며 정답을 맞히는 요령을 알려 주는데 우리 팀은 A마이크 세 번째였다. 드디어 공개방송이 시작되었다. 최규락 아나운서의 진행으로, 해설은 당시 인기 성우이던 신원균, 김소원 씨가 맡았는데 진행 요령은 A마이크와 B마이크가 출연해서 대결을 벌이며 출제되는 문제를 듣고 정답을 알면 스톱을 불러 사회자의 지명을 받아 정답을 알아맞히는 게임이었다. 세 문제 중 두 문제를 먼저 맞히는 팀이 주 퀴즈왕이 되며 월말에 주 퀴즈왕들끼리 겨루어 월 퀴즈왕을 뽑고 연말에는 월 퀴즈왕 열두 명이 겨루어 그해의 장원을 뽑는다고 했다.

드디어 우리 팀의 차례가 와서 나갔는데 다행히 내가 아는 문제들이 출제되는 바람에 가볍게 8월 셋째 주의 퀴즈왕이 되었고 월말 월 퀴즈왕전에서도 기세 좋게 8월의 퀴즈왕으로 뽑히는 영광을 얻었다. 기왕에 내친걸음이니 연말 장원도 어렵지 않으리라는 자신감이 생겨 매주 수요일 공개방송이 있는 날은 무슨 수를 써서라도 방송국에 가서 공개방송을 방청했다. 그리고 틈만 나면 일반상식과 시사에 관한 서적들을 열심히 탐독하는 등 연말 장원전을 대비하느라 분주한 가을을 보내고 그렇게도 기다리던 12월을 맞았다.

12월 15일 오후 2시까지 KBS 공개홀로 나오라는 연락을 받고 나갔다. 1월부터 12월까지 월 퀴즈왕으로 뽑힌 열두 팀 중 연말 결선에 진출할 여섯 팀을 뽑는 예선전을 벌인다고 했다. 연말 장원이 되기 위해서는 마지막으로 넘어야 할 고비였지만 운이 좋았던 탓인지 별 어려움 없이 가볍게 예선을 통과하여 12월 22일에 있을 연말 장원전에 진출할 자격을 얻었다.

예선이 끝난 뒤 담당 PD가 나를 부르더니 장원전에서 겨룰 다른 팀들은 모두 가족들로 구성이 되어 있는데 우리 팀만 남남으로 되어 있어서 만에 하나 장원이 된다 해도 말썽이 날 소지가 있으니 가능하면 가족들로 팀을 구성했으면 좋겠다고 했다. 연말 장원이 눈앞에 보이는 듯하여 같이 출연했던 사람들에게 양해를 구하고 서울에 사는 작은아버님과 작은어머님, 고종사촌형님과 사촌누이 등 다섯 명으로 팀을 재구성하여 명단을 제출했다.

운명의 날인 1971년 12월 22일 당해 이른 아침부터 가슴을 조이며 서울 영등포에 거주하는 대부대의 가족들을 응원부대로 거느리고 보무도 당당하게 KBS 공개홀로 향했다. 여섯 팀 중 세 팀을 탈락시키고 마지막까지 남은 세 팀이 열 문제를 놓고 겨루어 문제를 많이 맞힌 순서로 1, 2, 3위를 가려 시상을 하는데 너무나 긴장을 했던 탓으로 아는 문제를 맞히지 못하여 장원을 눈앞에 두고 분루를 삼켜야 했다. 하지만 세상사가 모두 내 뜻대로만 되는 게 아니라는 사실과 매사에 자만은 금물이라는 진리를 터득할 수 있었으니 실보다는 득이 많은 경험이었다.

〈퀴즈열차〉 출연을 계기로 누구보다 퀴즈를 좋아하는 한 사람이 되었으며 퀴즈 시대를 살아가는 퀴즈인생으로서 주어진 여건에 충실하고 현실에 만족할 줄 아는 삶을 살아가기 위해 최선을 다하고 있으니 퀴즈의 덕을 톡톡하게 본 셈이요, 퀴즈 자체가 내

생활의 전부라 해도 결코 지나친 말이 아닐 것이다.

≪정주예총≫ 제3호, 1988. 12.

고향유정(Ⅱ)

오늘로써 정확하게 귀향 3개월째다. 처음에는 잘 모르겠더니만 시간이 지날수록 고향으로 돌아오길 잘했다는 생각이 든다. 고향에 돌아와 본들 별 뾰족한 수가 있는 것도 아닌데 10년 동안의 객지생활을 과감하게 청산하고 귀향을 결행하기가 결코 쉬운 일은 아니었다.

차라리 일시적인 여행이라면 갔다가 마음에 들지 않으면 다른 곳으로 행선지를 바꿀 수도 있겠지만 생활의 터전을 고향으로 옮길 때는 죽어서 뼈를 묻을 때까지 다시는 떠나지 않겠다는 비장한 각오를 필요로 했기 때문이다. 10년 전 고향을 떠나던 순간부터 언젠가는 다시 돌아와 살겠는 생각을 했었기에 전주에서 6년, 서울에서 4년 등 10년간의 객지생활이 덜 고달팠었는지도 모른다.

떠날 때나 지금이나 내 모습은 별로 변하지 않은 것 같은데 고향에 돌아와서 만나는 사람마다 눈에 띄게 변해 버린 모습을 보면서 10년이란 세월이 결코 짧지 않았다는 생각을 해 봤다. 하기사 10년이면 강산도 변한다고 했는데 나도 벌써 외손자를 둘씩이나 둔 할아버진데 어느 한 가지인들 변하지 않은 게 있겠는가? 변하지 않은 게 있다면 오히려 비정상일 게다.

정읍을 떠나 살았던 10년 세월을 반추해 보면 그런대로 유익하고 보람 있는 일들도 있었고 앞으로 내가 살아가는 데 도움이 될 만한 소중한 경험을 체득한 계기였다고 자위하고 싶다.

전주생활 6년 동안에 가장 보람 있었던 일은 전주 중앙상가에 입주한 영세 상인들의 권익옹호를 위해 141명의 조합원을 대상으로 한 전주 중앙상가 사업협동조합을 설립해서 중소기업협동조합 중앙회 산하의 법인으로 인준을 받은 일이다.

1979년부터 시작된 전주 중앙상가 현대화 사업을 10년 넘게 질질 끌면서 건설업자가 네 번씩이나 바뀌는 우여곡절 끝에 건물은 간신히 준공되었지만 최종 시공업체의 부도로 준공검사도 못 받은 상태였다. 시장개설 허가도 없는 무허가 시장인데다가 점포주들의 집요한 방해공작 때문에 어느 한 가지 수월한 일이 없었지만 상인들을 규합해서 조합설립의 필요성을 설명하고 이해를 구하는 3개월여의 준비작업 끝에 조합 창립총회를 개최하기에 이르렀다. 제반 서류를 갖추어 서울에 있는 중소기업협동조합 중앙회를 다섯 번, 전북도청 상공과를 열일곱 번씩이나 찾아다니는 끈질긴 줄

다리기 결과로 71일 만에 조합설립 인준서를 받아들고 동행했던 상인 대표들과 얼싸안고 기쁨의 눈물을 흘리던 일과 전주지방법원에 법인등기를 마치던 날의 감격은 두고두고 잊을 수가 없을 것이다.

내 손으로 설립한 상가조합의 상무이사로 취임하여 2년 남짓 재직하다가 점포주들의 법인체인 번영회 측과의 알력으로 상무직을 그만두고 조합과의 인연을 끊었지만 법의 보호를 받는 법인체로 자리를 굳힌 상가조합은 지금도 건실하게 운영되고 있으니 다행한 일이 아닐 수 없다.

1991년 10월, 6년간의 전주생활을 청산했을 때 고향으로 돌아올 생각도 해 봤지만 마음의 준비가 안 돼 있었던 관계로 새로운 직장을 구하고자 상경했던 게 서울생활의 시작이었다.

서울에는 작은아버님 댁을 비롯한 30여 세대의 친인척들이 살고 있어서 마음만 먹으면 아무 때나 찾아가 만날 수 있기 때문에 타향살이의 외로움은 별로 느끼지 못했지만 각박한 도회생활에 적응을 못해서 무척이나 애를 먹었다.

복잡한 교통 환경이 싫었고 권모술수가 판을 치는 야박한 인정이 얄미웠다.

오죽했으면 대우 좋고 장래가 보장된 직장을 팽개치고 서둘러 귀향을 했겠는가? 고향에 돌아와 보니 우선 마음이 편해서 좋다. 예전만은 못해도 아직은 낯익은 얼굴들이 더 많고 변함없는 수더분한 인정을 느낄 수 있으니 말이다.

내가 지금 거처하는 곳은 정읍의 이미지와는 걸맞지 않은 15층짜리 아파트의 14층이다. 처음 며칠은 공중에 둥실 떠 있는 듯한 느낌이 들어 밤에도 깊은 잠을 이루지 못하겠더니만 이제는 오히려 아파트 생활의 편리성을 느낄 수 있을 만큼 길들여졌다.

아무리 무더운 날씨에도 앞뒷문만 활짝 열어 놓으면 시원하다 못해 오싹한 한기를 느낄 만큼의 서늘한 바람이 물밀듯이 밀려오기 때문에 선풍기는 무용지물이고 시가지를 한눈에 조망할 수 있는 높은 위치에서 아래 세상을 마음껏 굽어보는 재미도 즐거움 중의 하나이다.

정읍에 와서 가장 먼저 찾았던 곳은 정읍사예술회관과 정읍사 국악원이다.

몸은 비록 떠나 있었지만 이 고장 문화예술인들의 구심점이 되어 줄 예술회관의 탄생을 손꼽아 기다렸었는데 그 꿈이 이루어졌다는 말을 전해 듣고 얼마나 반가웠는지 모른다. '지방 예술인구의 저변확대와 향토문화 창달'이라는 기치를 내걸고 1982년 9월에 창립된 한국예총 정주지부의 초대 사무국장직을 맡았다. 각종 예술제와 문화행사를 주관할 때마다 장소관계로 애를 태우면서 공연장다운 공연장이 마련되어 이 고장 예술인들이 마음 놓고 기량을 펼쳐볼 수 있는 날이 오기를 학수고대했는데 규모나 기능면에서 타 도시의 예술회관에 비해 손색이 없는 완벽한 예술의 전당이 마련되었다는 소식은 들었지만 아직 한 번도 살펴볼 기회가 없었기에 정읍에 오자마자 서둘러 예술회관을 찾은 것이다. 전시실이나 공연장 등 갖추어야 할 시설들은 제대로 구색을 맞춘 것 같았는데 정작 관련 예술문화단체들의 사무실을 마련하지 않은 것이 옥의 티인 것 같았다.

기왕에 적지 않은 예산을 들여 향토예술인들의 발표무대를 마련해 주면서 정작 예술인들이 모여서 대화를 나누고 휴식을 취할 수 있는 공간을 제공하지 않았다는 건 밥을 주고 숟가락을 빼앗은 경우와 다를 바가 없을 것이다.

만시지탄은 없지 않으나 이제라도 명실상부한 예술인의 전당으로 자리 잡게 하자면 관계당국의 대오각성과 배려가 있어야 할 것이다.

그토록 오매불망하던 고향의 포근한 품에 안겨 세상 근심 모두 잊고 유유자적하는 동안에 체중이 5kg이나 늘어난 걸 보면 고향은 역시 좋은 곳이라는 걸 느낄 수 있다. 井邑이여! 네가 있음에 행복하였노라…….

≪내장문학≫ 제13집 1995. 10.

속리산에서

떠나올 때는 망설였지만 목적지에 도착하는 순간 그래도 오길 잘했다는 생각이 들었다.

'오뉴월 염천'이라는 단어가 무색하리만큼 선선한 날씨가 계속되어 굳이 피서지를 찾을 필요가 없을 지경인데도 휴가철이라고 3박 4일의 휴가가 주어졌으니 썩 내키지는 않았지만 일단은 서울을 벗어나 보자고 떠나온 길이었다.

작년 휴가 때는 제주도에 가서 난생처음으로 바다낚시를 즐기며 손수 낚은 생선들로 회를 쳐서 싱싱한 회덮밥을 맛보기도 했고 2박 3일의 짧은 일정이었지만 남국의 정취를 만끽할 수 있었다.

금년에는 날씨 탓도 있고 해서 휴가 일정을 잡는 데서부터 고심을 해야 했는데 일정이 잡힌 후에도 행선지를 정하기가 쉽지 않았다. 사무실에서는 외국여행 붐이 일어 다섯 명의 직원 중 세 사람이 중국 답사다 홍콩 유람이다 해서 들떠 있는데 나까지 한몫 낄 수 없는 노릇이어서 인적이 붐비지 않는 관광과 등산을 겸할 만한 곳을 고르다가 속리산을 택하게 된 것이다.

속세를 떠난 곳이라 해서 속리산으로 불린다는 천혜의 경승지로 충북 보은군 내속리면과 경북 상주시 화북면 사이에 있는 국립공원 속리산은 수려한 자연경관과 귀중한 문화유산을 많이 간직하고 있어 해마다 2백여만 명의 관광객이 찾아드는 전국 제일의 명승지라고 한다. 소백산맥의 한 줄기로 경치가 좋아 소금강으로도 불리는데 화강암의 기이한 봉우리와 산 전체를 뒤덮은 삼림은 산중에 있는 호서지방 제일의 가람이라는 법주사法住寺의 건축물과 잘 조화되어 사시사철 관광객의 발길이 끊이지 않는다고 한다.

휴가 첫날인 8월 5일 오전 서울에서 출발하는 대전행 고속버스에 몸을 싣고 대전 엑스포에 대비하여 왕복 8차선으로 확장된 경부 고속도로를 달려 정오 무렵 대전에 도착했다. 속리산까지는 서울에서 직통으로 운행되는 직행버스도 있지만 배차 간격이 너무 길어서 기다리는 시간을 감안하면 대전을 경유해서 가는 편이 오히려 빠를지도 모른다는 생각이 들었고, 모레면 엑스포가 개막되는 대전 시가지를 미리 한번 둘러보는 것도 괜찮을 듯싶었기 때문이다. 대전 시가지는 말끔하게 단장되어 있었고 곳곳에 내걸린 환영 아치며, 현수막, 애드벌룬 물결 속에 손님을 맞이할 준비로 온통 축제 무드에 젖어 있었다.

동행이 없는 외톨이 여행길이니 급할 게 없는 느긋한 마음으로 중원 도시 한밭에서 점심을 먹고 분위기 있는 커피숍에 들러 차 한 잔을 마신 뒤 대전 동부 터미널을 출발하는 속리산행 직행버스에 올랐다. 옥천, 보은을 거쳐 말티고개를 지날 때는 급커브가 많아서 차체가 심하게 기우뚱거리는 바람에 마치 외줄을 타는 곡예사의 심정으로 몸이 오싹하는 스릴을 느끼면서 차창을 통해 펼쳐지는 자연 경관을 감상하는 동안에 차는 벌써 속리산 입구에 있는 정이품송正二品松 앞을 지나고 있었다.

천연기념물 제103호로 지정된 정이품송은 연송輦松이라고도 불리는데 세조대왕께서 속리산에 행차하실 때 노송의 가지가 왕이 타고 있던 연에 걸려 그냥 지나가기가 어렵게 되자 대왕이 '연이 걸린다.'고 하자 소나무 가지가 위로 올라가서 대왕의 행차에 지장을 주지 않았기 때문에 세조대왕으로부터 정이품 벼슬을 받았다고 한다.

속리산 버스 터미널에 도착해서 시계를 보니 네 시가 조금 지난 시각인데 산을 오르기에는 너무 늦었기에 일단 숙소부터 정하기로 하고 관광단지 내에 있는 여관에 여장을 풀었다.

어제 저녁에 더운 물로 샤워를 하고 일찍 잠자리에 들었더니 오늘 아침에는 몸이 거뜬하고 기분이 상쾌한 것이 좋은 하루가 되리라는 예감이 든다.

아침 8시경에 숙소를 나와 이름도 생소한 올갱이 해장국을 조반으로 먹었는데 올갱이란 다슬기의 이 고장 방언이었다. 식사를 하면서 식당 주인에게 문장대까지 다녀오자면 시간이 얼마나 걸리냐고 물었더니 전문 산악인이면 세 시간에 다녀올 수 있지만 초보자라면 다섯 시간은 잡아야 한다고 했다. 나는 전문가도 아니지만 초보자도 아니니까 네 시간이면 충분할 것으로 예상하고 서둘러 등반길에 올랐다.

법주사 입구에 세워진 속리산 관광안내도에 따르면 문장대까지는 6.6km이니까 왕복을 하자면 13km가 넘는 거리다. 내일이 바로 말복이고 보면 지금쯤은 불볕더위가 기승을 부릴 삼복지중인데 이상기온으로 인해 그늘에 있으면 몸에 소름이 돋을 만큼 선선한 날씨라서 산행을 하기에는 아주 적격이었다. 산책을 하는 기분으로 오리나무 우거진 숲을 거닐면서 모처럼 일상에서 벗어난 해방감을 느끼기도 했고 계곡을 흐르는 물소리와 매미 소리가 한데 어울려 빚어내는 대자연의 교향악을 감상하며 세심정 휴게소에서 잠시 휴식을 취하다가 본격적인 등반길로 접어들었다.

복천암福泉庵을 지나면서부터는 가파른 비탈길의 연속이어서 숨이 가빴지만 초등학교 3~4년 학생으로 보이는 소년단 어린이들과 동행이 되어 앞서거니 뒤서거니 하는 동안에 한낮인데도 짙은 안개 때문에 지척을 분간할 수 없을 정도의 문장대 정상에 도착했다.

경상북도 상주 땅에 위치한 문장대文莊臺는 원래 구름 속에 묻혀 있다 해서 운장대雲莊臺란 이름으로 불렀으나 조선시대 세조대왕이 복천福泉에서 목욕재계하고 이곳의 감로수를 마시면서 치병治病하실 때 문무시종과 더불어 날마다 대상에서 시를 읊었다 하여 문장대라 부르게 되었다는 전설이 있으며 문장대에 세 번을 다녀와야 극락에 갈 수 있다는 얘기가 전해지고 있다고 한다.

가던 날이 장날이라고 짙은 안개가 낀 데다가 심한 강풍까지 불어서 정상에 올랐어도 속리산의 절경을 한눈에 조망할 수 없는 게 무척 안타까웠다. 올라올 때와는 달리 하산 길은 비교적 수월하게 느껴졌다. 기왕에 내친걸음이니 법주사를 마저 둘러본 뒤에 점심을 먹으리라 생각하고 발길을 재촉하여 법주사에 도착했다.

법주사 경내에는 동양 최대의 위용을 자랑하는 청동미륵대불과 국보 제55호인 목조 5층의 팔상전捌相殿, 국보 제5호로 지정된 쌍자자석등, 국보 제64호인 석연지石蓮池, 보물 제915호인 대웅보전, 보물 제916호인 원통보전圓通寶殿, 보물 제15호인 사천왕 석등, 보물 제848호인 신법천문도병풍新法天文圖屛風, 보물 제210호인 마애여래의상磨崖如來椅像과 철확(쇠로 만든 가마솥), 대종과 큰북, 타래암墮來岩 등 귀중한 문화유산이 많이 있다.

천황봉天皇峰, 관음봉觀音峰, 청법대聽法臺, 신선대神仙臺, 순조대왕태실純祖大王胎室, 천연기념물 제207호인 망개나무, 천연기념물 제104호인 백송白松, 천연기념물 제352호인 서원리소나무 등 주변 볼거리 또한 풍부하여 사철 관광객이 찾아오는 전천후 관광지임을 확인할 수 있었다. 처음에 올 때는 단순하게 한 이틀 쉬어 가겠다는 생각이었는데 이곳저곳 돌아보는 동안에 예정했던 3박 4일이 훌쩍 지나버려서 아쉬운 마음으로 속리산을 떠나왔다.

≪내장문학≫ 제12집 1994. 10.

목련화를 노래함

봄의 전령인 목련화가 탐스럽고 화사한 자태를 한껏 뽐내고 있다.

잎도 피지 않은 가지마다 순백의 큼직한 꽃망울을 활짝 터트려 삭막하기만 하던 뜨락에 봄의 향기를 듬뿍 채워주는 부지런한 목련은 피었다 싶으면 이내 시들어 버리는 개화 기간이 짧은 편에 속하는 봄꽃의 하나이다.

화창한 날씨에 백목련이 무더기로 피어 있는 뜨락을 거니노라면 세상의 온갖 시름들은 봄눈 녹듯 사라져버리고 꽃향기에 흠뻑 취하다 보면 아스라한 지난날의 추억들이 생생하게 되살아난다.

내가 자란 고향 마을은 전형적인 농촌이었기 때문에 어려서부터 줄곧 개나리, 진달래, 복숭아꽃, 살구꽃 말고는 다른 봄꽃들을 접할 기회가 없었다가 초등학교 6학년이 되어서야 처음으로 목련화를 만날 수 있었다.

수학 여행길에 서울 창경원에서 난생처음으로 구경한 백목련은 시골뜨기 어린 소년의 발걸음을 꼼짝도 못하게 붙들어 놓을 만큼 강한 매력을 지니고 있었다.

잘 다듬어진 고궁의 정원에 여러 화초들과 어우러져 탐스럽고 하아얀 꽃망울을 주렁주렁 매단 채로 듬직하게 서 있는 목련화 앞을 지나다가 처음 보는 꽃인데도 낯설지 않고 그 모습이 어찌나 신기하고 아름다운지 인솔했던 담임선생님께 여쭤봤더니 바로 목련꽃이라고 알려 주셨다.

첫눈에 내 마음을 사로잡아버린 목련에 대해 좀 자세하게 알아보기 위해 국어사전을 들춰 보았다. '목련: 목란木蘭, 영춘화迎春花, 목필木筆, 두란杜蘭, 생정生庭, 임란林蘭 등 여러 개의 다른 이름을 가진 목련과에 속하는 낙엽喬木으로 키는 7~8m이며 가지를 잘 치고 잎은 거꾸로 된 알 모양으로 넓은데 초봄에 크고 향기 있는 흰색 또는 자색의 꽃이 잎보다 먼저 핀다. 열매는 골돌蓇葖이고 9~10월에 여무는데 우리나라의 제주도와 일본 등지에 야생종이 있으며 각지에서 관상용으로 키우기 때문에 어느 곳에서도 쉽게 완상할 수 있는 꽃'이라고 적혀 있었다.

백목련의 곱고 우아한 모습은 보는 때와 장소에 따라 느낌이 다르다. 화사한 봄볕이 만물을 소행시키는 환한 대낮에 백목련을 보고 있노라면 인자한 모습의 간호사인 듯싶고, 휘영청 밝은 달밤에 눈이 시리도록 하얀 목련화는 젊은 나이에 지아비를 여읜 청상의 소복단장 같아서 섬뜩한 느낌마저 든다.

도심의 주택가에 만개한 목련화는 콘크리트 밀림 속에 홀로 버려진 듯한 애처로운 모습이지만 울도 담도 없는 시골 외딴집의 뜨락에 활짝 피어 있는 목련화는 시름과 걱정을 모르고 유유자적하던 옛 선비들의 풍채를 닮은 듯하다.

목련화는 종교를 초월하여 인류에게 사랑과 희망을 전해주는 꽃이다. 도심지에 위치한 교회의 화단에도 소도시에 있는 성당 뜨락의 성모마리아상 곁에도, 인적이 드문 깊은 산속의 절간 마당에도 목련화는 피어 있다.

지고지순의 사랑과 순결을 상징하는 백목련의 아름다움을 조영식님은 다음과 같은 노랫말로 표현했다.

오, 내 사랑 목련화야
그대 내 사랑 목련화야
희고 순결한 그대 모습
봄에 온 가인과 같고
추운 겨울 헤치고 온
봄길잡이 목련화는
새 시대의 선구자요
배달의 얼이로다
오, 내 사랑 목련화야
그대 내 사랑 목련화야
오 내 사랑 목련화야

그대 내 사랑 목련화야
그대처럼 순결하게
그대처럼 향기롭게
오늘도 내일도 영원히
나 아름답게 살아가리
오, 내 사랑 목련화야
오늘도 내일도 영원히
나 아름답게 살아가리

구구절절 목련화를 예찬한 노랫말에다 가고파의 작곡자로 유명한 김동진님이 곡을 붙여 테너 엄정행 교수가 부른 〈목련화〉란 가곡이 항간에 널리 불리고 있는 것도 따지고 보면 흰색을 좋아하는 한국인들의 국민성과 상통되기 때문이라고 생각된다.

누군가는 4월을 잔인한 달이라 했다지만 순백의 꽃망울로 거칠어진 인간의 심성을 표백시켜 주는 백목련의 아름다운 모습을 단 한 번이라도 보았던들 그렇게 혹독한 표현은 하지 못했을 것이다.

이 세상에서
가장 아름다운 단정학丹頂鶴

오늘을 위해 모든 것
예비하여 왔나니,

저 한 마리 새가 그리는
4월의 하늘이여

금방 날개를 접는
바람 소리 들리더니
어느새 사랑으로 스쳐가는
한순간이여.

정읍 출신 주봉구朱奉求 시인의 〈목련꽃〉이란 시를 떠올리며 얼마 남지 않은 목련화의 만남을 즐겨 보리라.

너 목련화가 있어서 4월은 사랑과 평화가 온 누리에 가득 넘칠 것이다.

≪내장문학≫ 제11집 1993. 9.

촌놈 상경기

서울은 작은아버님을 비롯한 가까운 친척들이 많이 살고 있었기 때문에 어렸을 적부터 아버님 손에 이끌려 집안의 대소사가 있을 때마다 오르내렸고 1990년부터는 직장생활관계로 6년씩이나 몸담아 살았던 터라 전혀 생소하지 않은 곳이다.

정읍으로 내려와 정착한 이후에도 친척들의 애경사나 직장의 교육이나 회의 관계로 1년에 5~6차례는 찾고 있지만 갈 때마다 변화하는 모습에 당황하곤 했는데 이번에 올라가서 겪은 고초는 두고두고 잊지 못할 것 같다.

내가 몸담고 있는 정읍문화원의 이사요 ≪내장문학≫의 동인으로 함께 활동을 해오고 있어 평소에 가깝게 모시는 은희태 시인(한국농촌문학회장)이 금년 4월 초에 이메일 1통을 보내왔다. 내용을 읽어봤더니 한국영농신문사가 주최하고 한국농촌문학회가 주관하는 제5회 한국농촌문학상 공모에 작품을 보내라는 거였다.

사실은 작년에도 비슷한 권유가 있었지만 지금까지 살아오면서 상賞과는 별로 인연이 없다고 치부하며 살아왔기 때문에 그냥 넘기고 말았는데 금년에는 메일까지 보내주신 성의를 생각해서라도 공모를 하기로 하고 요강대로 수필 2편과 사진, 경력사항, 작품메모 등을 정해진 기일 안에 이메일로 접수를 시켰다.

요강에는 4월 중순에 마감하고 4월 말경에 시상식을 갖는다고 되어 있었는데 4월 말이 지나가는데도 아무런 연락이 없기에 떨어졌나 보다 하고 포기를 했었다. 그런데 5월 초순 어느 날 이른 시간에 은희태 시인으로부터 전화가 걸려왔다. 어제 심사를 마치고 돌아왔는데 당신이 수필 부문 본상 수상자로 선정되었음을 먼저 알려준다면서 축하한다는 인사까지 하시기에 상을 받게 된다는 사실을 알았다.

며칠 뒤 한국영농신문사로부터 당선통지서가 도착했다. 살펴봤더니 당선소감과 사진 2매, 약력을 5월 16일까지 보내라고 했고 시상식은 5월 30일 오후 3시에 서울 양재동에 있는 AT센터 3층 중회의실에서 갖는다는 내용이었다.

문학인생 30년을 살면서 지난 1996년 늦깎이로 M문예지의 수필 부문 신인작품상을, 2001년에는 제15회 예총 예술상 문학 부문 공로상, 2003년에는 가락인의 노래 가사공모에 당선되어 상을 받은 것이 내 수상기록의 전부였는데 이번에 영광스럽게도 제5회 한국농촌문학상 수필 부문 본상을 받게 되었으니 그 감격이란 이루 말할 수가 없었다.

당선소감과 약력, 사진을 서둘러 보내고, 기왕에 서울에 가는 길에 목디스크 치료를 받기로 하고 서울W병원에 인터넷으로 진료예약을 하는 등 만반의 준비를 하고 시상식 날만을 기다렸다. 고대하던 5월 30일 아침이 밝아오자 서둘러 나들이 준비를 마치고 다른 날보다 일찍 차를 몰고 집을 나서서 정읍에서 8시 정각에 출발하는 서울행 우등고속버스에 몸을 실었다.

예정대로 서울에 11시경에 도착하면 지하철을 이용하여 병원으로 가서 예약해둔 11시 30분에 진료를 받을 수 있겠거니 생각하고 느긋한 마음으로 차창 밖의 풍광을 감상하였다. 버스는 논산-천안간 고속도로의 정안휴게소에 도착해서 15분간 쉰다기에 버스에서 내려 화장실에 가다가 관악산 등반길에 나섰다는 전주의 소재호 시인을 만나 반갑게 인사를 나누기도 했다.

평일이라서 고속버스는 제시간에 서울의 강남고속버스터미널에 도착했고 작년에도 다녀간 적이 있는 병원으로 가기 위해 지하철역을 찾다가 거기서 또 소재호 시인을 만나는 기막힌 우연을 경험하면서 지하철 3호선을 이용해서 교대역에 와 다시 2호선으로 갈아타고 한참을 갔다. 그런데 내가 내려야 할 청담역은 나오지 않아서 조바심이 나는데 늦어도 12시 10분 전까지는 병원에 도착해야 오전 진료를 받을 수 있다는 독촉전화가 걸려왔다.

내가 통화하는 내용을 들었던지 아줌마 한 분이 나를 보면서 차를 잘못 탔으니까 다음 역인 건대입구에서 내려 7호선으로 갈아타고 가다가 세 번째 역에서 내리면 된다고 알려주었다. 고맙다는 인사를 하고는 건대입구에서 내려 7호선으로 갈아타고 청담역에서 내려 8번 출구로 나오면서 시간을 보니까 12시 10분 전이었다.

뛰다시피 W병원 본관에 가서 신관으로 가는 셔틀버스 시간을 물었더니 버스시간은 멀었으니까 걸어가도 3분이면 갈 수 있다고 했다. 큰 길로 조금 내려가다가 오렌지색 아스팔트 끝 지점에서 좌회전하면 된다고 알려주기에 서둘러 발길을 돌렸다. 가다 보니 너무 멀리 가는 바람에 이리저리 헤매다 보니 시간은 이미 12시가 지나버려서 진료받기를 포기할 생각이었는데 담당의사가 먼 곳에서 오는 나를 기다리고 있으니까 빨리 오라고 재차 독촉전화가 걸려왔다.

전화를 받고는 기운을 차려 W병원 신관에 도착해서 부랴부랴 수속을 마치고 7층 진료실로 올라가 기다리고 있던 의사에게 촌놈이 모처럼 서울에 왔다가 길을 몰라 헤매다가 늦어서 미안하다는 사과를 했다. 전자유도치료실에서 한 방에 18만 원이나 하는 주사를 맞은 뒤 30여 분간 휴식을 취하다가 처방전을 받아가지고 병원을 나와 약을 지으면서 시간을 보니 1시가 넘었기에 가까운 식당에 들러 점심을 먹으며 한숨을 돌렸다.

후텁지근한 날씨에 정장을 한데다 이리저리 헤매는 바람에 온몸이 땀으로 흠뻑 젖어 있어서 샤워라도 했으면 좋겠다는 생각이 들었지만 오후 일정 때문에 그대로 청담역에서 지하철 7호선을 탔다. 고속버스터미널역에서 3호선으로 갈아타고 양재역에 내려 시상식 안내장에 적힌 대로 7번 출구로 나오면 금방 찾아갈 수 있는 가까운 거리인 줄 알고 아무 생각 없이 큰길을 따라 걸어가면서 아무리 둘러보아도 내가 찾는 AT센터는 보이지 않았다.

가게에 들러 물었더니 버스로 두 정거장은 더 가야 된다고 알려주기에 택시를 잡으려고 한참을 기다렸지만 빈 택시가 오지 않았다. 다시 터벅터벅 걷다가 가까스로 택시를 타긴 했는데 타자마자 금방 목적지에 도착했다. 미터기를 봤더니 4,500원이나 나왔기에 깜짝 놀라 살펴보니 바로 그 비싸다는 모범택시였다.

이럴 줄 알았더라면 차라리 양재역에서 바로 택시를 탔어도 2천 원 미만이면 편하게 올 수 있을 것을 고생은 고생대로 하고 결국에는 비싼 요금의 모범택시를 타야 했으니 나도 이제 별 수 없는 촌놈이라는 생각을 떨쳐버릴 수 없었다.

수필집 ≪서리실 이야기≫ 2008. 5.

바보상자 유감

우리는 지금 첨단과학 시대를 살고 있다.

하루가 다르게 변화하는 시대조류時代潮流에 적응하기 위해서는 정신 바짝 차리고 긴장을 해야 할 정도다.

요즈음에 내비게이션(navigation)이라는 문명의 이기가 등장해서 모르는 길도 척척 찾아갈 수 있도록 도와준다 하여 운전자들의 사랑을 한몸에 받고 있다기에 나도 한 대 사볼까 생각 중이었다. 그런데 얼마 전 충주에 갔다가 돌아오는 길에 이 내비게이션을 장착한 차에 편승했다가 길 안내를 잘못하는 바람에 시간은 시간대로 허비하면서 엉뚱한 길을 헤매야 했던 기억이 아직도 지워지지 않는다.

내비게이션의 말뜻을 인터넷을 통해 검색해봤더니 '명사' 지도를 보이거나 지름길을 찾아주어 운전을 도와주는 장치나 프로그램, 국립국어원이 개설, 운영하고 있는 '모두가 함께하는 우리말 다듬기' 사이트에서는 '길 도우미로' 로 순화하였다고 되어 있었다.

이렇듯 지도를 보이거나 지름길을 찾아주어 운전을 도와주는 장치나 프로그램인 내비게이션이 때로는 길 안내를 잘못하거나 엉뚱한 곳을 헤매게 하는 경우가 종종 있어서 물의를 빚기도 한다는 것이다.

지난 4월 5일부터 1박 2일 동안 충북의 충주문화원에서 있었던 전국 문화 · 역사 마을 가꾸기 사업 실무자 연수에 참석한 일이 있었다.

정읍에서 충주에 가자면 자동차를 몰고 직접 가든가 아니면 열차를 이용하는 방법이 있는데 느긋하게 열차를 이용하기로 마음먹었다. 4월 5일 아침 정읍역에서 9시 57분에 출발하는 무궁화호 열차로 조치원역에 가서 충주행 열차를 기다리는 동안에 점심을 먹고 조치원역에서 13시 50분에 출발하는 무궁화호 열차를 타고 목적지인 충주역에는 15시 1분에 도착했다.

충주역에서는 택시를 타고 충주문화원에 가서 연수에 참석했는데 나중에 봤더니 인근 고창문화원의 김주운 사무국장은 직접 차를 몰고 왔다면서 연수를 마치고 돌아갈 때는 자기 차로 함께 가자고 했다.

이튿날은 충주문화원 김영대 사무국장의 안내로 충주지역의 문화유적을 둘러보는 일정에 따라 주최 측에서 준비한 관광버스로 국보 제6호인 중원탑평리 7층 석탑을 시작으로 충주박물관, 세계주류박물관, 중원고구려비(국보 제205호)와 충주지역의 문화. 역사 마을 가꾸기 대상 마을인 충주시 엄정면 목계 마을과 목계나루터 일대를 둘러보고 부근의 음식점에서 민물매운탕으로 점심을 먹은 뒤 충주문화원으로 이동하여 1박 2일간의 교육일정을 마무리했다.

정읍을 출발하면서 열차표를 왕복으로 예매했었는데 고창 김주운 사무국장의 호의를 저버릴 수 없어서 돌아오는 교통요금은 손해를 보기로 하고 김 국장의 승용차에 편승하여 귀로에 올랐다.

충주에서 정읍까지 육로를 이용하자면 충주에서 장호원, 청주를 거쳐 중부와 경부, 호남고속도로를 이용하면 3시간이 채 안 걸리는데 그날은 고창지역 문화 · 역사 마을 가꾸기 사업 담당직원인 최용락 실장이 동행하면서 충주를 출발할 때 내비게이션을 작동시켜 도착지를 고창고등학교로 입력을 시키는 것 같았는데 중부내륙고속도로로 진입하라는 안내 멘트가 흘러나왔다.

안내에 따라 중부내륙고속도로에 진입하여 새로 뚫린 길에 차량통행도 뜸하여 쾌속으로 질주하다 보니 문경새재가 나와서야 잘못된 안내를 받아 엉뚱한 길을 가고 있다는 걸 깨달았지만 고속도로이니 중간에서 회차廻車할 수도 없고 그냥 달리는 수밖에 뾰족한 방법이 없었다.

더욱 가관인 것은 시거든 떫지나 말랬는데 느닷없이 북상주北尙州인터체인지에서 빠져나가라는 멘트가 나왔다. 안내대로 북상주

IC에서 빠져나와 상주 시내를 일주하면서 30여 분을 허비하고 있자니까 이번에는 다시 상주 IC에서 중부내륙고속도로로 진입하라는 게 아닌가? 북상주에서 상주IC까지 그대로 주행을 했더라면 3분도 안 걸리는 거린데 북상주에서 빠져나와 상주 시내를 한 바퀴 돌아 다시 상주로 진입하기까지 1시간 이상을 헤매야 했으니 인간이 만든 기계에게 사람들이 우롱을 당한 것 같아 기분이 떨떠름했다.

상주에서 중부내륙고속도로에 다시 진입하여 한참을 달리다가 김천 분기점에서 경부고속도로에 접어들어 추풍령, 영동을 거쳐 비룡에서 판암, 안영을 경유 호남고속도로 서대전 IC에 진입하여 예정시간보다 1시간 20분이 늦어서야 정읍에 도착할 수 있었다.

나야 뒷좌석에서 편하게 앉아 왔으니까 약간 지루했을 뿐이지만 현대판 바보상자인 내비게이션만 믿고 초행길 운행에 나섰다가 땀을 뻘뻘 흘리면서 고생한 김주운 국장의 노고에 고맙다는 인사도 제대로 건네지 못하고 핀잔만 늘어놓았던 그날의 일들이 쓸쓸한 기억으로 남아 있다.

≪내장문학≫ 제25집 2007. 11.

때늦은 후회

건강의 소중함을 뼈저리게 깨닫게 해준 크나큰 사고였다.

그날(2002년 11월 6일)도 평상시와 다름없이 사무실에 출근을 해서 신문을 읽던 중 어느 지방신문의 '오늘의 운세'가 눈에 띄었다. 무심코 보았더니 자동차 사고를 조심하라는 내용이었지만 대수롭지 않게 생각했다.

정읍사문화제 행사 관계로 소홀했던 본연의 업무를 보다가 이번 행사 기간에 물심양면의 도움을 준 주위 사람들을 불러 점심을 함께 먹는 등 여느 때와 다름없는 일과를 보냈다.

≪전국한시공모전작품집≫은 어제 편집을 끝내서 인쇄소에 넘겼고, ≪정읍문화≫ 제11집은 오늘로 마무리를 했으니까 이제는 교정을 보는 일만 남았구나 하는 가벼운 마음으로 퇴근을 했다.

평상시 같았으면 사무실에서 집까지 25분 정도 소요되는데 아침에 신문에서 본 오늘의 운세가 생각나서 과속을 피하고 안전운행을 하다 보니 30분이 넘게 걸렸지만 무사히 도착을 해서 주차를 해 놓고 밖으로 나와 보니 아내는 밭에서 뽑아온 무를 다듬고 있었다. 저녁 식사를 하기까지에는 시간이 좀 있겠다 싶어서 부랴부랴 옷을 갈아입고 행사 관계로 미뤄둔 집안일을 거들 생각으로 사다리를 챙겨 뒤뜰로 갔다. 빨갛게 익은 감들을 따서 상자에 담아 놓고 사다리를 제자리에 가져다 놓으려다가 된서리를 맞아 새카맣게 시들어버린 호박넝쿨이 눈에 거슬려 걷어버리려고 외양간 지붕으로 올라갔다.

해가 서산으로 뉘엿뉘엿 넘어가는 석양빛이 하도 고와서 넋을 놓고 바라보다가 더 어두워지기 전에 작업을 마치려고 곡예를 하듯 조심조심 용마름 주위를 더듬어 밟으면서 호박넝쿨을 걷어 내렸다. 그리고는 지난여름 태풍으로 날아가 버려서 조금만 비가 내려도 비가 줄줄 새는 축사畜舍의 용마름을 손보자면 재료가 얼마나 들겠는가를 헤아려보려고 몸을 돌리는 순간 발이 미끄러지면서 슬레이트가 깨지는 바람에 서 있던 그 자세로 2.8m 높이의 외양간 바닥으로 곤두박질을 치고 말았다.

아차하는 순간에 손을 써볼 겨를도 없이 쇠똥 더미 위로 굴러 떨어졌지만 정신만은 잃지 않았기 때문에 혹시라도 놀란 소가 엉겁결에 뒷발질을 해대면 예기치 못한 제2의 사고가 발생할까 봐서 어떻게든 밖으로 나오려고 몸을 움직여봤으나 오른쪽 다리의 허벅지에 심한 통증이 와서 도저히 움직일 수가 없었다.

바로 곁에서 무를 다듬던 아내는 천둥 벼락 치는 소리에 놀라서 내가 떨어져 있는 외양간으로 달려왔지만 그때까지만 해도 사태의 심각성을 깨닫지 못한 나는 아내의 부축을 받아서 밖으로 나오려고 시도를 했으나 결과는 마찬가지였다.

사고가 난 지 거의 30분이 지나서야 119에 신고를 하고 구급차가 오기를 기다리는 동안에 들일을 나갔던 마을 사람들이 몰려와서 걱정스런 눈길로 위로를 해주었다. 구급차가 도착해서 몸을 가누지 못하는 나를 옮겨 차에 싣고 출발을 하면서 구급대원들이 어느 병원으로 가겠냐고 묻기에 주저하지 않고 아산정읍병원으로 가자고 했다.

정읍지역 유일의 종합병원이고 또 막내 매부가 무릎골절을 당해 입원하고 있기 때문에 간병을 하는 데도 서로에게 도움을 줄 수 있으리라는 생각에서였다. 구급차에 실려 병원으로 가면서 내가 근무하는 정읍문화원의 부원장이자 아산정읍병원의 원목이신 베데스다교회의 이진섭 목사님께 전화를 걸었다. 자초지종을 말씀드리고 도움을 요청했더니 바로 병원으로 연락을 취하여서 내가 병원에 도착하자마자 X레이와 CT촬영을 할 수 있었다. 진단결과는 3번 요추腰椎가 골절되어 12주의 입원가료를 요한다는 청천벽력과도 같은 내용이었다.

지금까지 살아오면서 통원치료는 몇 번 받아봤지만 입원은 한 번도 해본 적이 없는데 언제까지 계속될지도 모르는 막연한 날들을 어떻게 견뎌낼 수 있을지 눈앞이 캄캄했다. 입원 수속을 마치고 배정받은 병실은 막내 매부의 바로 옆방인 7병동 405호였다. 이동병상移動病床에 실려 입원실로 가면서 가만히 생각해보니 인체의 가장 중요한 부분인 척추를 크게 다쳤다는(정확하게 골절) 진단을 받았으니 이대로 영영 불구자가 되어버리는 건 아닐까 하는 두려움 때문에 한숨이 절로 나왔다.

병실에 도착해보니 7병동은 정형외과 환자들만 입원하는 곳이라 같은 방의 환자들 대부분이 골절상을 당한 연세가 높으신 노인들이어서 나이로나 입원 순서로나 내가 제일 꼴찌였다. 사고를 당한 시간이 오후 6시경이었으니까 입원실에 도착하기까지 4시간 정도밖에 소요되지 않았는데도 마치 몇 년이나 지난 듯 길게만 느껴졌다. 처음에는 오른쪽 허벅지에서만 느껴지던 통증이 온몸으로 번져 안 아픈 곳이 없을 정도였는데 나중에 알아봤더니 떨어지면서 오른쪽 발뒤꿈치 뼈에 금이 갔다고 했다.

뒤늦게 연락을 받고 병원에 나온 주치의(정형외과 유정민 과장)는 X레이와 CT필름을 판독한 결과를 설명하면서 내일 당장에 척추보조기를 맞추어서 착용을 하고 진행 상태를 봐가면서 수술 여부를 결정하겠다고 했다. 정말이지 눈 깜짝할 순간瞬間에 멀쩡하던 사지육신이 크게 손상되는 사고를 당해 병원 신세를 지게 되고 보니 어디에서부터 손을 써야 할지 눈앞이 캄캄하기만 했다.

다른 데도 아니고 척추를 다쳤으니 누군가가 계속 옆에서 수발을 해주어야 할 텐데 집에는 새끼를 밴 암소 두 마리와 20여 마리의 큰 개, 염소, 토끼와 닭, 오리, 고양이까지 거두어야 할 가축들이 많아서 집사람 혼자서는 사료를 주고 돌보는 일만으로도 벅찰 지경이니 나를 보살펴줄 간병인看病人을 구하기도 뭐하고 일꾼을 사서 가축들 사육을 시키기도 쉽지 않은 일이라 병원과 집을 오가며 양쪽 모두를 책임져야 하는 아내의 고생길만 훤하게 열린 셈이다.

그렇지 않아도 처음 대하는 입원실 환경 때문에 바늘방석에 앉은 듯 좌불안석坐不安席인데 시간이 지날수록 통증까지 심해져서 끙끙 앓느라 까만 밤을 하얗게 지새우다 보니 조금만 조심을 했더라면 이런 고통을 겪지 않아도 되었을 것이라는 때늦은 후회가 전신을 엄습한다.

≪내장문학≫ 제21집 2003. 9.

다도 산책

우리가 흔히 쓰는 말 가운데 차茶와 관련된 것들이 많다.

예를 들면 '항다반恒茶飯', '다반茶飯', '다반사茶飯事' 등인데 단어는 다르지만 뜻은 '늘 있는 예사로운 일, 늘 있어 이상할 것이 없는 예사로운 일'로 같다.

인간의 일상생활에서 큰 비중을 차지하는 일이 식食생활이고 그중에서도 밥飯을 먹는 일이 가장 중요한 일일진대 위에 열거한 단어들이 차茶가 밥飯보다 앞에 들어가 있는 걸 보면 옛날에는 차를 마시는 일이 밥을 먹는 일만큼이나 중요했으며 생활과 밀접한 관계가 있었던 것 같다.

우리가 일상생활을 통해 차를 마시는 일이 많은데 엄격히 따져서 차란 차나무의 어린잎을 따서 만든 세계적으로 애용되는 기호

음료를 말한다. 그런데 지금은 커피나 율무차, 옥수수차, 두충차, 감잎차, 유자차, 모과차, 국화차, 인삼차, 쌍화차 등 명칭과 종류를 헤아릴 수 없을 정도의 많은 음료들이 몽땅 차라는 이름으로 통용되고 있다.

차의 주원료인 차나무는 차나무과에 속하는 상록 소교목으로 키가 10m까지 자라기도 하지만 재배하기에 쉽도록 가지를 치기 때문에 보통 1m 정도 자라는데 많은 가지가 나온다. 타원형의 잎은 어긋나는데 가장자리에 둔한 톱니가 있으며 끝과 기부는 모두 뾰족하다. 꽃은 10~11월경 잎겨드랑이 또는 가지 끝에 1~3송이씩 흰색이나 연한분홍색으로 피며 길이가 1~2cm인 꽃받침은 5장이고 꽃이 뒤로 젖혀진 꽃잎은 6~8장이다. 수술은 많고 아래쪽에 붙어 있는데 씨방은 3개의 방으로 되어 있으며 열매는 둥글고 모가 진 삭과蒴果로 익는데 다음 해 꽃이 피기 바로 전에 익기 때문에 꽃과 열매를 같은 시기에 볼 수 있고 열매가 익으면 터져서 갈색의 씨가 빠져나온다.

차나무의 어린잎을 따서 찌거나 열을 가해 효소의 작용을 억제시켜 말린 것이 녹차綠茶, 또는 엽차葉茶이며 기호음료로 애용된다. 차나무의 잎을 적당히 발효시켜 만든 것은 홍차紅茶이며 녹차와 홍차의 중간 방식으로 만든 것이 우롱차다.

차에는 카페인, 타닌, 카테킨(Catechin), 비타민 및 많은 무기염류가 들어 있어 전 세계에 걸쳐 기호품嗜好品으로 널리 애용된다. 특히 카페인이 들어 있어 강심작용强心作用, 근육수축작용筋肉收縮

作用, 피로회복疲勞恢復, 이뇨작용利尿作用, 각성작용覺醒作用을 하기도 한다. 그 밖에도 중금속重金屬이나 알칼로이드 같은 독극물毒劇物 및 단백질蛋白質의 침전작용沈澱作用이 타닌에 의해 나타나기 때문에 해독효과解毒效果도 있으며 차 속에 있는 엽록소葉綠素는 빈혈치료에 단백질은 혈액의 평형을 유지하는 데 큰 도움이 되는 것으로 알려졌다.

또한 차 속에 있는 방향유는 큰 요오드값을 가져 물질대사 및 갑상선의 내분비질환 치료에 효과가 있으므로 해산물이 적은 내륙지방 사람들이 많이 마시는 것으로 알려졌다.

차의 기원지基源地는 미얀마의 이라와디강 원류지대로 추정되며 그 지역으로부터 중국의 남동부, 인도차이나, 아삼지역으로 전파되었다. 차는 중국 남동부에서 기원한 잎이 작은 중국계와 아삼 또는 북미얀마에서 기원한 잎이 크고 넓은 아삼계로 나뉘는데 중국계는 온대, 아삼계는 열대를 대표하며 동남아시아의 주요 생산지에서 열대나 아열대 나라에 보급되어 19세기 중요산업이 되었다.

인도에서는 1818~1834년 중국계 종자가 시험적으로 재배되었고 이후 아삼계 재배가 이루어졌다. 자바에서는 1690년 도입되어 1824년 상업적 재배가 이루어졌고 스리랑카는 70년대에 크게 재배되어 커피를 대신할 정도로 발전하였으며 그루지아공화국에서도 재배에 성공하였다.

동아프리카에는 20세기 초에 전파되었고 1920년대 및 30년대에

케냐, 탄자니아, 우간다 등지에 도입되었으며 신대륙에서는 아르헨티나, 브라질의 산투스 부근, 칠레, 페루의 안데스 산악지대에서 재배가 이루어졌다. 일본은 805년 사이초(最潧)가 중국에서 종자를 가지고 들어와 재배하기 시작했다.

한국에 차가 전래된 시기는 신라 선덕여왕 때인 7세기이지만 직접 재배하게 된 것은 828(興德王 3년) 사신 김대렴金大廉이 당나라에서 소엽종小葉種 종자를 가져와 지리산에 심으면서부터라는 기록이 있지만 이보다 훨씬 이전에 경남 김해지역을 중심으로 차가 재배되었다는 얘기도 전해진다.

가락국駕洛國을 세운 시조 김수로왕金首露王의 왕비인 허황옥許皇玉이 인도의 아유타국에서 가락국으로 건너오면서 차 씨를 가져와 심은 시기는 서기 50년대 초로 알려지고 있다. 김해지역이 우리나라 차문화의 시원지始原地임을 밝히는 문헌은 조선조 말 이능화李能和(1869~1943)가 쓴 ≪조선불교통사朝鮮佛教通史≫로 '김해의 백월산白月山에 죽로차竹露茶가 있는데 세상에 전하기를 수로왕비 허씨가 인도에서 가져온 차 씨라고 한다.'는 대목이 있다.

또한 지금도 김해지역을 비롯한 주변의 지명地名 이를테면 김해시 상동면의 차골次骨, 창원시 동면의 다인리茶仁里, 창원시 구산면 차등茶登 등에서 이 지역이 차의 산지였음을 살펴볼 수 있다. 지리산 화개골에서 생산되고 있는 차를 운상차雲上茶라고 하는데 현재의 차밭은 김수로왕 허씨가 당시 입산수도 하고 있는 일곱 왕자를 만나기 위해 며칠 머물렀다는 대비암大妃庵 터여서 그 사료적 가치를 더해주고 있으니 깊은 연구가 있어야 할 것으로 사료된다.

한국에서 본격적으로 차를 재배하기 시작한 것은 1927년부터이며 녹차용으로 중국의 소엽종을 개량한 일본산 야부키타藪北종을 이식하면서부터라고 한다. 재배지는 대체로 기후가 온화하여 비가 많고 배수가 잘되는 대지나 구릉지가 적합하며 토양은 부식이 잘되는 식토息土나 모래 섞인 땅이 좋고 표토가 깊고 양분이 풍부해야 하기 때문에 우리나라에서는 전남 보성지방이 위의 조건들을 고추 갖춘 차 재배의 최적지인 까닭에 많은 차가 재배되는 중요 생산지로 각광을 받고 있다.

차는 제조법에 따라 크게 불발효차不醱酵茶, 반발효차半醱酵茶, 발효차醱酵茶로 나뉜다. 불발효차는 잎을 증기蒸氣나 화열火熱로 가열하여 효소의 활동을 중지시켜 산화하지 않도록 하여 녹색을 유지시킨 것으로 녹차가 대표적이다. 일본 녹차는 증기를 사용하여 가열한 것이며 한국, 중국의 녹차는 가마솥의 화열로 볶은 것이다.

반발효차는 찻잎을 햇빛에 노출시켰다가 그늘에서 말려 성분의 일부를 산화시킨 것으로 방향芳香이 풍길 때 가마솥에 넣고 볶는 것으로 우롱차烏龍茶가 대표적이다. 발효차는 잎을 시들게 한 뒤 잘 비벼서 잎 성분을 충분히 산화시킨 것으로 홍차가 대표적이다. 차의 음용은 중국을 기원으로 하여 전 세계에 보급되었으며 오늘날 전 세계적으로 2만 6천여 ㎢의 차밭에서 2백만 톤 이상이 생산된다고 한다.

사회생활을 하다 보면 하루에도 몇 번씩이나 차를 마셔야 하는 경우가 있는데 언제부터인가 커피가 차 문화의 주역으로 군림하고 있음은 안타까운 일이 아닐 수 없다. 근래에 와서 올바른 차 문화를 실현하려는 많은 애다인愛茶人들이 다도를 즐기는 모습을 주위에서 쉽게 볼 수 있으니 그나마 다행한 일이다.

다도茶道란 차를 마시는 일과 관련된 다사茶事를 통하여 심신을 닦는 행위를 말한다. 인간이 차를 마신 기원에 대해서는 여러 견해가 있으나 BC 2700년쯤 고대 중국의 염제신농씨炎帝神農氏부터라는 설이 지배적이다. 그를 염제, 곧 불꽃임금이라고 부르게 된 것은 불로 물을 끓여 먹는 방법을 처음으로 가르쳤기 때문이라는데 그는 이와 함께 찻잎에 해독의 효능이 있음을 알고 이를 세상에 널리 알렸던 인류 역사상 첫 차인으로 알려져 있다. 사람들은 그때부터 차를 마셔왔고 지금도 마시고 있는데 이것은 실제로 차가 우리에게 이로움을 주기 때문이다.

다도의 한 분야인 다사茶事, 즉 차 끓이는 일에도 정해진 순서와 방법이 있는데 잎차를 우리는 팽다법烹茶法, 말차에 숙수를 부어 휘젓는 점다법點茶法, 차에 물을 넣어 끓이는 자다법煮茶法이 있다. 우리 선조들은 팽다, 점다, 자다를 모두 뜻하는 포괄적인 의미로 전다煎茶라는 말을 흔히 썼으며 보다 넓은 의미로 차를 끓여서 대접하고 마시는 일에는 행다行茶라는 말을 썼다.

기본 팽다법은 물 끓이기→ 그릇 헹구기→ (숙수 식히기)→ 차 넣기→ 숙수 붓기→ 찻잔의 물 비우기→ 따르기→ 마시기→ 재탕 우려 마시기→ 마무리며, 기본 점다법은 물 끓이기→ 찻잔 데우기

→ 차 넣기→ 숙수 붓기 → 휘젓기→ 마시기이다. 예로부터 '차는 덕이 있는 사람이 마시기에 가장 적당한 것'으로 여길 만큼 소중하게 여겨왔다.

흰 구름과 밝은 달을 벗 삼아 마시는 차인의 멋은 바로 푸른 산을 마주하고 앉아 삼매에 든 선사禪師의 법열法悅로 통하는 것이었다. 그래서 차를 마시는 풍습이 성행하는 곳은 주로 선가禪家였다. 이것은 졸음을 쫓아주는 차의 약리적 효과 때문이기도 하였지만 또한 다도의 정신과 선의 정신이 서로 일치하기 때문이다.

옛 승려들은 '차의 깨끗한 정기를 마실 때 어찌 대도를 이룰 날이 멀다고만 하랴.'고 자부하였다. 추사秋史 김정희金正喜가 다성茶聖 초의선사草衣禪師에게 써 보낸 〈명선茗禪〉이라는 작품에서 차와 선이 한맛으로 통함을 강조하였던 것도 차를 통하여 선을 이루었던 예이다. 다도는 정성스레 불을 피우고 물을 끓이며, 잘 끓인 물과 좋은 차를 합일合一시키는 평범한 일상생활이라고 했다. 옛 어른들에게 평범한 일상생활이었다지만 다도를 행하는 데는 열여덟 차례의 절차와 격식이 있을 만큼 까다롭고 복잡하다고 한다.

차 한 잔을 마시는데도 절차와 격식을 따지던 선현들의 넉넉함과 지혜를 본받아 여유로운 생활을 즐기는 차인들이 많이 늘어나기를 바라는 마음 간절하다.

수필집: ≪서리실 이야기≫ 2008. 9

꿈 너머 꿈을 찾아

말처럼 달리고픈 임오년

전 세계인의 관심과 이목이 집중될 월드컵의 해, 2002년이 밝아 온다.

2002년은 단군기원檀紀 4335년이요, 간지는 임오壬午년이다. 60갑자의 열아홉 번째 해인 임오년에 태어난 사람은 말띠다. 말은 제왕출현帝王出現의 징표로서 신성시했으며 초자연적인 세계와 교통하는 신성한 동물로 여겨왔다.

신라의 시조 혁거세왕은 말이 전해준 알에서 태어났다. 고구려 시조 주몽이 타고, 땅속을 통하여 조천석朝天石으로 나아가 승천했다는 기린말도 신성시한 증표다. 조선 태조는 한양 동대문 밖에 마조단馬祖壇을 설치, 중춘仲春에 길일을 택하여 제사를 지냈는데 마조란 말의 수호신인 방성房星의 별칭으로 방성은 천자를 보위하고 천마를 관장했다고 한다.

혼인풍속에서 신랑은 백마를 타고 가는데 이것은 말과 관련된 태양신화와 천마天馬사상과 맥을 같이 한다. 말은 태양을 나타내고 태양은 남성을 의미한다. 무속巫俗에서 말은 하늘을 상징하며 날개 달린 천마는 하느님上帝이 타고 하늘을 달린다고 전한다.

민간에서는 말을 무신으로 여겼으며 쇠나 나무로 말 모양을 만들어 수호신으로 삼기도 하였다. 고래로 기마병은 전투를 승전으로 이끈다 하여 말은 씩씩한 무사를 나타내며 말띠로 태어난 사람은 웅변력과 활동력이 강하여 매사에 적극적이라 했는데 12지支에서 말은 남성신을 상징한다고 한다.

한국에는 옛날부터 향마鄕馬와 호마胡馬라는 두 종류의 말이 있었던 것으로 기록에 나와 있다. 향마는 '과하마果下馬' 또는 '삼척마三尺馬'라고도 하였는데 석기 시대부터 신라시대에 이르는 동안 중국에까지 널리 알려진 말로서 과수나무 밑을 타고 지나갈 수 있을 정도로 왜소한 나귀와 비슷한 품종인데 BC 3세기경에 북한지방에 문화적 영향을 끼친 스키타이문화와 더불어 들어온 고원형高原型 타르핀 말이 그 조상이었을 것으로 추측된다.

호마는 과하마보다 좀 큰 중형 말로서 그 후 몽골과의 교류는 물론 특히 여진을 통해서 들어온 북방계 말의 호칭이었던 것으로 짐작된다. 현존하는 한국의 재래마는 조랑말로 대표되는데 이 품종이 타르핀 말에서 유래되는 향마가 오랜 세월을 지나는 동안에 여러 혈통, 특히 몽골 말이나 아랍계의 대완마大宛馬의 영향을 받은 품종일 것으로 생각된다.

역사에 올라 있는 임오년의 기록들을 살펴보니 서기 22년(고구려 대무신왕 5)에 고구려 대무신왕이 부여를 공격하여 대소왕帶素王이 전사했고 서기 742년(신라 경덕왕 1)에는 신라의 제35대 경덕왕이 즉위하였으며 서기 802년(신라 애장왕 3)에는 합천의 가야산 해인사가 창건되었다고 한다.

서기 1102년(고려 숙종 7)에는 해동통보 1만 5천 관을 주조했고 1162년에는 예루살렘왕 아말릭 1세가 즉위하였으며 1522년에는 마르틴 루터의 ≪신약성서≫ 제1판이 간행되기도 했다.

1762년(조선 영조 38)에는 장헌세자(莊獻世子 : 思悼世子)가 영조의 노여움을 사 뒤주 안에 갇혀 죽은 임오옥壬午獄사건이 일어났고 1882년(조선 고종 19)에는 신식군대인 별기군別技軍이 창설되자 구식군대인 무위영武衛營과 장어영壯禦營 소속 군인들이 군료미지급과 별기군과의 차별대우에 불만을 품고 명성황후 측근들을 살해하고 일본공사관을 습격한 이른바 임오군란壬午軍亂이 발발하기도 했다.

이렇듯 개혁과 변혁의 바람이 거세게 불어 평탄하지만은 않았던 임오년이기에 세계인의 관심과 이목이 집중될 2002 세계월드컵이 서울에서 개최되는지도 모른다. 야생마처럼 푸른 초원을 마음껏 질주하여 국가적 염원인 월드컵 16강 진출의 꿈이 이루어지기를 바라는 마음 간절하다.

≪내장문학≫ 제20집 2002. 9.

양처럼 순박하고 평온할 계미년

2003년(정확하게는 2003년 2월 1일부터 2004년 1월 20일까지임)은 육십갑자의 스무 번째인 계미년癸未年으로 순박하고 평온함을 상징하는 양羊의 해이다.

양은 유럽사회의 정신세계에서는 특정한 의미를 가지고 있으며 ≪성서 속≫에서는 그리스도를 '선한 목자'로 묘사하고 있는데 이것은 양이 떼를 지어 끊임없이 목자에 이끌려 가는 것에 기인한다. 양은 속죄동물贖罪動物로의 이미지도 강하여 의례나 제례의 희생으로 바쳐지고, 특히 죄악이나 재앙을 씻어내는 역할을 한다고 믿고 있으며 또한 그리스도도 양에 비유되고 순교자를 양으로 상징하기도 한다.

양은 소목, 소과 양속에 속하는 동물의 총칭으로 염소류와 비슷하지만 양의 뿔은 단면이 삼각형이고 앞 가장자리가 곧으며 대개는 후하방後下方을 향해 나선螺線 모양으로 굽는다. 뿔은 수컷에만 있는 것, 암수 모두에게 있는 것, 암수 모두에게 없는 것 등 여러 가지이나 보통 수컷에 발달해 있다. 염소의 수컷은 꼬리의 기부 아래에 1쌍의 샘[腺]이 있으나 양에는 이것이 없고 대신 안하샘, 서혜샘, 제간샘蹄間腺이 있으며 여기에서 나오는 분비물의 냄새가 떼를 지어 행동하는 데 도움이 된다고 한다.

주둥이는 좁고 털이 있으며 입술은 가동성可動性인데 염소와 달리 턱수염은 없다. 양은 반추아목反芻亞目에 속하므로 위가 4실로 나뉘어 있고 먹이를 되새김질反芻하는데 장관腸管이 길어 몸길이의 20배나 된다.

양은 염소와 더불어 가장 오래된 가축으로 신석기 시대 초두(BC9000년경)의 이라크 유적에서는 이미 가축화된 유해가 발견되었다. 이 시기는 최초의 농경이 서남아시아에서 발생하기 직전으로 종래의 수렵생활에 종자식물의 이용도 겸한 정착에 가까운 생활을 시작하였다.

이와 같이 양의 가축화는 농경의 발생 과정과 거의 시기를 같이하고 있고, 그 후 고대 오리엔트문명 성립의 경제적 배경을 이루는 한 요인이 되었다. 처음에 양은 수렵동물을 대신하는 식량원食糧源의 하나로 주로 고기가 이용되었으나 차츰 젖의 이용도 중요시하게 되었다.

고대 메소포타미아와 이집트에서는 BC 3000년경에 이미 유제품이 만들어졌다. 그러나 양모羊毛의 본격적인 이용은 훨씬 뒤에 이루어졌다. 오늘날 양의 사육과 이용은 대체로 3가지 유형으로 나뉘어진다. 즉 오스트레일리아와 아르헨티나에서 볼 수 있는 근대적 목축, 지중해 연안을 중심으로 하는 농촌형 목축, 중앙아시아 초원지대 또는 아라비아, 사하라사막 주변에서 볼 수 있는 유목遊牧이다.

양은 털, 가죽, 고기, 뼈에서부터 젖, 배설물에 이르기까지 한 가지도 버리지 않고 철저하게 이용되고 있어서 인간생활과는 밀접한 관계를 유지해오고 있는 유익한 가축으로 많은 사람들로부터 사랑을 받고 있다.

역사상 나타난 계미년의 기록들을 보면 우선 1403년(조선 태종 3)에 조선시대 최초의 금속활자인 계미자癸未字가 만들어졌음을 알 수 있다. 왕명으로 주자소鑄字所를 설치하여 이직李稷, 민무질閔武質, 박석명朴錫命, 이응李膺 등을 제조提調로 임명하고 임금이 내린 구리와 대소신료, 유지들이 바친 구리로 활자를 만들었는데 이때 만들어진 활자체의 크기는 1.4㎝로 약 10만 자나 된다.

이러한 인쇄기술의 발달로 1410년(태종 10) 2월부터는 주자소에서 책을 찍어 팔게 하여 문헌을 널리 보급시켰다. 이 계미자는 고려시대에 제작되어 오래 망각되어 오던 금속활자를 거의 독창적으로 복고한 것으로 이는 독일의 구텐베르크가 유럽 최초로 발명한 금속활자보다 40여 년 앞선 것이다. 자본字本은 송판본宋板本, 고주본古註本, 시경詩經, 서경書經, 좌씨전左氏傳 등을 이용하였으며 인쇄본으로는 ≪십칠사찬고금통요十七史纂古今通要≫ 1책과 ≪동래선생교정북사상절東萊先生校正北史詳節≫ 3책 등이 현존한다고 한다.

1583년(선조 16)에는 조선시대 당쟁 기록의 하나인 ≪계미기사癸未記事≫가 편찬되었는데 1583년 정월부터 12월 말까지 1년 동안의 시정에 관한 기록으로 동서분당東西分黨의 시종과 분당을 막으려던 율곡 이이의 노력을 중심으로 동서당론에 관계되는 것을 엮었다. 동서당론이 심화된 과정에서 서인집권의 정당성이 설명되어 있는 책으로 ≪대동야승大東野乘≫ 권25에도 수록되어 있다.

또한 같은 해에는 동인과 서인이 당쟁을 벌일 때 율곡 이이가 동인으로부터 탄핵받는 경위를 기록한 ≪계미진신풍우록癸未搢紳風雨錄≫이 편찬되기도 했는데 당쟁이 심화되자 율곡은 육조소六條疏와 육진폐소六陳弊疏를 올려 선조의 신임을 받았으나 여진족의 침공에 병조사목兵曹事目을 계품 없이 실시해 탄핵을 받고 관직에서 물러났는데 이 책은 2권 2책의 필사본으로 규장각에 보관되어 있다.

1643년(인조 21)에는 2월부터 11월까지 10개월간 일본에 다녀온 사신들의 사행일기인 ≪계미동사일기癸未東槎日記≫가 간행되기도 했다. 이때에 사행한 사신은 정사 윤순지尹順之, 부사 조경趙絅 등으로 도쿠가와 이에야스德川家康의 아들 이에쓰나家綱의 생일 축하를 위해 파견되었으며 임진왜란 때 잡혀간 포로들의 쇄환刷還 임무도 겸하였다. 저자는 이들 사신들의 수행원 중 한 사람으로 보이는데 내용은 비교적 간략하여 어느 날 어디에 머물렀다는 정도의 기록에 그치고 있다고 한다.

이렇듯 역사상에 기록된 계미년은 계미자라는 활자가 만들어졌고 ≪계미기사≫를 비롯한 여러 책들이 간행되는 등 문화사적인 일들이 주로 이루어졌음을 알 수 있다.

올해는 제발 지구촌 가족들의 모든 소망이 뜻대로 이루어지고 양처럼 순박하고 평온한 한 해이길 바라는 마음 간절하다.

≪내장문학≫ 제21집 2003. 9.

항상 시끄럽고 변화무쌍했던 갑신년

서기 2004년은 단기檀君紀元 4337년이며 역학상으로는 60갑자의 스물한 번째인 갑신년甲申年이다. 역학적으로 갑신년은 금金 기운이 들어오는 해인데 금은 '쇠'를 뜻하므로 항상 시끄러웠고 변화의 소용돌이가 한바탕 휩쓸고 지나간 흔적들이 역사의 기록에 남아 있다.

갑신년에 태어난 사람은 원숭이(잔나비) 띠에 해당하는데 원숭이는 포유류哺乳類 영장목 중에서 사람을 제외한 부분(non-human primates)에 대한 일반적인 호칭으로 좁은 뜻으로는 유인원, 원원류原猿類 꼬리 감는 원숭이, 긴꼬리원숭이의 2상과에 속하는 종을 총칭하는 경우도 있는데, 일반명이므로 엄밀한 한정은 없다.

정확히는 영어명 멍키(monkey)는 꼬리가 긴 원숭이를 가리키고 꼬리가 없거나 매우 짧은 원숭이(tailless monkey)를 에이프(ape)라고 부른다. 원원류와 진원류眞猿類의 두 아목으로 크게 나뉘며 원원류는 튜파이, 안경원숭이, 로리스, 여우원숭이의 4하목 6과로 이루어지고 진원류는 꼬리 감는 원숭이, 긴꼬리원숭이, 유인원의 3상과 중에서 사람과를 제외한 4과로 이루어지는데 이것들은 다시 54속, 약 170종으로 나뉜다.

인간과의 유사성類似性 때문에 원숭이는 모든 동물 중에서도 특수한 위치를 차지해왔으며 많은 민족이 원숭이에 관해서는 일종의 역진화론逆進化論을 이야기하고 원숭이를 퇴화한 인간으로 생각하였다. 예를 들면 멕시코 아스텍족의 창세신화創世神話에서는 태초에 심한 태풍이 일어나 모든 사람들을 날려버렸는데 살아남은 사람들이 모두 원숭이가 되었다고 하며 이것을 인간이 변신한 것으로 생각하였다.

마야계 인디오인 키체족의 신화집 '포폴 부흐(Popol Vuh)'속에서도 원숭이는 창조주가 최초에 나무로 만든 인간의 후예라고 기술되어 있다. 또한 치아파스고원에서는 원숭이를 악과 혼돈의 상징으로 취급하고 여자들이 남자의 유혹에 지면 그것은 원숭이의 탓이라고 하였다.

이 부정적인 성격은 그곳의 카니발에서 나타나는데, 온갖 장난을 하는 광대원숭이에게 이어졌다. 보르네오섬의 다야크족에서도 창조주가 인간을 만들려고 했을 때 그 실패작이 오랑우탄이나 원숭이의 조상이라고 하였다. 그러나 원숭이가 언제나 부정적인 성격을 지닌 것은 아니었다. 바빌로니아나 이집트에서는 원숭이(개코원숭이)가 달의 신과 동일시되었으며, 특히 이집트에서는 태양신을 맞는 시종으로서의 원숭이상이 남아 있다.

이 원숭이는 태양신의 벗인 동시에 지혜의 신이나 서기, 학자의 수호신이라고 하였다. 동아프리카의 왕권신화에서는 왕으로 될 인물이 종종 원숭이(콜로부스원숭이속)와 결부되었으며 메루족에서는 흑·백 두 색깔의 콜로부스원숭이가 신성시되고 있다. 인도에서도 신성한 동물로 취급되어 가로족에서는 공동체의 희생물로 원숭이를 쓴다. 또 인도네시아의 바타크족에서는 사람과 원숭이 조상이 같다고 생각하고 원숭이를 먹는 것을 금지하고 있다. 그 밖의 마다가스카르섬에서도 원숭이를 죽이거나 잡는 일을 금기시하는 것은 물론 죽은 원숭이를 매장한다고 한다.

갑신년에 있었던 역사의 기록들을 살펴보면 고조선 21년인 BC 37년에 동부여의 주몽왕자가 대소의 모해를 피해 졸본성으로 옮겨 고구려를 건국하였고 신라를 세운 박혁거세는 왕궁인 금성을 쌓았다고 하며 외국에서는 해롯 1세가 유대를 통치하기 시작했다고 한다.

AD 24년에는 신라 남해왕이 승하하고 아들인 유리왕이 즉위하였으며 AD 384년에는 백제 근구수왕이 승하하고 침류왕이 즉위, 마라난타가 백제에 불교를 전파하였고 고구려 소수림왕이 승하하고 고국원왕이 즉위하였다. 924년에는 신라 경명왕이 승하하고 경애왕이 즉위하였으며 1464년에는 김수온金守溫 등이 ≪금강경언해金剛經諺解≫를 펴냈고 팔방통보八方通寶가 주조되었다.

1524년에는 마르틴 루터에 의해 최초의 ≪찬송가집≫이 출간되었고 1584년에는 율곡栗谷 이이李珥가 별세했으며 일본에서는 도쿠가와 이에야스德川家康가 도요토미 히데요시豊臣秀吉의 군사를 격파했다는 기록이 있다. 1824년에는 삼남지방에 수재가 막심했고 창덕궁의 경복전이 실화로 소실되었다.

1884년에는 우정국郵政局이 개설되었고 영국, 러시아, 이태리와 친선수호조약을 체결하였으며 김옥균金玉均, 박영효朴泳孝 등의 개화당이 우정국 낙성식을 기회로 정변을 일으켜 민씨 일파를 살해하고 신정부를 조직했는데 청·일 양국군이 충돌하여 일본군이 퇴거하고 김옥균 등은 일본으로 망명한 이른바 갑신정변이 발발하기도 했다.

1944년에는 학병제가 실시되었고 정간되었던 ≪독립신문≫이 임시정부의 기관지로 속간되었으며 드골이 프랑스 임시정부의 수상에 취임했는가 하면 미국에서는 루스벨트 대통령이 4선에 성공하고 독일에서는 신무기 V-1호가 출현하였다.

이렇듯 갑신년은 평범함보다는 변화와 개혁의 물결이 휘몰아쳤던 어수선하고 시끄러운 해였지만 음양오행상으로 볼 때 한반도는 커다란 나무에 속하므로 갑신년의 쇠[金] 기운과는 상극관계를 형성하여 나무[木] 기운을 누르기 때문에 큰 변화는 없을 것이라는 관측도 있다.

원숭이는 인간과 가장 닮은꼴이고 지능지수도 높아서 사고의 능력을 간직한 동물이다. 2004년 갑신년에는 세상이 어수선하고 좀 어렵더라도 원숭이의 지혜를 본받아 밝은 내일을 기다리는 희망의 나날들이 계속되기를 바라는 마음 간절하다.

≪내장문학≫ 제22집 2004. 9.

조국광복의 감격 안겨준 을유년

조국광복 60주년인 2005년은 을유년이며 육십갑자의 스물두 번째 해이고 단기檀君紀元는 4338년이다.

을유년에 태어난 사람은 닭띠로 호기심이 많으면서도 주의력이 부족하여 호기심으로 인한 손상을 주의해야 한다. 신병이 잦아 아프거나 다치는 경우가 있어도 결코 나약하지 않으며 매사에 호기심을 발휘하여 계속 도전하고 이를 말리면 성격이 폭발하여 과격해지기 쉬우므로 불 같은 성미를 잘 다스려서 인내심을 길러야 한다.

철이 들면서 생각이 깊고 독단적이라서 멋모르고 시비를 걸어오는 동료를 급습하여 다치게 하거나 자신이 크게 다쳐 몸에 흉이 질지도 모르며 날선 연장을 두렵게 다루지 않아서 위험하기도 하다. 손재주가 비상하여 물건을 매만지는 데는 버금갈 자가 없을 정도로 뛰어나서 그 계통으로 방향을 잡으면 더욱 더 신중할 수 있고 능력발휘를 하여 인정을 받게 된다.

성장하면서 가정환경이나 자신의 위치에 대해 돌아보고 불안한 생각을 가지므로 더욱 고독해지나 표면으로 나타나지 않아 남들이 보기에는 걱정조차 없어 보일 만큼 태연하게 하던 일, 특히 자신만 좋아하는 일에 열중하느라 학업은 부진하기도 하지만 모자라는 실력이라도 채우기 위해 밤잠을 설치는 일은 결코 없으며 오히려 토목이나 공업 계통의 소질을 키워가는 데 진력하는 것이 성공의 길이라고 한다.

닭은 닭목 꿩과에 속하는 새 중에서 가금화家禽化한 것의 총칭으로 영국의 가금표준에 의하면 품종 수는 112종이며 내종內種을 포함하면 그 몇 배가 된다는데 용도에 따라 실용닭과 관상닭으로 나뉘며 실용닭은 다시 난용종, 육용종, 난육겸용종으로 나뉜다.

한국에서의 닭은 반가움을 뜻하는 길조吉鳥로 귀한 대접을 받고 있는데 이미 오래전인 신라시대의 시조설화와 관련되어 등장한다. ≪삼국사기≫와 ≪삼국유사≫의 김알지 탄생담에 의하면 신라왕이 어느 날 밤에 금성 서쪽 시림始林 숲 속에서 닭의 울음소리가 나는 것을 듣고 호공을 보내서 알아보니 금빛의 궤가 나뭇가지에 걸려 있고 흰 닭이 그 아래서 울고 있어서 그 궤를 가져와 열어보니 사내아이가 들어 있었는데 이 아이가 커서 경주김씨의 시조가 되었다고 한다.

이러한 설화에서 닭은 이미 사람과 친밀한 관계에 있음을 알 수 있다. 한편 중국 명나라 이시진李時珍의 ≪본초강목本草綱目≫에서는 '닭은 종류가 매우 많아서 산지에 따라 크기와 형태, 색깔에 차이가 있는데 조선의 장미계長尾鷄는 꼬리가 3~4척에 이르며 여러 닭 중에서 가장 맛이 좋고 기름지다.'고 하였다.

이러한 닭의 모습을 정확하게는 알 수 없으나 고구려의 무용총舞踊塚 천장 벽화의 〈주작도朱雀圖〉로부터 긴 꼬리를 가진 닭을 연상할 수 있다. 〈동의보감〉에서는 붉은 수탉, 흰 수탉, 오골계로 나누어 각각의 효험을 서술하고 있다. ≪동국세시기東國歲時記≫에는 '정월 원일 벽 위에 닭과 호랑이 그림을 붙여 액이 물러나기를 빈다.'는 기록이 있다. 여기서 닭은 액을 막는 수호초복守護招福의 동물로 나타나며 정월 들어 첫 유일酉日을 '닭의 날'이라고 하여 이날은 부녀자의 바느질을 금하기도 했다.

또한 닭은 새벽을 알리는 동물로서 울음소리가 귀신을 쫓는 벽사辟邪의 기능을 가진다고 하여 닭이 제때에 울지 않으면 불길한 징조로 여겼다. 닭에 관해서는 '암탉이 울면 집안이 망한다.', '소경 제 닭 잡아먹기', '닭의 머리가 될지언정 쇠꼬리는 되지 마라.', '산 닭 길들이기는 사람보다 어렵다.', '촌닭 관청에 간 것 같다.' 등의 속담이 전하는데 닭의 보편적 속성과 관련된 것뿐만 아니라 암탉, 수탉, 산닭, 촌닭 등으로 세분되어 다양하게 나타나고 있으며 닭에 관한 민요로는 경상도 의령, 김해 등지에 〈닭노래〉 또는 〈닭타령〉이 있다는 기록을 어느 책에서 읽은 기억이 있다.

을유년의 주요 연표를 살펴보면 서기205년 요동의 공손강이 낙랑군과 대방군을 두었고 265년에는 위나라가 망하고 진나라가 일어났으며 385년에는 고구려에 의해 요동군과 현도군이 함락되었는데 모용농慕容農이 고구려를 침입하여 요동과 현도 2군을 다시 회복하였고 백제에서는 침류왕이 승하하고 진사왕이 즉위했다.

505년에는 신라가 주州, 군郡, 현縣을 정하고 이사부를 실직주悉直州의 군주로 삼았으며 처음으로 얼음을 저장하여 사용하기 시작했다. 565년에는 신라가 대야주를 설치하였고 진나라에서는 신라에 석씨경론釋氏經論을 전하였으며 동로마제국의 유스티니아누스 2세가 즉위했고 성 쿠룬바는 스코틀란드에 포교를 했다고 한다.

865년에는 강원도 철원 도피사到彼寺의 비로자나불毘盧遮那佛철상을 주조했고 925년에는 중국의 촉나라가 멸망하였으며 발해의 갑덕을 비롯한 5백 인이 고려에 투항하기도 하였다. 1045년에는 고려의 비서성에서 ≪예기정의禮記正義≫와 ≪모시정의毛詩正義≫를 간행했고 비수匕首를 지니고 다니지 못하게 하였으며 비잔틴제국이 아르메니아를 정복하기도 했다.

1225년에는 고려를 방문했던 몽고의 사신 조고여著古與가 귀국길에 압록강 밖에서 피살되었는데 몽고는 고려를 의심하여 절교를 하였고 1285년에는 사패전賜牌田으로서 본 주인이 있는 토지는 모두 돌려주게 하였으며 프랑스의 필립 4세와 예루살렘의 헨리 2세가 각각 왕위에 올랐다.

1405년에는 중 자초自招, 무학대사無學大師가 입적했고 한양의 창덕궁이 완공되었으며 권근權近이 ≪예기천견록禮記淺見錄≫을 간행하였다. 1465년에는 원각사의 큰 종이 완성되었고 권람權擥이 사망했으며 김종직金宗直은 ≪경상도지도지慶尙道地圖誌≫를 편찬하였다. 1765년 전국의 인구는 6,974,642명이었고 1825년에는 미국의 제6대 아담스 대통령이 취임하였으며 볼리비아공화국이 성립되고 러시아 황제 니콜라이 1세가 즉위하였다.

1885년에는 광혜원廣惠院이라는 병원을 세워 미국인 의사 알렌을 초빙하여 주관하게 했고 배재학당培材學堂이 설립되기도 했다. 1945년 상해 임시정부는 일본 및 독일에 대하여 선전포고를 하였고 미군은 일본의 히로시마廣島와 나가사키長崎에 원자폭탄을 투하하자 연합군에 무조건 항복을 해서 태평양전쟁은 종식되었으며 한국은 36년간의 일제침략에서 해방이 되었다.

'흙 다시 만져보자 바닷물도 춤을 춘다/ 기어이 보시려든 어른님 벗님 어찌하리/ 이날이 40년 뜨거운 피 엉킨 자취니/ 길이길이 빛내세 길이길이 빛내세' 3천 리 강산은 온통 태극기의 물결로 뒤덮였고 너나 할 것 없이 얼싸안고 감격의 눈물을 흘리며 조국광복의 기쁨을 나누는 사이에 대한민국 임시정부가 환국을 하고 이승만을 비롯한 애국지사들이 속속 귀국했으며 국제연합(UN)이 성립되고 주한 미군정 장관에 아놀드 소장이 취임하였다.

이처럼 압박과 설움에서 벗어나 해방의 감격을 마음껏 누렸던 그해에 태어난 해방둥이들이 환갑을 맞는 2005, 을유년에는 모든 이들의 소망이 뜻대로 이루어지고 지구촌 가족 모두가 상생과 화합의 큰 틀 속에서 건강하게 지내기를 바라는 마음 간절하다.

≪내장문학≫ 제23집 2005. 8.

병술년의 소망

밝아오는 새해, 2006년은 육십갑자의 스물세 번째인 병술년丙戌年이고 단기檀君紀元는 4339년이다.

병술년에 태어난 사람은 개띠로서 사교술이 좋아 친구가 많고 교묘한 재간이 있어 의식이 풍족하다고 한다. 집 안에서 사랑을 독점하지 못하므로 부모에 대한 애정이 돈독하지 못해 스스로의 자위를 얻어내는 빼어난 재간이 생겨 영리한 언행을 쓸 줄 알며 새침하면서도 빨리 동화되고 그러면서도 고집스러워 간혹 경박함도 지니게 된다.

학업에는 특출하지 않지만 상류급에 끼어 놀며 친구를 사귀는데 어렵지 않지만 문득 혼자 있기를 좋아하는 성미로 속으로는 늘 쾌활하지만 실상은 수줍음을 잘 타는 속성을 지녔다고 한다.

인간에 의해 길들여진 가축으로 인간들과 가장 가까운 곳에 살고 있으며 주인의 명령에 절대 복종하고 주인을 위해서는 목숨까지도 바치는 충직한 동물인 개(Dog)는 식육목의 개과 개속의 일종으로 가장 오래된 가축이며 거의 전 세계에서 사육된다고 한다.

가장 오래된 개의 화석은 미국의 아이다호 주에서 발굴되었는데 BC 9000년 무렵의 것으로 추정되고 있으며 동반구에서는 영국의 요크셔에서 인류의 유적과 함께 나온 중석기 시대의 화석이 가장 오래된 것이라고 한다.

또 덴마크와 터어키에서도 발견되었는데 이것은 BC 7000년 무렵의 것이며 최초로 가축화된 장소에 대해 확실한 증거는 없으나 인류의 이동으로 보아 12,000 ~ 14,000년쯤 전의 유럽.아시아 대륙으로 추정된다고 한다.

개는 모두 개속屬:Canis의 단일종에 속하는데 개의 속에는 개와 이리, 코요테, 재칼 등이 포함되며 개의 조상으로 생각할 수 있는 가장 유력한 동물은 이리라고 한다.

개는 가축화된 이후 인간에 의해서 그 겉모습과 성질에 관한 선택이 이루어졌는데 이를테면 이리와 개를 구별하는 특징의 하나로 개의 이齒牙가 작고 힘이 약한 것을 들 수 있겠고 초기의 인위 선택에서 체격이 작고 이가 빈약한 것이 길들이기가 쉽고 다루기 용이하기 때문에 선택되었다고 짐작할 수 있다.

개의 습성은 야생의 조상인 이리의 습성을 통하여 살펴볼 수 있는데 이리는 고도의 사회성을 가진 동물로 보통 이리 떼는 생활의 중심이 되는 본거지나 굴을 가지고 있고 그 주변의 영역을 방어하며, 다른 이리 떼나 침입자를 쫓아낸다.

이리 떼는 넓은 세력권을 가지는데 때로는 지름 64km에 이르는 경우도 있으며 이리가 잘 다니는 길에는 이리의 오줌과 똥으로 냄새를 발산하는 냄새점이 군데군데 있다는데 다른 곳에서 온 이리도 이러한 방법으로 자기의 길을 표시한다고 한다.

이와 같은 습성은 개를 길가나 들판에 내놓았을 때에 볼 수 있는데 개가 주인 집의 주위를 지키려 하거나 냄새점을 만들며 보다 넓은 범위를 돌아다니는 것도 이리의 습성과 같기 때문이란다.

병술년의 주요 연표를 살펴보면 서기 26년에는 고구려가 개마국蓋馬國을 쳐서 멸망시켰고 386년에는 중국의 대代나라가 국호를 위魏로 고쳤으며 506년에는 고구려군이 백제를 정벌하려다가 눈[雪]을 만나 회군하기도 했다.

566년에는 신라가 지원사祇園寺와 실제사實際寺, 황룡사黃龍寺 등을 지었고 686년 3월에는 원효대사가 입적했으며 일본의 헤이제이平城 천황이 즉위했다. 926년에는 거란契丹의 왕 아보기가 죽고 아들 덕광이 즉위했으며 1226년에는 프랑스왕 루이 9세가 즉위했는가 하면 1286년에는 덴마크왕 에리크 6세가 즉위하였다.

1346년 10월에는 이제현李齊賢 등에게 ≪편년강목編年綱目≫을 중수하게 하고 충열, 충선, 충숙왕 등 3조의 실록을 편찬하도록 하였으며 중 보우가 원나라로 유학을 떠났다. 1406(조선 태종 6)년에는 덕수궁이 완공되었고 로마 교황 그레고리우스 12세가 즉위했으며 사라센의 최대의 역사가 이븐 할룬이 사망했다. 1466(세조 12)년 1월에는 신숙주申叔舟가 4월에는 구치관具致寬이 영의정에 올랐으며 ≪동국통감東國通鑑≫의 수찬이 완료되었고 7월에는 원각사의 백옥불상이 완성되었다.

1526년 2월에는 경기, 강원, 함경도에 열병이 만연했고 ≪역대군신도상 歷代君臣圖像≫이 간행되었으며 1586년에는 일본의 도요토미 히데요시豊臣秀吉가 태정대신太政大臣에 올랐다. 1646년 3월에는 소현세자빈 강씨가 사사賜死되었고 6월에는 청나라에서 석방되어 귀국한 임경업林慶業이 사형에 처해졌으며 영국의 차알스 1세가 스코틀랜드에 투항했다.

1766년 부산 동래전투에서 순절한 충열공 송상현宋象賢에게 부조묘不祧廟를 내렸고 영국의 피트 수상이 즉위했으며 1826년 5월에는 청주성문 괘서사건掛書事件의 죄인 김치규金致奎와 이창곤李昌坤이 처형되었다. 1886년에는 청나라가 서울-부산 간의 전신電信을 가설했고 프랑스와의 한불수호조규韓佛守護條規를 조인했으며 이화학당을 설립했다.

조국광복 이듬해인 1946년에는 서울에 미 · 소공동위원회美·蘇共同委員會를 설치했고 대한민국을 대표하는 민주의원民主議院이 결성되었으며 대한노총大韓勞總을 결성했다. 소련이 서울의 영사관을 철수했고 제일 경무통감부警務統監府의 수도경찰청首都警察廳이 업무를 개시했으며 과도 입헌의원過渡 立憲議院이 개원되기도 했다.

이처럼 병술년에는 갖가지 새로운 일들이 시작되었거나 새로운 도약을 준비하는 각종 일들이 일어났음을 알 수 있는데 밝아오는 병술년도 지구촌 가족 모두에게 기쁨과 보람을 안겨주는 희망찬 한 해이길 기대하여 마지않는다.

≪내장문학≫ 제24집 2006. 7.

넉넉한 마음으로 미래를 준비하는 정해년

밝아오는 정해년은 육십갑자의 스물네 번째 해로 정직함과 넉넉함을 상징하는 돼지亥해이다. 일반적으로 정해년은 음력 설날인 2007년 2월 18일부터지만 명리학에서는 매년 입춘날을 새해 첫날로 치기 때문에 2007년 2월 4일 오후 2시 17분부터 2008년 2월 4일 오후 8시까지를 정해년으로 볼 수 있다.

보통 돼지해는 12간지에 따라 12년 만에 한 번씩 돌아오지만 붉은 돼지해를 뜻하는 정해년은 60년 만에 돌아오게 되는데 정해년을 붉은 돼지해라고 부르는 이유는 오행에서 정丁은 불火을 뜻하기 때문인데 붉은 돼지는 가장 맏형이므로 다른 돼지해에 비해 복이 많다는 속설이 있다.

황금 돼지해는 붉은 돼지해 중에서도 으뜸으로 꼽히는데 황금

돼지해는 12간지에 음양오행陰陽五行을 더해 따지기 때문에 6백년 만에 한 번꼴로 나타난다는 역술가들의 주장이다. 황금 돼지는 옥상토屋上土를 의미하는데 이는 생각 밖의 다른 일이 생기는 것을 뜻하며 이 해에 태어나는 아이는 광명의 길운을 타고 태어나기 때문에 매우 편안한 인생을 살 수 있다는 속설이 있어 출산 붐이 일 것으로 예상된다.

돼지는 소목, 멧돼지과, 돼지속의 동물로 고기를 이용할 목적으로 사육하는데 영어로는 pig.dog.swine 등으로 쓰이며 수퇘지는 boar, 암퇘지는 sow로 표현하며, 한자어로는 저猪, 시豕, 돈豚, 해亥 등으로 적고 우리나라에서는 '돝', '도야지'라고도 불렀다. 돼지가 가축화된 시기를 살펴보면 동남아시아에서는 약 4천8백 년 전, 유럽에서는 약 3천5백 년 전이며 한국에 개량종 돼지가 들어온 건 1903년이다.

예로부터 돼지는 제천祭天의 희생물로 쓰였으며 매우 신성시되었다. 고구려시대에는 음력 3월 3일에 사냥할 때 돼지와 사슴을 잡아 제사를 지냈고 조선시대에는 동지가 지난 제3미일未日을 납일臘日로 정해 큰 제를 지냈는데 이때 토끼와 멧돼지를 제물로 사용했으며 지금도 돼지는 굿이나 동제洞祭의 제물로 쓰이고 있다.

현재 전 세계에서 사육되고 있는 돼지의 품종은 약 1,000종에 달하고 있는데 이용도에 따라서 지방형라드형, 가공용형베이컨형, 생육형미트형 등으로 나눌 수 있다. 돼지의 대표적인 품종으로는 영국 버크셔주가 원산지인 버크셔종은 검은색 털에 얼굴과

꼬리, 네 다리의 끝은 흰색, 영국 요크셔주가 원산지인 요크셔종 흰색, 미국 뉴저지주와 뉴욕주가 원산지인 두록저지종갈색, 미국이 원산지인 햄프셔종 검은색 털에 앞다리를 포함한 어깨와 가슴 둘레에 흰 띠를 두름, 덴마크가 원산지인 랜드레이스종 흰색 등이 있다.

돼지해에 태어나는 돼지띠는 하나가 생기면 둘을 주는 마음이라 어려서부터 성직자답게 행동하나 타고남이 넉넉하지 못하거나 그런 환경을 도래함에 곤고하고 어려우므로 더욱 남을 동정하는 마음과 이해하는 마음이 생겨 어른스런 행위를 하게 된다. 그로 인해 칭송을 받는다. 무리를 이끄는 재주가 있고 영리하나 어울리는 데 독보적인 고집도 있어 예상 밖의 행동을 취하는 빼어난 고집을 부리기도 한다.

철이 들면서 남달리 고생을 하거나 그런 경우를 쉽게 이해하게 되므로 매사를 처리함이 조숙하여 결코 흐트러지지 않음에 추앙을 받으며 더욱 고독한 성격이 형성되어 스스로 성장해 갈 자리를 잡기 시작한다. 홀로 있기를 좋아하고 독방에서 공부해야 성적이 좋아지는 독신격으로 성장하니 동료들보다 한 발 앞서가며 자신의 정직과 솔직함으로써 성공의 기틀이 되게 하려고 숨은 노력을 한다.

성장하면서 자신에 대한 욕망이 하늘로 치솟아 현실로는 만족하지 못하고 돌출구를 향해 도전하며 단호히 한 번 내던지면 반드시 새것을 붙잡는 투지로 자신의 곤고함을 영화롭게 변신시키는

데 전신을 투구하는 노력파다. 내일을 향해 조금도 쉬지 않고 포기하지 않으며 마침내 미래의 초석이 다져져야만 안심을 하는 탐구력이 강점이지만 그 때문에 한없는 외로움도 동반하는 운세를 지녔다고 한다.

정해년의 연표를 살펴보면 서기 27년에는 고구려가 을두지乙豆智를 좌보左輔, 송옥구松屋句를 우보右輔로 삼아 군국사軍國事를 맡겼으며 87년에는 신라가 가소성加召城과 마두성馬頭城을 쌓았고 147년에는 로마건국 100년제를 거행하기도 했다.

207년에는 신라가 왕자 이음利音을 이벌찬伊伐湌으로 삼아 내외병마사를 겸직하게 했으며 267년에는 백제가 신라의 봉산성烽山城을 습격했고 327년에는 백제의 내신좌평內臣佐平 우복優福이 북한산성에서 모반을 일으키자 왕이 출사케 하여 이를 평정하기도 했다. 387년에는 백제 관미령關彌嶺에서 말갈과의 싸움이 있었으며 진가모眞嘉謨를 달솔達率, 두지豆知를 은솔恩率로 삼았다고 한다.

447년에는 백제에 기근饑饉이 들어 많은 백성들이 신라로 들어갔으며 507년에는 고구려가 말갈과 함께 백제를 공격했고 567년에는 신라와 백제가 진陳나라에 사신을 보냈다. 627년에는 백제가 신라 서북쪽의 2성城을 공취攻取했고 당나라는 백제와 신라의 화친을 조종하기도 했다.

747년에는 신라가 국학國學을 태학감太學監으로 개칭하였고 867년에는 전국에 큰 홍수가 났으며 보조국사普照國師가 전북 완주군에 송광사松廣寺를 세웠다. 같은 해 동로마의 바실레이오스 1세가 미카엘 3세를 죽이고 자립하였으며 로마교회 최후의 분리가 있었다.

927년에는 견훤甄萱이 신라의 금성金城에 침입하여 경애왕景哀王을 자살케 하고 경순왕敬順王을 세웠으며 고려 태조 왕건王建은 동수桐藪싸움에서 견훤에게 대패하였다. 초楚나라에서는 마은馬殷을 왕으로 봉했고 오吳나라 왕, 양부楊溥는 황제를 자칭하였다.

987년에는 고려가 각 고을의 병기兵器를 거두어 농기구를 만들었고 일본에서는 이치죠오一條 천황이 즉위하였으며 1107년에는 고려의 윤관尹瓘 장군이 5군을 거느리고 정주定州로부터 진격하여 여진족의 촌락 135처를 격파하는 전과를 거두었다.

1227년에는 칭기즈칸成吉思汗이 서하를 정벌한 뒤 육반산六盤山에서 사망하였으며 독일에서는 하인리히 3세가 통치를 시작했다. 1407년에는 문묘를 신축했고 1467년에는 양성지梁誠之가 ≪해동성씨록海東姓氏錄≫을 편찬했으며 이시애李始愛가 난을 일으키기도 했다.

1527년에는 최세진崔世珍이 ≪훈몽자회訓蒙字會≫를 편찬했고 경복궁을 수리하였으며 1587년에는 호적胡賊들이 함경도 경흥慶興의 녹둔도鹿屯島에 침입하자 이순신李舜臣이 이를 격퇴하였다. 1647년 소현세자昭顯世子의 세 아들을 제주도에 유배시킨 이른바 신생辛生의 옥사獄事가 발생했는가 하면 왕은 창덕궁昌德宮으로 거처를 옮기기도 했다.

1707년에는 충청도 아산의 충무공 이순신 장군 사당에 '현충顯

忠'이라는 사액賜額이 내렸으며 전국에 홍역이 만연하여 수만 명이 사망했고 잉글랜드와 스코틀랜드를 합병한 대영제국大英帝國이 성립되기도 했다. 1767년에는 경복궁에서 잠업蠶業을 권장하는 채상례採桑禮를 행하였으며 1827년에는 전라도 곡성谷城의 천주교인 240여 명이 전주옥全州獄에 수감되고 7명이 순교한 정해사옥丁亥邪獄이 발생했고 악성樂聖 베토벤이 세상을 떠나기도 했다.

1887년에는 조선전보국朝鮮電報局-南電局이 설치되었고 프랑스와의 한불조약韓佛條約을 비준 교환하였으며 우리나라 최초의 감리교회인 서울의 정동교회가 아펜젤러에 의해 세워졌다. 60년 전인 1947년에는 안재홍安在鴻 선생이 미 군정의 민정장관에 취임하였고 하아지 중장이 남한만의 단독정부수립을 인정하였으며 보스톤에서 열린 세계마라톤대회에서 우리나라의 서윤복徐潤福이 1등을 차지하여 국위를 선양하기도 했다.

이렇듯 정해년은 새로운 미래를 개척하기 위해 힘찬 도약을 준비하는 해였던 것 같다. 2007년 정해년에는 우리나라의 국운을 결정짓는 대통령선거가 있는 해다. 6백 년 만에 찾아온 행운의 상징 '황금돼지 해'를 맞아 지구촌 가족 모두에게 건강과 행운이 함께하길 바라는 마음 간절하다.

≪내장문학≫ 제25집 2007. 11.

대한민국 건국 60주년의 2008, 무자년

육십갑자의 스물다섯 번째 해인 무자년戊子年은 다산多産과 다복多福을 상징하는 쥐鼠의 해이다.

일반적으로 무자년은 음력 설날인 2008년 2월 7일부터지만 명리학에서는 매년 입춘立春날을 새해 첫날로 치기 때문에 2008년 2월 4일 오후 8시부터를 무자년으로 볼 수 있는데 무자년의 무戊는 흙土이고, 자子는 물水에 해당된다.

쥐는 선천적으로 눈치가 빠르고 어려운 여건에서 끈질기게 살아남는 습성이 있음에도 농작물을 해치고 곡식을 훔쳐 먹으며 더러운 곳에 사는 동물로 인식되어 부정적인 이미지를 떨쳐버릴 수 없다. 쥐띠 해에 태어난 사람의 성격은 지혜롭고 영리하며 작은 일엔 잘 놀라나 큰일엔 오히려 대범하게 대처한다고 한다.

성격이 날카롭고 냉정하며 고상한 기품이 엿보이기도 하지만 인색할 때는 한없이 인색하고 후덕할 때는 무척 후덕하여 갈피를 잡을 수가 없다. 대담한 성격은 큰일을 당해도 걱정 없이 진행해 나가지만 평소에 남에게 믿음이 적어 의심하는 버릇이 있으며 집 안에서나 사회에서도 남을 잘 믿으려고 하지 않는다.

특히 금전거래에서는 더욱 의심이 많아 큰일을 하기 어렵고 남과 같이 화목하게 지내기도 어려우므로 남을 믿지 않고 의심하다가 실패를 하고서 후회와 한탄을 하게 되는 경우가 있어 큰 사업을 해도 사력을 다해 도와주는 사람이 적어 외롭다고 한다.

성품은 정직하고 근면하며 어떠한 곤경에 처해도 쉽게 헤쳐 나온다. 순해 보이기는 하나 남에게 지지 않으려고 하고 마음의 기복이 심해 마음씀이 일정하지가 않지만 사교성과 애교도 있고 눈치도 빠르며 성품이 깔끔하여 상업적 소질이 있기 때문에 항상 여러 사람을 위해 노력하고 일하라는 운명을 타고 태어났다고 한다.

무자년의 연표를 살펴보면 서기 28년에는 백제의 온조왕溫祖王이 서거하고 다루多婁왕이 즉위하였으며 신라에서는 가악의 시초로 알려진 〈도솔가兜率歌〉를 지었다. 148년에는 고구려왕이 전왕인 태조왕의 원자와 그 아우를 죽였고 안식安息의 중 안세고安世高가 낙양에 이르러 불경을 번역하였다.

208년에는 왜倭가 신라의 변경을 습격하였으며 로마황제 세베루스가 브리타니아를 원정遠征하였고 268년에는 로마의 클라우디

우스 코티쿠스가 즉위하였다. 388년에는 로마제국이 유태교를 금지시켰고 448년에는 동로마의 테오도시우스 2세가 기독교 서적을 불태웠다고 한다.

508년에는 고구려가 위魏에 사신을 보냈고 프랑스왕국은 파리를 수도로 정했으며 568년에는 신라의 연호를 대창大昌이라 고쳤고 알보인은 북北이태리에 랑고바드르왕국을 세웠다. 628년에는 신라에 기근饑饉이 들어 자녀를 매매하는 사례가 발생했고 프랑크왕 플로타르 2세가 죽고 다고베르트 1세가 즉위하였다.

928년에는 후백제의 견훤이 강주康州를 공격하였고 로마제국의 교황 레오 6세가 즉위하였으며 988년에는 러시아 노브고로드의 블라디미르 1세가 기독교로 개종하였다. 1108년에는 프랑스왕 루이 6세가 즉위하였고 1288년에는 고려 충열왕이 원나라에 처녀를 공물로 바쳤으며 교황 니콜라우스 4세가 즉위하였다고 한다.

1348년에는 〈동동動動〉, 〈청산별곡靑山別曲〉, 가시리, 〈사모곡思母曲〉 등의 가사들이 나왔고 독일왕 카알 4세는 프라그에 대학을 창립하였으며 1408년에는 왜선 23척이 충청도 수영에 침범하였고 5월에는 태조 이성계가 승하하였으며 1468년에는 세조대왕의 중환으로 세자에게 양위하고 승하하였다.

1528년에는 제노아제국이 프랑스로부터 독립하였고 1588년에는 사서삼경四書三經의 음석언해音釋諺解가 완성되었으며 덴마크왕 크리스티안 4세가 즉위하였고 1648년에는 송인용宋仁龍을 청나라에 보내 서양역법西洋曆法을 배우게 했다. 1828년에는 웰링턴이 영국의 수상이 되었고 웹스터의 ≪영어사전≫이 완성되었다.

1888년에는 영국인 기사 하리팩스의 감독으로 서울 - 부산 간의 전선가설을 착수했고 승정원일기 3백여 권이 소실燒失되었으며 한성부漢城府가 전국의 인구는 총 656만 7,038명이라는 조사결과를 발표하였다. 1948년에는 유엔 소총회에서 한국의 총선거를 가결하였고 제주도에서는 폭동사건이 발생하였으며 김구 선생 등이 남북회담 참석차 평양에 갔고 북한은 일방적으로 남한으로의 송전送電을 단절했다.

이해에 대한민국의 국회가 개원했고 국호를 대한민국으로 결정했으며 초대 대통령에 이승만李承晩, 부통령 이시영李始榮, 국무총리 이범석李範奭, 국회의장 신익희申翼熙, 대법원장 김병로金炳魯 등을 선출하고 대한민국 정부수립선포식을 가졌다. 미국은 군정軍政의 폐지를 발표했고 유엔에서는 대한민국정부를 승인하였고 제14회 올림픽대회가 영국 런던에서 개최되었으며 국회는 우리나라의 연호를 단기檀君紀元로 사용하기로 결정했다.

미국에서는 트루먼이 대통령에 당선되었고 유엔총회에서는 세계인권선언을 채택하는 등 국내외적으로 많은 변화와 개혁이 있었던 무자년은 희망과 기회의 해였음을 알 수가 있다. 쥐는 예로부터 재앙이나 사고 등의 위험을 미리 감지하는 영물로 어려운 여건도 꿋꿋하게 이겨나가는 근면한 동물이자 왕성한 번식력으로 다산과 재물, 풍요의 상징으로 여겨왔다.

근면과 부富의 상징인 쥐의 해, 2008년 무자년은 대한민국 건국 60주년을 맞는 뜻깊은 해인 만큼 우리 모두 열과 성을 다하여 행복한 삶을 살게 되기를 바라는 마음 간절하다.

≪내장문학≫ 제26집 2008. 11.

순탄하면서도 복잡다단했던 기축년

육십갑자의 스물여섯 번째 해인 기축년己丑年은 근면과 성실誠實을 상징하는 소牛의 해이다.

오행상으로 '기己'는 양陽 중의 음陰으로 평지 또는 전원의 흙이며 '축丑'은 음陰 중의 음으로 산 위의 흙이다. 그리하여 마치 선과 악이 서로 포개져 있는 형상으로 마음을 굳게 지키고 있기 때문에 크게 실패하는 일은 적으나 기氣를 펴지 못하고 내심이 강직하기 때문에 홀로 독행하는 성격이 있다.

이 해에 태어난 사람의 운세는 '황소가 겨울 밭을 가는 형국'이라 근면함이 장점이나 초년에는 신고辛苦가 따르는 상이므로 일찍이 부모 인연이 박약하고 육친의 덕이 부족하지만 한 가지 일을 끝까지 밀고나가는 남다른 집념이 있어 차츰 주위의 인정을 받기 때문에 무슨 일이든 한 가지에만 전념하는 것이 좋다. 이것저것 함부로 손대어 직업을 전환하면 운명선이 급격히 하강하여 매우 불리하게 되며 성격은 매우 느긋한 편이나 고집이 있어 욱하는 성미가 있다.

소는 우牛과에 속하는 동물로 다리가 짧고 전신에 짧은 털이 빽빽하게 나며 발굽은 둘로 째지고 초식성으로 되새김질을 하는데 암수 모두가 전두골에 뿔이 나지만 골수가 차 있지 않고 비어 있어 통각과洞角科(Cavicornia)라고 한다.

소가 인류에 의하여 사육되기 시작한 시기와 장소는 유적에서 발견된 뼈와 유물 등의 고찰을 통하여 볼 때 약 5천~6천 년경에 서아시아지역에서 사육된 것으로 추정되고 있다. 우리나라에서 한우가 사육되기 시작한 기원은 4천여 년 전에 유럽 우와 인도 견봉우肩峰牛가 교잡되어 성립된 장액우長額牛로서 중국대륙, 몽고, 만주를 거쳐 한반도에 전래되었을 것으로 여겨지는데 문헌상에 한우가 우리나라에서 사육되었다는 기록으로는 신라 말기 지증왕 3(502)년에 권농의 목적으로 우경牛耕을 장려하였다는 것이 시초이다.

고대 부족국가 시대의 ≪삼국지≫ 〈동이전 부여조〉 기록에 의하면 '우가, 마가, 저가, 견가' 등 가축의 이름으로 관명을 삼고 있는 사실을 비롯하여 '유군사역有軍事亦, 제천살우祭天殺牛, 관제이점길흉觀蹄以占吉凶, 합자위길合者爲吉'이란 구절과 〈동 동이전 한조〉에 '우유주호又有州胡, …단의위호양우급저자但衣韋好養牛及猪者'란 구절은 소가, 식용뿐만 아니라 그 피혁을 이용하였음을 나타내고 있다. 한우가 전국적으로 보급된 것은 삼한 시대 이전인데 당시에는 소를 주로 농경에 이용하였지만 승용乘用과 식용食用으로도 이용된 것으로 짐작하고 있다.

기축년의 연표를 살펴보면 서기 209년(신라 내해왕 14)에는 가락국의 요청으로 신라가 포상팔국浦上八國을 공격하였으며 고구려는 국도를 국내성國內城에서 구도성九都城으로 옮겼고 329년 9월에는 신라가 일본에 조견調絹을 비롯한 잡물雜物 20척을 공물로 보냈다.

389년에는 백제가 고구려의 남부를 침범하였고 449년 7월에는 송宋나라가 위魏를 공격했으며 9월에는 위魏가 유연柔然을 격파했다. 동로마의 테오도시우스 2세가 죽고 마르키아누스가 즉위하였다.

509년 신라는 함정을 파서 맹수의 피해를 막았으며 고구려는 위魏에 사신을 보냈고 양梁나라는 위군魏軍의 침입을 격파하였다. 569년에는 진陳의 황제가 즉위하였고 629년에는 신라의 김유신金庾信 장군이 고구려의 낭비성娘臂城을 격파하였고 신라와 고구려, 백제가 각각 당唐나라에 사신을 보냈으며 현장玄奘법사가 인도에 갔다는 기록이 있다.

809년 신라(헌덕왕 1년) 왕의 숙부 언승彦昇과 이찬 제옹悌邕 등이 난을 일으켜 애장왕을 죽이고 헌덕왕을 즉위시켰고 929년에는 견훤甄萱이 의성부와 순주를 공격하자 고려는 안수, 흥덕에 성을 쌓았으며 초왕楚王 은殷은 그 아들 희성希聲에게 정치를 맡겼다.

989년 고려(경종 8)는 내 · 외 문관 5품, 무관 4품 이상의 환자에게 약을 주었고 처음으로 동북면과 세북면에 병마사를 두었으며 1049년에는 질병과 기아로 고통을 당하는 사람들을 동·서 대비원大悲院에서 구제하였다. 1169년 영국 왕 헨리 2세와 프랑스 왕 루이 7세가 화약을 맺었고 1229년 3월 몽고의 태종이 즉위하였으며 로마 교황 그레고리우스 9세는 종교재판소를 설치하였다.

1289년에는 중 일연一然이 사망했고 1409년 의약활인법醫藥活人法이 제정되었으며 명나라와의 육로 왕래를 허용했다. 피사의 종교회의는 그레고리우스 12세와 베네딕투스 8세 두 교황을 폐하고 알렉산데로 5세를 세우자 두 교황은 이에 불복하여 동시에 세 명의 교황이 병립하기도 했다.

1469년에는 예종睿宗이 승하하고 성종成宗이 즉위하였으며 한명회韓明澮가 영의정에 올랐다. 1589년 10월에는 정여립鄭汝立이 모반을 꾀하다 실패하자 자결했고 12월에는 이순신李舜臣이 정읍현감으로 부임하였으며 일본의 풍신수길은 경도의 기독교회를 불태우기도 했다.

1649년에는 인조仁祖가 창덕궁에서 승하하였고 영국은 공화정치를 선언하였으며 1769년에는 유형원柳馨遠의 ≪반계수록磻溪隧錄≫이 간행되고 ≪동국문헌비고東國文獻備考≫가 편찬되었다.

1829년에는 ≪이두편람吏讀便覽≫이 완성되고 의유당 연안김씨意幽堂 延安金氏는 ≪관북유람일기≫를 지었으며 베네주엘라가 콜럼비아로부터 분리되었다. 1889년 12월 한성부가 전국의 호수를 발표했는데 민가 156만 호에 인구는 651만 965명이라고 했다. 영종英宗의 묘호廟號를 영조英祖로 개칭하였고 프랑스혁명 1백 주년을 기념하는 만국산업박람회가 파리에서 개최되기도 했다.

1949년에는 미국이 대한민국을 정식으로 승인하였고 무초가 주한 미국대사로 부임하였으며 김약수金若水 등이 국회 프락치사건으로 검거되었고 민족의 지도자 백범 김구白凡 金九 선생이 안두희安斗熙에 의해 암살되었다. 이승만李承晩 대통령은 진해에서 중국의 장개석蔣介石 총통과 회담을 가졌고 유엔총회는 한국의 가입을 가결하였으며 국회는 처음으로 국정감사를 실시했다.

국사편찬위원회가 설립되었고 중국의 모택동毛澤東 주석은 중화인민공화국 정부수립을 선언하였으며 독일연방공화국(서독)과 독일민주공화국(동독)이 각각 수립되었다.

이렇듯 기축년은 소처럼 우직하게 순탄하면서도 크고 작은 사건·사고들이 끊이지 않고 발발했던 복잡다단한 해였음을 알 수 있다. 아는 길도 물어서 가라는 속담을 되새기며 지구촌 가족 모두가 건강하고 삶의 보람을 느끼는 뜻깊은 한 해가 되기를 바라는 마음 간절하다.

≪내장문학≫ 제27집 2009. 12.

동족상잔의 아픔 안겨준 경인년

육십갑자의 스물일곱 번째 해인 경인년庚寅年은 홀로 가을 서리 내린 산에 나타난 백호白虎의 형국인 범寅의 해이다.

오행상으로 경인庚寅은 금극목金克木으로서 천간[庚金]과지지[寅木]가 상극하여 하늘과 땅이 균형을 잃어 서로 다투는 격이므로, 이상은 매우 높지만 모든 일이 중요한 시기에 연결되지 않아 속을 태우고 마음만 급동急動하는 기운이 있다.

이 해에 태어난 사람의 운세는 매사에 큰일만 좋아하고 용기와 위세가 너무 지나쳐 실패를 자초하는 경향이 있으며 한밤중에 고향을 탈출하는 상으로 스스로 고생을 사서 하는 운명으로 결국면 객지에서 성공을 거두는 운명이기도 하다.

매사를 본인 스스로 이루려고 하지 않고 주위의 힘을 끌어들이

려는 심리 때문에 종내는 비밀이 탄로되거나 지연되어 곤욕을 치루는 경우도 종종 있게 되는 반면에 경庚은 의義를 주장하는 금신金神이므로 약자를 돕고 강자를 응징하는 의협심이 있어 뭇사람들의 우두머리가 될 수 있는 기질이 있다.

호랑이(범, tiger)는 포유류哺乳類 식육목食肉目 고양잇과 한 종으로 몸 길이는 1.8~2.5m, 몸무게는 200~300kg으로 몸통은 길고 발은 비교적 짧으며 코나 입 끝, 귀의 폭은 좁고 그 등면은 검은색이며 중앙에 크고 흰 얼룩점이 있는데 수컷은 암컷보다 크지만 사자처럼 갈기가 없어서 2차 성징性徵이 확실하지 않다고 한다.

강대한 턱과 긴 송곳니가 특징이며 발톱의 발달이 좋고 특히 첫째(엄지) 발톱은 강력한데 보통 때에는 발톱집 속에 집어넣어 둔다. 임신 기간은 대개 100~110일이며 한배에 1~7마리, 평균 2~4마리를 낳는데 자연계에서의 먹이는 대형의 사슴이나 작은 사슴, 산양, 멧돼지, 곰, 시라소니 등을 잡아먹는 흉포한 성질을 지녔다고 한다.

경인년의 연표를 살펴보면 서기 30년에는 하나님의 독생자인 예수그리스도가 인류의 죄를 대속代贖하기 위해 처형되었다는 기록이 있고 210년에는 말갈이 백제의 사도성沙道城을 습격했으며 위魏나라의 조조曹操는 업鄴에 동작대銅雀臺를 건립하였고 270년에는 고구려의 중천왕中川王이 승하하여 아들 약로藥盧가 즉위하였다고 한다.

330년에는 김제의 벽골제碧骨堤를 쌓았고 로마의 콘스탄티누스

황제는 비잔티움을 제국의 수도로 정하고 '신로마'라 칭했으며 390년에는 백제가 고구려의 도압성都押城을 함락시켰고 테사로니카의 반란이 일어나기도 했다. 450년에는 신라의 하슬라何瑟羅 성주 삼직이 고구려의 변장을 실직들에서 죽이자 고구려의 왕이 신라의 서변을 치기도 했다.

570년에는 고구려와 신라가 진陳에 사신을 보냈고 마호메트가 출생했으며 630년에는 백제 무왕이 사비궁泗沘宮을 중수하고 당唐의 이정李靖이 돌궐突厥을 격파했으며 마호메트는 멕카를 점령하기도 했다.

870년에는 발해왕 건황虔晃이 승하하고 경왕이 즉위하였으며 사라센은 수도를 바그다드에 세웠다. 930년에는 고려가 견훤의 군대를 대파하였고 일본에서는 다이코醍醐 천황이 양위하자 후지와라藤原忠平가 섭정했으며 1170년에는 정중부鄭仲夫의 난이 일어났다.

1410년에는 ≪태조실록≫의 편수를 시작하였고 교황 요한네스 23세가 즉위하였으며 1530년에는 ≪신증동국여지승람≫ 편찬작업이 추진되고 공자를 지성선사至聖先師로 추존하였으며 코페르니쿠스는 지동설地動說을 제창하였다.

1590년에는 일본통신사로 황윤길을 파견하였고 도쿠가와 이에야스德川家康는 에도성에 입성하였으며 교황 그레고리우스14세가 즉위하였다. 1770년에는 ≪동국문헌비고東國文獻備考≫ 100권 40책이 완성되고 호남유림의 ≪병자호란창의록≫이 간행되었으며 1830년에는 그리스와 벨기에가 독립을 선언하였는데 프랑스혁명이 발발하여 샤르르10세를 폐위하고 루이를 필립국왕에 추대하였다.

1890년에는 ≪승정원일기≫의 편집이 완료되었고 홀란드 여왕 빌 헤미나가 즉위하였으며 1950년에는 보스톤 마라톤대회에서 우리나라의 함기용 선수가 1위를 차지하였다. 제2대 국회의원선거가 실시되었고 6월 25일 새벽에 북한 공산군이 남침을 감행하여 정부는 서울을 떠나 대전, 대구를 거쳐 부산으로 옮겼으며 유엔군의 인천상륙작전으로 10월에는 국군이 3 · 8선을 돌파하고 평양을 탈환함에 따라 정부는 서울로 환도하였다.

중공군이 한국전선에 개입하자 북한 피난민들의 남하행렬이 장사진을 이루었고 미국이 한국전쟁에 군사원조를 약속했으며 유엔 안전보장이사회는 북한의 군사제재안을 가결했는데 유엔 안전보장이사회의 결정으로 맥아더 장군을 유엔군 총사령관으로 임명하였다.

중국의 장개석이 총통으로 복직하였고 미국의 트루먼 대통령은 수소폭탄의 제조를 지시하였으며 트루먼 대통령과 맥아더 장군은 웨이크섬에서 회담을 가졌는데 아이젠하워 장군이 나토(NATO) 최고사령관에 임명되었다. 국내에서는 신익희 선생이 제2대 국회의장에 선출되었고 제1회 대한민국미술전람회가 개막되는 등 파란곡절이 많았었다.

이렇듯 경인년은 크고 작은 사건 · 사고들이 끊이지 않았던 기복이 심한 해였음을 알 수 있으며 특히 동족상잔의 비극을 잉태한

6·25사변이 일어난 것도 경인년이어서 한민족의 가슴에 두고두고 씻을 수 없는 슬픔을 안겨준 해였다. 다시는 이런 비극이 일어나지 않기를 염원하면서 지구촌 가족 모두에게 건강과 행운이 함께하는 뜻깊은 한 해가 되기를 바라는 마음 간절하다.

≪내장문학≫ 제28집 2010. 12.

1·4후퇴와 서울수복으로 어수선했던 신묘년

육십갑자의 스물여덟 번째 해인 신묘년辛卯年은 하얗게 서리 내린 계곡 사이를 뛰노는 백토白兎의 형국인 토끼卯의 해이다.

오행상으로 신묘辛卯는 금극목金克木으로서 천간[辛金]과 지지[卯木]가 상극을 이루고 있으므로, 간지가 밀접하지 못하고 따로따로 행세하는 기질이 있어 매사에 당황하는 일이 생기고 마음에 걱정하는 바가 그치지 않는다.

이 해에 태어난 사람은 소박하고 무난한 성격이지만 침착성이 부족한 까닭에 일의 진행에 가끔 생각 밖의 차질을 빚어 결과가 신통치 않음을 통감하며 실천보다 말이 앞선 두계미행頭計尾行으로 자신이 한 말에 대해 책임을 회피하는 습성도 있다.

토끼띠는 묘卯의 넉넉한 양기를 받아 원만한 기풍과 자애로운

정을 지녔으며 사람들로부터 호감을 받는 느긋하고 온화한 기질의 소유자로 착한 성질을 타고난 이상주의자이요, 심미적 감수성이 뛰어나 예술가적 기질을 지녔다.

내성적이며 완벽성을 추구하여 훌륭한 판단력과 학자적 기질도 있고 상냥하고 지적인 태도를 지니고 있으므로 사람들로부터 존경을 받는데, 신임 또한 두텁다. 반면 조용하고 온순해 보이는 성격의 이면에는 강한 의지가 거의 자기도취적인 자신감을 가지고 있어 지나치게 상상력을 발휘하고 지나치리만큼 예민한 경향이 있기 때문에 냉정한 사람이라는 평을 듣기도 한다.

토끼는 포유류哺乳類 토끼목 토끼과에 속하는 동물의 총칭으로 중치류重齒類라고도 한다. 아프리카, 아메리카, 아시아, 유럽에 분포하며 종류가 많은데 일반적으로 토끼라 하면 유럽 굴토끼의 축용종畜用種인 집토끼를 가리킬 때가 많다.

귀가 길고 꼬리는 짧으며 쥐목齧齒類과 달라서 위턱의 앞니가 2쌍이고 아래턱을 양옆으로 움직여서 먹이를 먹는데 종에 따라 크기는 매우 다양하며 작게는 1 ~ 1.5kg, 크게는 7 ~ 8kg에 달하기도 한다.

토끼류를 일반적으로 나누면 멧토끼류野兎類와 굴토끼류穴兎類로 크게 나눌 수 있는데 멧토끼류는 팔꿈치에서 팔목까지의 길이가 무릎에서 발뒤꿈치까지의 길이의 4분의 3정도로 앉았을 때의 몸통은 앞으로 경사가 지고 이들 멧토끼를 영어로 헤어(hare)라고 한다.

굴토끼류는 일본에 서식하는 아마미검은멧토끼와 멕시코 고지대에서 살고 있는 멕시코토끼, 유럽 중부와 남부에서 북아프리카에까지 분포하는 굴토끼 등이 포함되는데 이 굴토끼류를 래빗(rabbit)이라고 한다.

아마미검은멧토끼와 멕시코토끼는 제3기 중엽에 번영하던 화석종과 비슷한 점이 많은 것으로 미루어 그들이 살아남은 것이라고 추정되는데 이것들은 옛날의 토끼아과亞科로 분류하여 남아 있는 토끼류와 구별하고 있다.

굴토끼는 1859년에 오스트레일리아에 들어왔는데 오늘날 크게 증식되어 농작물이나 산림에 큰 피해를 주고 있으며 이 종류들로부터 집토끼의 여러 가지 품종이 만들어졌다.

집토끼는 모피용종毛皮用種인 프랑스 원산의 친칠라(chinchilla)종과 렉스(Rex)종이 있고 모용종毛用種은 앙골라(Angora)종, 겸용종兼用種은 뉴질랜드화이트종과 백색일본종이 있으며 육용종肉用種은 벨기에 원산의 벨기언종, 프랑스 원산의 플레미시종, 애완용종愛玩用種은 히말리야 원산의 히말리얀과 폴리시종이 있다.

신묘년의 연표를 살펴보면 서기 31년에는 백제가 말갈을 고목성高木城에서 격파했고 푸라에토로(Praetor)의 장관 세야누스가 사형을 당했으며 271년에는 고구려가 상루尙婁를 국상國相을 삼았다. 331년에는 고구려의 미천왕美川王이 승하하고 태자 사유斯由가 즉위하였으며 키아의 대팔각당大八角堂 성당이 건립되었다 한다.

391에는 고구려 제19대 광개토대왕이 즉위했고 451년에는 가락국 제8대 질지왕銍知王이 즉위하였으며 511년에는 일본이 통도筒都로 수도를 천도하였다. 571년에는 신라와 고구려가 진진에 사신을 보냈고 고구려는 궁실을 중수하였으며 631년에는 고구려가 동북쪽 부여성에서 동남해에 이르는 1천여 리의 긴 성을 쌓았는가 하면 다고베르트 1세는 프랑크왕국을 통일하였다.

691년에는 중국 주나라 관내의 백성 수십만을 낙양洛陽으로 이동시켰고 일본에서는 노비奴婢제도를 정했으며 751년에는 신라의 대상大相 김대성金大成이 불국사를 창건하였다. 811년에는 이찬伊湌 웅원雄元이 완산주 도독이 되었고 헌덕왕이 처음으로 평의전平議殿에서 청정聽政하였으며 동로마에서는 미카엘 1세가 즉위하였다.

871년에는 신라가 황룡사黃龍寺 탑을 개조하였고 영국에서는 알프레드 대왕이 즉위하였으며 931년에는 고려 태조 왕건이 신라의 서울을 방문하였다. 991년에는 고려가 처음으로 사직社稷을 세웠고 중추원을 설치하였으며 압록강 부근의 여진족을 강 밖으로 축출하였다. 1111년에는 김제 금산사의 혜덕왕사진응탑비慧德王師眞應塔碑가 건립되었고 1291년에는 독일 황제 루돌프 1세가 사망하였으며 1351년에는 왜선 1백여 척이 경기지방을 노략질하고 남해에는 왜구가 쳐들어왔다.

1411년에는 회색과 옥색 의복의 착용을 금했고 각 도에 찰방察訪을 파견하였으며 지기스문트가 신성 로마황제에 즉위했고 스코틀랜드의 세트 앤돌스대학이 창립되었다. 1471년에는 신숙주가 영의정에 올랐고 금속활자인 신묘자辛卯字가 제조되었으며 교황 식스투스 4세가 즉위하였다.

1531년에는 전국적으로 한해旱害가 극심하였고 영의정 심정沈貞이 사사되었으며 1591년에는 일본에 파견되었던 통신사 황윤길黃允吉 등이 일본 사신과 함께 부산포를 통해 귀국하였고 이순신李舜臣이 전라좌도수사全羅左道水使에 올랐으며 교황 이노켄티우스 9세가 즉위하였다.

1651년에는 김육金堉이 영의정에 올랐고 김자점金自點이 처형되었으며 윤선도尹善道는 〈어부사시사漁父四時詞〉를 지었다. 1711년에는 일본에 통신사를 보냈고 유계俞棨의 《가례원류家禮源流》가 간행되었다.

1771년에는 단종비端宗妃 정순왕후定順王后가 살던 정업원淨業院 터에 각閣과 비碑를 세웠고 전주에 조경묘肇慶廟를 건립하였으며 전국에는 1,689,046호에 7,016,370명의 인구가 살고 있었다는 호구조사기록이 남아 있는가 하면 러시아군이 크리미아반도를 점령했다고 한다.

1831년에는 천주교 조선교구의 창설을 로마 교황이 알려왔고 경희궁을 신축, 창덕궁을 개수하였으며 런던조약이 체결되어 벨기에의 독립을 승인하였다. 1891년에는 일본공사 가지야마梶山鼎介가 착임着任했고 왕자 강堈을 의화군義和君에 봉했으며 시베리아 철도를 기공했다.

1951년에는 한국전쟁에 개입한 중공군에 밀려 1·4후퇴로 정부를 부산으로 옮겨야 했고 중공군은 서울을 점령하였으며 밀고 밀리는 전쟁 끝에 수도를 탈환하는 등 정국이 어수선하고 혼란한 가운데 이시영李始榮 부통령이 사임하고 김성수金性洙가 피선되었다. 자유당이 발족되고 남원에 공비가 출현하여 기관차를 전복시키고 2백여 명의 민간인을 납치하는 만행을 저질렀으며 영국의 총선에서는 처칠이 수상에 당선되기도 했다.

이렇듯 신묘년은 국내외적으로 혼란스러웠고 동족상잔의 비극을 잉태한 6 · 25한국전쟁의 여파로 1 · 4후퇴와 부산천도, 수도탈환이라는 밀고 밀리는 전쟁의 틈바구니에서 한 치 앞을 내다볼 수 없었던 암울한 해였다. 위정자들의 잘못된 정세판단으로 국민들을 도탄에 빠지게 했던 지난날을 거울 삼아서 2011, 신묘년에는 국민 모두의 가슴이 뻥 뚫릴 만한 유쾌, 통쾌, 상쾌한 일들만 거듭되는 뜻깊은 한 해가 되기를 바라는 마음 간절하다.

≪내장문학≫ 제29집 2011. 11.

60년 만에 찾아온 흑룡의 해 임진년

육십갑자의 스물아홉 번째 해인 임진년壬辰年은 추운 겨울 북해北海에 나와 파도를 뒤치는 흑룡黑龍의 형국이다. 얼굴은 검붉은 듯하나 위풍이 당당하고 그 기질 또한 설롱만인舌弄萬人(혀로 만인을 조롱하는)상으로 언변에 조화가 있으며 어떠한 난국도 지혜롭게 모면하는 재치가 뛰어나다.

그러나 고집이 너무 센 까닭에 자신의 주장만을 내세우므로 주위의 눈총을 받는 일이 많고 타인에게 불쾌감을 주기도 하는 단점이 있다. 다시 말해서 재주小謀가 넘쳐 스스로 함정을 파기도 하고 일을 너무 크게 벌여 후회하기도 한다.

오행상으로 임진壬辰은 토극수土克水로서 천간의 임수壬水를 지지의 진토辰土가 상극하므로 손윗사람에 대하여 불충하고 비방하는 상으로 보이지만 이 오행 속에는 무궁한 조화가 있다. 그 까닭은 천간의 '임수'는 상대의 '병화丙火'를 동경한 나머지 도충倒沖해오는데 그 마음속에 뜨거운 열정을 품고 있으므로 충성심도 있다.

천간의 '임壬'은 '임任'이라는 글자에 어원을 두고 있는데 이것은 '신임信任'에 해당한다. 그러므로 무슨 일이든 믿고 맡기면 물불을 가리지 않고 책임을 완수할 수 있다. 따라서 도량도 넓고 포부도 크며 인내심도 있는 사람이다.

천간의 '임壬'은 유화한 성질이 있다. 그런 반면에 지지의 '진辰'은 강력한 저항의 성질이 작용하고 있어서 한번 노기怒氣를 띠면 쉬 풀리지 않는다. 신용을 지키지 않는 자에게는 매우 냉정하여 영원히 결별하는 경우도 있다. 친한 사이에도 언쟁을 할 때는 우레와 같은 소리로 고함을 치는 습성도 있다. 그러나 그 노기는 열중해빙熱中解氷으로 금방 풀어져서 화해되기 때문에 주위 사람들로부터 뒤끝이 깨끗한 사람이라는 평을 듣기도 한다.

그러나 임진은 하늘의 괴강魁罡에 해당하기 때문에 남을 낮춰보는 자만한 심성이 있어 타인으로부터 오해를 사는 수가 많은데 이 점만 보완하면 결국은 천부적 복록이 있어 주위에서 인정을 받아 크게 성공하게 됨은 물론 뭇사람들의 우두머리가 될 수 있다.

용龍은 열두 띠 중 유일한 상상의 동물로 머리는 낙타 같고 뿔은 사슴 같으며, 눈은 토끼, 귀는 소, 목은 뱀과 같고 비늘은 잉어, 발바닥은 범과 같으나 발톱은 매의 것인 동물로 각 동물의 장점만 두루 섞어 만들어낸 상상 속의 동물로 상서로움의 상징이다.

임진년의 연표를 살펴보면 서기 32년에는 신라에서 추석의 가배嘉俳놀이가 시작되었고 고구려는 낙랑을 공격하여 항복을 받았으며 212년에는 가야의 왕자를 신라에 인질로 보냈고 로마 타소스성城에 카라칼라제帝의 기념문을 건립하였으며 로마제국 내의 전 자유민에게 로마시민권을 부여하였다고 한다.

392년에는 신라가 실성實聖을 고구려에 볼모로 보냈고 고구려는 백제 북부를 쳐서 10여 성을 함락시켰으며 백제의 진사왕이 승하하고 아신왕阿莘王이 즉위하였는가 하면 서로마 황제 발렌티니아누스가 피살되자 에우게니우스가 황제의 자리를 계승하였다.

452년에는 가락국이 왕후사王后寺를 창건하였고 512년에는 신라의 아슬라주 군주인 이사부가 우산국을 항복시켰으며 572년에는 신라의 연호를 홍제鴻濟라 고치고 전사 장병을 위하여 외사外寺에서 팔관연회八關筵會를 베풀었다고 한다.

632년에는 신라의 진평왕이 승하하자 선덕여왕이 즉위하였고 백제가 신라를 침공하였으며 마호메트가 죽고 아브바클이 교주가 되었으며 페르시아의 끝왕인 이스디겔트 3세가 즉위하였는가 하면 692년에는 신라의 신문왕이 죽고 효소왕이 즉위하였으며 설총薛聰은 방언으로 ≪구경九經≫을 해석하고 후생들을 훈도하였다.

752년에는 당나라의 안록산이 거란을 침공하였고 일본 도오다이사東大寺의 대불大佛이 개안開眼되었으며 992(고려 성종 11)년

12월에는 국자감國子監을 창립했고 오스트리아의 아달벨트는 프라그 근처에 최초의 베네딕트수도원을 건립하였으며 1052년에는 황성皇城 서쪽에 사직단社稷壇을 신축하고 ≪역서曆書≫를 만들었다.

1112년에는 혜민국惠民局을 설치했고 대문호 소식蘇軾이 사망했으며 1232년에는 고려의 수도를 강화江華로 천도하였고 사라센의 알모하드 왕조가 멸망하였으며 1292년에는 고려의 수도를 개경으로 다시 옮겼고 1412(조선 태종 12)년에는 금주령이 공포되었으며 경복궁의 경회루慶會樓가 완공되었다.

1472년에는 사치를 금하는 절목 11조를 정했고 1532년에는 청백리淸白吏를 표창하고 그 자손을 등용시켰으며 1592년 4월에는 임진왜란壬辰倭亂의 발발로 왜병들이 부산포로 상륙하여 부산성과 상주성이 함락되자 이일李鎰이 패하여 달아나고 신립申砬 장군은 충주에서 전사하였으며 옥포대첩으로 서울이 함락되었고 처음으로 거북선이 출동했는데 당포와 당황포전첩에 패하여 평양성마저 함락되었다.

7월의 한산도대첩에서 이순신 장군의 활약으로 왜적을 크게 무찌른 데 힘입어 10월에는 진주성에서 적을 격퇴시켰다. 스웨덴왕 요한 3세가 죽자 폴란드왕 지그문트 3세가 겸위하였고 폼페이의 유적이 발견되었으며 1712(숙종 38)년에는 백두산에 정계비定界碑를 세웠다.

1772년에는 대내大內에 소장했던 ≪임진일기壬辰日記≫를 유실

하였으며 8월에는 탕평과蕩平科를 실시하고 서자庶子 등을 등용케 했다. 1832년 6월에는 영국 상선 로드 아마스트호가 황해도 장연의 몽금포 앞바다에 나타나 통상을 청했으며 경기도지방에 한해旱害가 극심하였고 대문호 괴테가 사망하였다.

1892년에는 시카고에서 개최된 만국박람회에 이창업李昌業 등이 참가했고 11월에는 전환국典圜局을 인천에 신축하여 양식洋式화폐를 주조하기 시작하였으며 일본의 이토 히로부미伊藤博文가 총리대신에 올랐다. 1952년 1월 18일에는 이승만 대통령이 해안에서 50~100마일에 이르는 해상에 선을 긋고 이를 우리의 영토로 선언한 이른바 평화선(이승만라인)을 선포하였고 4월에는 장면 국무총리가 사임하였으며 지방의원선거를 실시하였다.

한국 최초로 박사학위를 6명에게 수여하였고 5월에는 장택상 씨가 국무총리에 기용되었으며 민의원 의장에 신익희 씨가 8월에는 대한민국 제2대 이승만 대통령과 함태영 부통령이 당선되었다. 이해 7월 헬싱키에서는 제15회 올림픽대회가 열렸고 11월에는 아이젠하워가 미국 제34대 대통령에 당선되었다.

1952년 12월 4일에 발생한 런던 스모그사건은 전 세계를 경악하게 했다. 안개가 짙고 바람은 없었지만 기온이 영하로 떨어지자 집집마다 불을 땠는데 땔감이 유황성분이 많아 질이 좋지 않은 석탄이어서 연기가 멀리 날아가지 못하고 먼지와 아황산가스의 농도가 짙어져서 12월 말까지 4천여 명이 죽고 이듬해 초까지 8천여 명이 숨지는 등 모두 1만 2천여 명의 런던 시민이 사망했다.

이 밖에도 거제도 공산포로폭동사건, 부산 정치파동, 발췌개헌안 통과 등으로 크고 작은 사건 · 사고들이 끊이지 않았던 임진년은 국내외적으로 어수선하고 혼란스러웠으면서도 새로운 도약을 준비하는 뜻깊은 해였던 같다.

≪내장문학≫ 제30집 2012. 12.

앞만 보고 돌진하는 진취적인 기상의 해, 계사년

육십갑자의 서른 번째 해인 계사년癸巳年은 가을산에 웅크린 흑사黑蛇가 겨울잠[冬眠]을 자러 들어가려고 하는 형국으로 그 마음 또한 초조하여 조급성이 작용하지만 겉으로는 인자하고 부드러우며 후한 척해도 마음은 실로 인색하고 변덕이 작용하고 있다.

그러나 오행상의 계사癸巳는 천간의 '계수癸水'가 지지의 사巳라고 하는 천을귀인天乙貴人을 깔고 앉아 있는 까닭에 나쁜 기질이 많이 감소되어 평생 의식과 복록은 좋은 편이며 주위의 인덕을 얻을 수 있다. 그리고 사지死地에서 생지生地로의 탈출이 가능하기 때문에 이 태생은 방안에서 웅크리지 말고 여러 사람과 대인관계를 형성하는 처세가 필요하다.

그러나 천간의 계수癸水는 겨울, 즉 북쪽 끝자리로 음기陰氣가

최하로 급강急降하는 때이고 지지의 사화巳火는 4월에 이르러 양기陽氣가 최상으로 상승하는 때이므로 모두가 음양이 극도에 달하는 간지干支이다.

역易상으로 계사는 천간에서 수극화水剋火로 극하지만 사巳는 해亥와 일직선으로 상대성을 이루어 계해癸亥로 변하므로 전화위복의 행운이 따르게 되며 지혜와 이해력이 깊고 보수적인 경향이 있으며 질투심이 은근히 작용하기도 한다.

무슨 일이든 자력으로 이룩하려는 의지를 갖고 곤경에 처해도 굴하지 않는 뱀띠는 용의주도하고 자유로운 발상을 간직하고 있다. 아담과 이브에게 선악과를 따먹도록 한 것이 뱀이어서 날름거리는 혀와 날카로운 눈매 때문에 교활한 이미지의 대명사로 알려져 있지만 죽은 이의 새로운 부활과 영생을 돕는 존재로 인식되기도 하며 그리스 신화에서는 치료의 화신으로 나오기도 한다.

많은 알을 낳는 뱀을 풍요와 재물의 상징으로 여기기도 하고 집 안에 복을 가져오는 지혜의 화신으로 인식하는데 오직 앞으로만 나아갈 뿐 후퇴를 모르는 진취적인 기상의 상징, 뱀의 해 계사년의 연표를 살펴보면 서기 273년에 아우렐리아누스가 시리아의 팔미라왕국을 멸망시켰고 333년에는 백제가 웅천熊川의 궁궐을 보수하였으며 393년에는 고구려 평양에 사찰을 창건했다는 기록이 있다.

453년에는 신라가 각종 악인樂人 80여 명을 일본에 보냈고 513년에는 고구려가 위魏에 세 차례의 사신을 보냈으며 백제는 오경

박사 단양이段楊爾 등을 일본에 보냈는가 하면 ≪송서宋書≫의 저자 심약沈約이 사망하고 페르시아왕 갈바데스가 기독교를 신봉하기 시작했다고 한다.

573년에는 고구려가 북제北齊에 사신을 보냈고 진陳의 오명철吳明澈이 제나라의 여러 군을 점령하였으며 페르시아는 달라스를 함락시켰다고 한다. 633년에는 백제가 신라의 서곡성西谷城을 쳤고 신라의 중 혜구惠求는 부안에 내소사來蘇寺를 세웠으며 693년에는 신라 효소왕孝昭王이 장전庄田 1만경頃을 백율사栢栗寺에 바치기도 했다.

753년에는 일본의 사신이 왔으나 왕이 만나지 않았고 813년에는 이찬 김헌창金憲昌이 무진주武珍州의 도독이 되었으며 발해의 정왕이 죽고 8대 희왕이 즉위하여 연호를 주작朱雀이라 고쳤다. 873년에는 봄부터 기근饑饉과 질병이 유행하여 국가에서 구제하였고 황룡사의 9층탑을 수조修造했다.

933년에는 견훤의 병사들이 의성부義城府에 침입했으나 유검필庾黔弼이 이를 격파하였고 993년에는 양경兩京 12목에 상평창常平倉을 두었으며 거란족이 봉산군蓬山郡에 침입했으나 서희徐熙 장군이 거란의 영營에 가서 화약을 맺고 왔다. 1053년에는 일본이 봉황당鳳凰堂의 내조를 건립했고 노르만 사람이 교황 레오 9세를 사로잡았다.

1113년에는 김연金緣 등이 시정책요時政策要 5책을 지어 바쳤고 왕안석王安石이 추봉되었으며 1173년에는 김보당金甫當이 정중부鄭

仲夫 등을 치고 전왕의 복위를 꾀하려다가 피살되었는가 하면 예수살렘왕 아말릭 1세가 사망하고 볼드윈 4세가 즉위하였다.

1233년에는 금나라에 사신을 보냈으나 길이 막혀 되돌아왔고 최우崔瑀는 가병家兵을 보내어 서경을 치고 현보를 처형하였으며 몽고는 낙양을 함락시키고 동진을 멸했다. 1293년에는 원나라에서 강남미 20척을 실어 보내왔고 원이 또다시 일본을 치려고 파두아波豆兒를 보내어 조선造船을 감독시켰다고 한다.

1353년에는 원의 단사관이 와서 조일신의 무리를 처형했고 주원장朱元璋이 서주에서 군사를 일으켰으며 1413년에는 돈화문敦化門의 대종大鐘이 완성되었고 ≪태조실록太祖實錄≫ 15권이 간행되었다. 모든 대소신민大小臣民에게 처음으로 호패를 차게 하였고 인도의 투글크왕조가 멸망했으며 영국왕 헨리 4세가 죽고 5세가 즉위하였는가 하면 나폴리의 라지스다스는 로마를 점령하였다.

1473년에는 세종, 문종, 세조, 예종실록을 간행하였고 전주사고全州史庫에 실록을 이안하였으며 일본 해적의 침탈이 심하여 연해제읍의 방비를 엄하게 하였다. 1533년에는 김안로金安老가 호조판서에 올랐고 복성군福城君이 사사賜死되었으며 1593년에는 권율 장군의 행주대첩이 있었고 진주성晋州城이 함락되었으며 이순신李舜臣 장군이 삼도수군통제사가 되었는가 하면 유성룡柳成龍은 영의정에 올랐다.

1653년에는 이듬해부터 시헌력時憲曆을 사용하기로 했고 ≪인조실록≫이 완성되었으며 간행된 ≪인조실록≫을 적상산과 오대

산사고에 분장分藏하였다. 1713년에는 유트레이트 평화조약이 성립되었고 1773년에는 어제御製 ≪효제권유문孝悌勸諭文≫을 간행하여 반포하였으며 러시아에서는 푸가쵸프의 농민반란이 일어나기도 했다.

1833년에는 서울에 쌀값이 올라 난민들이 곡물청을 습격하는 사건이 발생했고 북한산성이 개수改修되었으며 ≪승정원일기≫ 3권이 분실되기도 했다. 창덕궁에 불이 나서 희정당이 소실되었고 영국 의회에서는 영제국내의 노예폐지법안이 통과되었다고 한다.

1893년에는 동학교도 박광호, 손병희 등 40여 인이 교조 최제우崔濟愚의 신원伸寃을 위해 광화문에서 3일간 상소를 했고 동학교도 2만여 명이 보은報恩에 집결하여 척왜척양斥倭斥洋 창의의 기치를 내걸고 시위를 하자 양원선무사 어윤중魚允中을 파견하여 해산시켰다. 독일과 러시아 간의 관세전쟁이 일어났고 세기의 문호 차이코프스키가 사망하기도 했다.

1953년에는 이승만 대통령이 일본을 방문하여 도쿄에서 한·일 예비회담을 개최했고 100대 1의 화폐개혁을 실시하였으며 중단되었던 휴전회담이 재개되어 공산측이 상질포로傷疾捕虜 교환에 동의하여 일부 상질포로의 교환이 있었다.

이승만 대통령이 반공포로 2만 7천여 명을 석방하였고 휴전협정이 조인되었으며 북한군 공군대위 노금석이 MIC기로 탈출하여 월남했는가 하면 중공군 4만여 명이 금성金城지구에 내습을 감행하여 국민들을 불안에 떨게 하기도 했다.

한 · 미 상호방위협정이 조인되었고 양원제兩院制를 위한 참의원 선거법이 국회에서 통과되었으며 엘리자베스 영국여왕의 대관식이 거행되기도 했다. 막사이사이가 필리핀 대통령이 되었고 아이젠하워가 미국 대통령에 취임하였으며 소련 수상 스탈린이 사망하고 말렌코프가 뒤를 잇는 등 국내외적으로 혼란스러운 일들이 다발했지만 보다 밝은 미래를 준비하는 과도기적인 해였던 것 같다.

≪내장문학≫ 第31집 2013. 11.

‘고향에 사는 뜻’의 새로운 ‘뜻’

호병탁(문학평론가)

1.

우리는 제한된 시 · 공간 속에 삶을 영위한다. 태어나서 성장하고 유전자를 이을 자식을 생산하고 늙고 죽는다. 한 나무가 씨에서 싹을 내고 자라서 꽃피고 열매를 맺고 시드는 과정과 다를 게 없다. 과거는 다시 돌아올 수 없는 ‘절대’의 세계이고, 미래는 의지로 통어할 수 없는 ‘불확실’의 세계다. 이 시간적 제한은 언어의 매개를 통해서 그 의미가 획득되어질 때 비로소 극복될 수 있다. 문학은 바로 이 언어를 가지고 만들어지는 특별한 세계다. 언어가 물질과 정신을 이어주는 ‘중간의 세계’이며, 문학이 시간의 한계를 극복하는 ‘인류의 기억’이라고 규정하는 소이가 이에 있을 것이다.

괄목할 만한 교통 · 통신의 발달은 인간의 공간적 삶을 비약적으로 확장시키고 있지만 순간이동의 현실화 같은 것이 없는 한 공간의 제한을 극복할 길은 없다. 문학은 이런 제한된 공간을 감각차원의 공간으로 확대하고 재생시킨다.

김희선 수필가가 이번에 발간하는 수필집 ≪고향에 사는 뜻은≫은 바로 과거라는 시간과, 고향이라는 공간을 문학의 언어를 매개로하여 형상화함으로 새로운 의미를 부여하는 감각차원의 시·공으로 재생시키고 있는 본보기라 할 수 있다.

2.

작가의 글에는 어디를 펼쳐도 한 마디쯤은 고향 얘기가 언급될 정도로 그의 고향에 대한 애정은 각별하다. 그의 글에는 날마다 쏘다니며 칡을 캐고 머루, 정금을 따먹던 밋골, 절골, 엉골, 사도실이 등장하고, 유년의 여러 추억이 깃든 인근의 남한골, 피난지골, 까재골, 독적골, 상보, 두투물, 하바지, 영깔, 잿등, 서낭댕이 등 이름만 들어도 정겨움이 넘치는 지명들이 수두룩하다. 어찌 보면 그의 많은 글들은 바로 그가 태어나 자란, 그리고 지금도 살고 있는 고향에 대한 절절한 헌사에 다름 아니다.

> 칠보산이 굽어보는 양지바른 터에 1백여호의 농가들이 옹기종기 모여 앉은 한 폭의 그림과도 같은 이 마을을 지켜주는 동구밖 정자나무는 몇 백 년이나 되었는지 수령을 짐작할 수 없지만 푸르고 씩씩한 기상만은 에나 지금이나 변함없이 주민들의 사랑을 독차지하고 있으며 발산에서 발원하여 마을을 끼고 흐르는 냇물은 동진강을 거쳐 서해로 흘러간다. (…)
> 건넛산 숲 속에서 울어대는 뻐꾸기 소리가 이골, 저골에 울려 퍼지면 마을이 온통 뻐꾸기 소리에 파묻혀버리고 마을을 앞뒤로 병풍처럼 에워싼 높고 낮은 산에서는 고사리며 취나물, 딱

주, 도라지 등 7백여 주민들의 입맛을 돋우어 줄 산채들이 무한정으로 쏟아져 나오는가 하면 아카시, 싸리 꽃들이 많아서 양봉업자들이 심심찮게 찾아오기도 한다.

이웃의 애경사를 내 집 일처럼 보살펴주고 함께 슬퍼하고 같이 즐거워하는 순박한 인심이 그대로 살아 숨쉬는 마을, 색다른 음식 한 가지만 장만을 해도 이웃들을 불러다가 이마를 마주하고 오순도순 나눠먹는 오붓한 인정이 옹달샘처럼 마르지 않고 계속해서 흘러넘치는 이 마을.

- <귀양실 풍경>에서

작가가 노래하는 고향의 정경은 우리의 조국산하가 보여주는 보편적 풍광으로 어촌, 강촌 혹은 감자나 캐는 깊은 산촌이 아니라면 우리가 공유하는 그 이미지는 대동소이하다. 특히 "동구 밖 정자나무"나 "마을을 끼고 흐르는 냇물"은 우리를 당장 그곳으로 달려가고 싶게 만드는 말만 들어도 가슴이 싸해지는 선연한 풍경이 아닐 수 없다.

이런 아름다운 풍광은 '눈에만 보기 좋은' 것들이 아니다. 고사리, 취나물, 도라지 같은 수많은 산채를 주민들에게 무한정 공급함으로 '입에도 즐거운' 먹거리를 양산하는 곳이기도 하다. 물론 지천으로 피는 산꽃도 그 아름다움과 향기를 즐기게도 하지만 양질의 꿀을 공급하는 양봉의 넉넉한 밀원이 된다.

작가는 바로 이런 곱고 넉넉한 풍광 속에 사는 순박한 사람들을 잊을 수 없다. 그들은 "이웃의 애경사를 내 집 일처럼 보살펴주고 함께 슬퍼하고 같이 즐거워하는" 사람들이다. "색다른 음식 한 가지만 장만을 해도 이웃들을 불러다가 이마를 마주하고 오순도순 나눠먹는" 사람들이다. 오붓한 인정과 순박한 인심이 "옹달샘처럼 마르지 않고 계속해서 흘러넘치는" 이 고향마을 사람들을 어찌 잊을 수 있으랴. '기억'은 과거에 일어난 일을 '잊지 아니하는 것'이고 또는 '일어난 일의 그 내용' 자체다. 그리고 기억에 대한 반추와 그를 통한 성찰은 전통적으로 문학의 가장 중요한 소재 중의 하나다.

3.

물론 여느 농촌과 마찬가지로 그들의 가난했던 삶은 인고의 세월로 점철되어 있었을 것임은 자명하다. 그러나 그런 신산한 삶 속에서도 그들은 넉넉한 인정을 나누며 산다. 작가는 이 점을 중시한다. 우리는 밥 먹고 산다. 물론 밥은 쌀에 물 붓고 불을 때서 지어야하는 구체적 물질세계에 속하는 것이며 이 물질이 공급하는 에너지로 우리는 움직이는 '몸'을 형성하고 행동한다. 그러나 같은 밥의 힘으로 우리는 기억하고 생각하고 소망하는 '정신세계'를 자신의 '몸'에 담게 된다. 구체적이고 가시적인 몸은 '밥'을 위해 삶에 부대낀다. 그러나 고향마을사람들의 정신세계는 각박한 삶에도 불구하고 역으로 풍요로웠던 것이다.

우리는 가끔 누구나 내가 왜 사나? 산다는 게 무언가? 살다 죽어 어디로 가나? 같은 물음을 스스로에게 던진다. 바로 이런 평범한 -철학적으로는 매우 심각하기도 한- 물음 속에 삶의 의미를 제공하는 것이 문학이다. 내가 그런 물음에 고민할 때 남도 같은 물음으로 부대낀다는 것을 아는 것은 중요한 일이다. 나도 남들과 마찬가지며 그들과 더불어 살고 있다는 것을 인식할 때 나의 존재 위치와 가치도 자각된다. 기댈 수 있는 어깨를 서로 내주게 되고 추운 등을 서로 기대고 싶게도 만든다. 이럴 때 우리는 이러한 자각을 남에게 이야기하고 혹은 글로 끼적여 남기고 싶은 충동을 느낀다. 문학은 바로 이런 욕구에서 출발하게 되는 것이다.

많은 예화가 있지만 작가의 고향에 대한 사랑은 자신의 문학에서 다음과 같은 결론적 문장으로 표현되고 있다.

> 진달래 먹고 물장구 치던 시절의 옛 모습은 아닐지라도 조상들의 선영이 있고 가까운 친척들이며 친구들이 아직도 살고 있는 영원한 내 고향 정읍이 존재하는 한 나는 언제나 정읍인임을 자랑스럽게 생각하면서 정읍인으로 살아갈 것이다.
>
> \- <영원한 정읍인>에서

고향에 대한 긍지가 대단하다. 산업화와 그에 따른 개발로 고향은 옛 모습을 그대로 간직할 수는 없다. 그러나 아직도 선영들이 존치되어 있고 친척과 친구들이 있는, 무엇보다도 더불어 사는 것을 인식하게 함으로 서로의 존재 가치를 확인하게 해주는 정다운 고향은 작가의 커다란 자랑이자 긍지가 되고 진정한 '삶의 의미'로 대두되고 있는 것이다.

4.

수필이 고백적 자조문학이란 글이라는 것은 주지하는 바와 같다. 개성의 향기가 물큰 풍기는 글인 것이다. 물론 문학의 어떤 장르에서도 개성이 들어나지 않는 것이 없지만 시에서는 그것이 비유나 상징 같은 언어에 용해되고, 소설이나 희곡에서는 그것을 발화나 행동의 표현 뒤에 숨겨진다. 그러나 수필에서는 적나라하게 노출된다. 한 마디로 자신의 체취와 마음을 송두리째 맛보게 하는 것이다. 개성의 문학이라 함은 바꾸어 말하자면 고백의 문학이라 할 수 있다. 즉 수필이야말로 자신에 대한 결점까지 숨기지 않고 고백하는 글이 되는 것이다.

작가는 의외로 방송국의 노래자랑에도 참가하고, 퀴즈대회에도 출연한 경험이 있다. 그리고 그 과정에서 연출되는 희비극의 혼성극을 솔직하게 드러내고 있다.

작가는 "평소에도 노래를 즐겨 부르는 게" 취미이자 버릇이기에 가요라면 옛 노래부터 최근 유행하는 노래까지 섭렵 안한 것이 드물고, 가곡도 50여곡은 부를 줄 알지만 가장 즐겨 부르는 소위 '십팔번'은 〈남원의 애수〉라는 대중가요다. 가사도 쉽고 곡도 경쾌하기 때문에 애창곡이 되어 그는 이 노래를 "20여 년 동안 줄잡아 천 번쯤은 불렀고" 앞으로도 이변이 없는 한 "생사고락을 함께할" 노래다.

> 작년에는 그 잘난 솜씨로 KBS-TV의 '전국노래자랑'에 출연했다가 긴장한 나머지 도중에서 박자를 까먹는 바람에 전국적으

로 망신을 당하기도 했다.(…)

22대 1이라는 치열한 경쟁을 뚫고 예선을 통과했으니 본선에 진출하여 텔레비전에 얼굴을 내미는 것만으로도 만족해야 할 처지에 사회자와의 인터뷰를 통해, 역사적으로나 문화적으로 유서가 깊은 국악의 본고장이요, 현존하는 백제 최고(最古)의 가요 <정읍사>의 발원지인 정읍과 봄의 신록, 여름의 녹음, 가을 단풍, 겨울의 설경 등으로 사시장철 관광객들의 발길이 끊이질 않는 내장산국립공원을 소개할 수 있었으니 더 이상 바랄 게 없지만 기왕이면 내가 부른 노래 <남원의 애수>가 딩동댕댕… 합격의 차임벨 소리로 끝맺음을 했더라면 하는 한 가닥의 아쉬움은 지금껏 사라지지 않는다.

- <가을밤에 부르는 노래>에서

인용문은 결론적으로 "20여 년 동안 줄잡아 천 번 쯤" 불러 댄 노래 〈남원의 애수〉를 가지고 노래자랑에 나갔지만 "도중에서 박자를 까먹는 바람에" 땡! 하고 만 이야기다. 20년 부른 자신의 십팔번 노래의 박자를 까먹다니 정말 "잘난 솜씨"다. 작가는 '노래자랑'에 나간 것이지 정읍을 소개하는 '강연회'에 나간 것이 아니다. 20년 갈고 닦은 노래는 땡! 당하고, 엉뚱한 연설만 하고 내려온 셈이다. 노래자랑에 나가 노래하다 박자 까먹었으면 당연히 땡이다. 그러나 "딩동댕댕… 합격의 차임벨 소리로 끝맺음을 했더라면" 하는 아쉬움을 지금까지 가지고 있다.

독자들의 입에 저절로 미소가 떠오르게 하는 솔직하고 재미있는 내용이다. 그러나 우리가 주목해 봐야 할 점은 인용문의 독특한 문체다. 문학적 산문 속에 도입되고 조직하는 데 쓰이는 문장 구성의 형식들은 오랜 발전경로를 통해 이질적이고 다양한 모습으로 나타난다. 각각의 문장구성 형식은 특정한 문체의 가능성과 연관되게 되며, 도입된 언어들은 예술적 취급을 위해 특정한 형식에 복무하게 된다.

우리는 인용문에서 당대에 통용되고 있는 구어와 문어를 망라한 모든 수준의 언어가 패러디형식으로 재구성되어 있음을 발견한다. 즉 묘사대상에 따라 이야기는 때로는 연설·웅변의 형식을, 시정배의 거칠고 메마른 언어를, 학자의 현학적 언어를, 고상한 서사시적 문체를, 위선적 설득의 어투를, 그리고 이야기의 주체인 이런저런 구체적이고 사회적인 규정성을 가진 인물의 독특한 발화형식을 취하고 있다.

이는 언어사용에 있어 일차적 원천인 '일반 언어'에 대한 특수한 취급이다. 이 일반 언어는 일반적인 견해, 즉 두어진 사회영역에서 정상적인 것으로 여겨지는 인간과 사물에 대한 접근방식, 다시 말하면 '당대에 통용되고 있는 시각과 가치'로 작가에 의해 수용된 것이다. 작가는 이 일반 언어로부터 거리를 두고 그것을 객체화함으로서 자신의 의도를 굴절시켜 표현하고 있다.

5.

작가는 "그 잘난 솜씨"로 '전국노래자랑'에 출연했다가 긴장한 나머지 도중에서 박자를 까먹는 바람에 전국적으로 망신을 당했다고 말한다. “잘난 솜씨”에는 이중의 울림이 있다. 20년이나 연습한 노래니 정말 ‘잘난 솜씨’가 되고도 남았을 것이다. 그러나 끝까지 부르지도 못하고 박자를 까먹었으니 ‘못난 솜씨’가 되기도 한다. 작가는 ‘못난 솜씨’를 겸양의 말로 ‘잘 난 솜씨’라고 표현함으로서 아이러니를 생성시키고 있다. 여기서 박자를 ‘까먹었다’는 말은 ‘잊었다’와 같은 의미로 ‘시정배의 거친 언어’에 해당된다. 그런데 “긴장한 나머지” 박자를 놓치고 말았다. 노래자랑에서 땡하고 만 이유를 ‘긴장’에 돌리고 있는데 이는 ‘퀴즈 대회’에 출연했을 때도 같은 이유가 되어 다시 나타난다.

그런데 “22대 1이라는 치열한 경쟁”을 뚫고 예선을 통과했다는 말에서 작가는 은근히 자신의 노래실력이 ‘잘난 솜씨’라는 것을 과시한다. 이는 ‘위선적 설득의 어투’다. 그러나 “텔레비전에 얼굴을 내미는 것만으로도 만족해야 할 처지”라고 다시 겸양의 말로 자신을 낮춘다.

“현존하는 백제 최고最古의 가요 〈정읍사〉의 발원지”라는 발화는 ‘학자의 현학적 언어’다. 해당지역에 사는 사람이나 공부하는 사람이 아니라면 쉽게 나올 수 있는 발화가 아니다. 이어지는 문장은 “봄의 신록, 여름의 녹음, 가을 단풍, 겨울의 설경”과 같은 ‘고상한 서사시적 문체’로 바뀌며 계속된다.

작가는 방송에 출연하는 것을 상당히 애호하는 것 같다. 이번에는 ‘퀴즈 대회’에 출연했을 때의 이야기다.

별다른 취미가 없는 나도 퀴즈에만큼은 남다른 애착과 매력을 느끼는 사람이다 보니 신문이나 잡지를 대하게 되면 퀴즈가 있는지, 없는지부터를 살피게 되고 다행이 퀴즈란이 있으면 무의식 중에 남의 것, 내 것 가리지 않고 볼펜을 꺼내 정답을 써넣는 습관 때문에(…)

운명의 날인 1971년 12월 22일을 당해 이른 아침부터 가슴을 조이며 서울 영등포에 거주하는 대부대의 가족을 응원부대로 거느리고 보무도 당당하게 KBS 공개홀로 향했다. 여섯 팀 중 세 팀을 탈락시키고 마지막까지 남은 세 팀이 열 문제를 놓고 겨루어 문제를 많이 맞힌 순서로 1,2,3위를 가려 시상을 하는데 너무나 긴장을 한 탓으로 아는 문제를 맞히지 못하여 장원을 눈앞에 두고 분루를 삼켜야 했다.

- <퀴즈 인생>에서

작가는 자신이 '방송에 출연한' 날을 "운명의 날"이라고 사뭇 '감정에 격한 어조'로 '과장'하고 있다. 이런 사실은 이어지는 "대부대의 가족을 응원부대로 거느리고 보무도 당당하게" KBS 공개홀로 향했다는 발언에서 절정을 이룬다. '대부대를 거느리고'나 '보무도 당당하게'라는 말은 호머의 웅장한 서사시적 문체다. 물론 이는 패러디다. 영등포에 사는 "작은 아버님과 작은 어머님, 고종사촌 형님과 사촌 누이 등 다섯 명"이 전부인 식구들은 당연히 대부대가 될 수 없다. 겨우 다섯 명 식구가 아무리 힘차게 걸어봤자 '보무도 당당한' 부대의 행진과는 거리가 멀어도 한참이나 멀다. '공식적이고 의례적인 이런 어투'는 작가의 발언 뒤에 숨겨진 형태로, 간접인용형식으로 도입된 일반여론에 속하는 타인의 발언에 해당된다. 보무당당하게 방송국에 갔다는 작가는 실상 "이른 아침부터 가슴을 조이며" 안절부절 하지 않았던가.

이번에도 아는 문제를 "긴장을 한 탓으로" 맞히지 못하여 장원을 눈앞에 두고 실패하고 만다. 앞서의 '노래자랑'처럼 실패한 이유를 '긴장'에서 찾고 있다. 그런데 더 눈길이 가는 대목은 '퀴즈대회'든 '노래자랑'이든 참가하게 된 동기는 평소의 '취미'와 관련이 깊다는 점이다. 그는 "노래를 즐겨 부르는 게" 평소의 "취미이자 버릇"이었고 그것이 동기가 되어 결국은 티브이에까지 나가게 된다. 그런데 작가는 평소에 "별다른 취미가 없"지만 "퀴즈에만큼은 남다른 애착과 매력"을 느끼고 따라서 신문이나 잡지의 퀴즈란을 대하게 되면 "무의식중에 남의 것, 내 것 가리지 않고" 정답을 써 넣는 습관이 있을 정도로 퀴즈풀이를 취미로 삼고 있는 사람이라고 다른 발언을 하고 있다. 논리적 모순이 발생한다.

이런 말에 일부 독자는 필자가 작가의 비논리적 태도를 지적하고 그것을 문제 삼으려는 것이 아닌가하고 생각할 수도 있을 것이다. 그러나 그것은 결코 아니다. 만약 연말 장원이 되었거나 노래자랑의 대상을 받았다면 얘기는 달라진다. 22대 1의 경쟁을 물리쳤든, 연말 장원의 결선까지 진출했든 실질적인 결과는 한마디로 모두 땡이 아닌가. 내가 이를 주목하고 강조하는 이유는 작가의 문체에 나타나는 언어들의 독특한 취급방법 때문이다. '당대에 통용되고 있는 시각과 가치'로 수용된 이 언어들은 작가에 의해 다양한 거리를 두고 객체화됨으로서 자신의 의도를 굴절시켜 표현

한다는 점 때문이다. 우리는 이미 작가의 솔직한 고백을 통해 결과를 알고 있다. 그러나 이것이 단순한 정보를 제공하는 평면적인 발언으로 표현되었다면 독서의 총체적 흥미는 반감되고 문학의 예술적 가치 구현에도 결정적인 차질을 초래했을 것이다.

6.

수필은 개성이 있는 고백적인 글이다. 작가는 자신의 두 번에 걸친 실패를 바로 '개성이 있게' 고백하고 있다. 수필은 단순한 신변잡기나 잡문이 아니다. '유머와 위트'가 있음으로 '심미적' 가치를 지니는 글이 되어야한다. 지금도 '아쉬움'으로 마음 아프게 느껴지는 기억이지만 작가는 다양한 스타일의 언어를 견인하고 그 결과 독특한 문체를 만들어감으로 수필이 지향해야 할 이런 덕목에 다가서고 있다.

그것은 일반적인 견해로 여겨지는 언어에 대해 작가가 맺고 있는 관계가 정태적이 아님을 의미한다. 그 관계는 늘 동태적인 것이어서 때로는 과장하기도 하고, 때로는 그 지시대상과 걸맞지 않은 -그리하여 아이러니를 야기하는- 언어를 구사하는 점에서 잘 나타나고 있다. 인용문의 '운명의 날'이니 '보무당당'과 같은 예나 앞의 현학적 언어, 의고적 언어, 서사시적 언어 등의 예가 그러하다. 그렇게 함으로 작가는 언어에 대한 자신의 관계에 있어 활기찬 거리조정의 움직임을 보여주고 있고, 이 동태적 거리조정은 독자의 독서행위에 있어 단조로움을 벗어나게 함과 동시에 심미적 효과를 배가시키는 역할을 성공적으로 수행하게 만들게 되는 것이다.

이런 예는 작품의 여러 곳에서 감지된다. 그가 전원으로 돌아가 "견습농부에 불과한데도 마음만은 편안해서 더 없이 행복하기만" 할 때 더불어 산 가축과 애완동물의 얘기 하나만 더 들어보자.

> 생활의 무료함을 달래려고 취미삼아 한두 마리씩 기르기 시작한 가축들과 애완동물들이 날이 갈수록 종류와 숫자가 늘어나 60여 동물가족의 가장이 되었지만 이들이 있기에 하루하루가 어떻게 가는지 모를 만큼 즐겁게 살고 있으니 얼마나 좋은 일인가.(…)
> 이삿짐과 함께 옮겨간 잉꼬 한 쌍과 청거북 다섯 마리는 시내에 살면서 기르던 것들로 오랜 기간 정성을 다해 보살피면서 정이 들었다. 이사를 해서 새로운 가족으로 합류한 동물들은 닭 10마리, 병아리 33마리, 토끼 5마리, 강아지 4마리, 청둥오리 6마리, 송아지 2두, 금붕어 5마리 등 6종에 65마리였지만 2개월 동안 토끼 1마리가 도망쳐버리고, 닭 4마리, 병아리 3마리, 금붕어 3마리가 죽은 까닭에 전에 기르던 잉꼬와 청거북을 합쳐도 60마리밖에 안 된다.
>
> \- <신나는 전원생활>에서

'퀴즈 대회'에 출연할 때는 "별다른 취미가 없는 나도 퀴즈에만큼은 남다른 애착과 매력을" 갖고 있다고 하더니, 그 다음 '노래자랑'에 출연 할 때는 "평소에도 노래를 즐겨 부르는 게" 취미이자 버릇"이라고 하더니, 이번에는 가축들과 애완동물들을 키우는 것이 새로운 취미가 되는 모양이다. 저절로 웃음이 나온다. 이점은 매우 중요하다. 일단 독자가 작가의 의도를 이해하고 공감할 때

비로소 웃음이든 한숨이든 눈물이든 나오게 마련이다. 그런데 노래방에서 노래를 부른다거나 신문잡지의 퀴즈란의 문제를 풀어본다 하는 것은 특별하지도, 대단한 취미도 아니다. 범용한 사람들이 누구나 할 수 있는 일로 판소리를 한다든지, 가야금을 한다든지, 사군자를 치는 고아한 취미와는 다르다. 또한 골프니 승마같이 세련되고 돈 많이 드는 취미도 아니다. 필자 같이 술을 즐기는 취미는 꽤 돈과 시간이 드는 '고상한 취미'라 할 수 있지만 노래하고 퀴즈 푸는 것은 누구나 맘만 먹으면 쉽게 접근 할 수 있는 일이 아닌가. 작가의 취미에 대한 발언은 그가 민중 지향적 자세를 취하고 있음을 보여주고 있다. 그는 평범한 민초들의 애환 속에 함께 호흡하고자 하는 것이다.

위 인용문에서도 예의 독특한 문체를 형성하는 그의 글쓰기 전략이 나타난다. 작가는 "생활의 무료함을 달래려"는 동기에 의해 "취미삼아" 키운다는 진술로 그의 '새로운 취미'에 대해 별 것 아니라는 겸양의 자세를 취한다. 그런데 내용을 읽어보면 결코 "취미삼아" 하는 일이 아니다. 그가 키우는 것들은 잉꼬, 청거북, 닭, 병아리, 토끼, 강아지, 청둥오리, 송아지, 금붕어 등 종류도 많다. 자그마치 그 수효가 60마리나 된다. 원래는 65마리였지만 "토끼 1마리가 도망쳐버리고, 닭 4마리, 병아리 3마리, 금붕어 3마리가 죽은 까닭에" 60마리가 된 것이다. 여기서 결정적으로 중요한 조사의 사용법이 눈에 띈다. '60마리나' 에서의 '나'와 '60마리밖에' 에서의 '밖에'는 글의 분위기를 확 바꿔놓는 역할을 한다. '나'는 많다는 것을 강조하고 '밖에'는 적다는 것을 강조하는 조사로 정반대 방향으로 의미의 물꼬를 틀어버린다. 독자들은 참 '많이도 키우고 있구나' 라고 특별한 의식 없이 그가 열거하는 동물들의 종류와 수효를 따라간다. 그러나 "60마리밖에"라는 대목에서 정신이 번쩍 든다. 자연스럽게 '나'라는 조사를 기대하던 독자들은 느닷없는 '밖에'라는 조사로 뒤통수를 한 방을 얻어맞게 되는 것이다.

7.

위 인용문의 마지막 부분에서 "전에 기르던 잉꼬와 청거북을 합쳐도 60마리밖에 안 된다"는 대목에서 "합쳐도"도 눈여겨 볼 언어구사다. '무엇을 합쳐도 무엇밖에 안 된다'는 말은 수량의 적음을 극대화하는 효과를 야기한다. 한 집 안에 60마리의 동물들이 있으면 꽤 많은 숫자이며 할 일도 많게 될 것이다. 실제로 작가는 "종류도 다양하지만 식성도 제각각이라 아침에 눈을 뜨면 축사를 한 바퀴 돌면서 먹이를 주는 데만 꼬박 1시간이 걸린다."고 엄살을 떨고 있다. 물론 사료를 먹는 동물들도 있지만 토끼에게 줄 신선한 풀도 뜯어 와야 할 것이다. 더 많은 손이 갈 것임은 당연하다. 이제 "무료함을 달래려"는 동기에 의해 "취미삼아" 시작한 일은 "취미삼아"가 아닌 것으로 방향을 튼다. 그럼에도 작가는 잉꼬와 거북을 '합쳐도' 60마리 '밖에' 안 된다고 그 숫자의 적음을 강조한다. 묘한 아이러니가 창출되고 있다.

작가는 열거법을 즐겨 쓰고 이런 열거법은 독특한 문체를 조성한다. 우리는 이미 이 글의 모두에서 작가가 밋골, 절골, 엉골, 사도실과 함께 남한골, 피난지골, 까재골, 독적골, 상보, 두투물, 하바지, 영깔, 잿등, 서낭댕이 같은 정겨운 고을 이름을 일일이 부르는 예를 보았다. 그가 칠보면 무성리 원촌마을의 문화유적을 소개하며 무성서원, 필양사, 시산사, 송산사, 송정, 정극인 선생의 상춘곡 가사비와 인근의 용계서원, 남천사, 고현동각, 고현동향약, 도봉사. 감운정을 단숨에 열거할 때는(〈문화유산의 해 유감〉) 도대체 한 마을에 어찌 이렇게 많은 유적이 존재하는지 독자들을 놀래게 하는데 이런 경우 또한 그 대표적인 예가 될 것이다. 이런 열거는 심도 깊은 정보를 제공함과 동시에 독자를 열거대상이 집합하는 한 곳으로 관심을 집중하고 시선을 흡입하게 하는 효과를 창출한다. 또한 앞의 인용문에서 보는 것처럼 '많은' 열거는 의외로 '적음'으로 뒤집어지는 의외의 결과를 만드는 계기가 되기도 한다.

작가의 고향에서 문을 연 이 글은 KBS 노래자랑과 퀴즈대회로 갔다가 어느 틈에 다시 고향의 언저리를 맴돌고 있다. 작가의 글에는 어디를 펼쳐도 한 마디쯤은 고향 얘기가 언급된다고 말한 바 있다. 사정이 이러하니 어쩔 수 없는 일이다. 우리 것이 세계적인 것이라는 말이 있지만 그의 고향은 우리 모두의 고향이나 진배없고 그의 고향이 간직하고 있는 문화유산이야말로 보편적 인류 문화유산이라 할 수 있다. 작가는 우리가 공유 · 계승해야할 문화유산에 대해서도 각별한 애정을 보인다. 여러 가지가 있지만 지면 관계상 그 중 하나인 '한복'에 대한 그의 애틋한 정성을 보기로 하자.

그는 한복을 "다섯 벌씩이나" 장만할 정도로 한복을 사랑하고 즐겨 입는 사람이다. 그는 착용에 있어 "엄연한 절차와 격식이 있는" 한복을 아무렇게나 입는 사람들의 모습을 개탄한다. "두루마기도 입지 않고 마고자 바람으로 거리를 활보하는 사람들"이 그런 사람이다. 그는 한복을 입고 외출을 하려면 반드시 "두루마기를 갖춰 입어야" 한다고 목소리를 높인다.

그는 두루마기가 '두루막'이라 불리던 "양반들의 통상예복이던 도포가 변형된 것"으로 그 어원을 해설하고 두루마기는 "희고 깨끗한 동정과 옷고름이 생명"이라고 알려준다. 동정은 "깨끗하고 빳빳하게" 손질하고, 옷고름은 "단정하고 맵시 있게" 잘 여며야 한다고 가르쳐 준다. 그리고 이어 우리 거의가 모르고 있는 -알 기회도 없었던- 옷고름과 대님 매는 방법을 구체적으로 설명한다.

> 옷고름을 맵시 있게 매는 방법은 먼저 두 개의 고름을 x자로 묶고서 긴 쪽 고름을 손으로 받쳐 고름 '고'를 만든 다음, 나머지 한쪽으로 '고'의 둘레를 한 번 감고난 뒤에 '고'의 안쪽으로 넣은 다음 '고'의 크기를 조절하여 옷고름이 흐트러지지 않게 살짝 죄여 여미고 맵시를 다듬으면 된다.
> 바지의 대님을 맬 때는 바짓가랑이를 단정하게 여민 뒤 대님 한쪽의 끝부분은 남겨두고 바깥쪽으로 두 번 돌린 다음, 안쪽에서 두 개의 끝을 나비 모양으로 단정하게 매면 된다.
>
> \- <한복 예찬>에서

마치 옆에서 우리의 마구잡이 솜씨를 지켜보며 하나하나의 과정을 거들어 주고 있는 것 같다. 옷고름을 맬 때 "살짝 죄여 여미고"라든가, 대님을 맬 때 "나비 모양으로 단정하게"과 같은 동작의 형용어는 그 방법의 실용적 기능을 떠나 이미 아름다운 심상이 반짝이는 시어들처럼 아름답다. 위 인용문을 운문으로 다듬는다면 한 편의 서정시가 될 것이라는 생각이 절로 든다.

8.

이외에도 이 수필집에는 비평가가 자신의 소임을 수행해야 할 것이 수두룩하다. 특히 한 꼭지를 이루고 있는 12간지에 대한 글들은 특기할 만하다. 그러나 이번 김희선 수필가의 ≪고향에 사는 뜻은≫에서 작가가 보여주는 과거라는 시간과, 고향이라는 공간의 시 · 공을 문학의 언어를 매개로하여 성공적으로 형상화한 점을 밝히고자 함에 그 의의를 두고자한다. 특히 그의 글에 나타나는 대우對偶성, 즉 어떤 명제에 대해 그 종결의 부정을 가설로 하고, 가설을 부정한 것을 종결로 한 명제를 말하는 독특한 글쓰기 문체를 그가 의도적이든 아니든 자주 사용하고 있는 점은 주목할 점이다. 그리하여 아이러니를 생성하고 독자를 흡입하는 문장을 창출하는 그의 글쓰기 전략은 충분히 상찬을 받을만하다.

작가는 스스로 말하는 것처럼 "갈데없는 시골 사람인 모양이다." 그가 자랑으로 여기는 고향마을에서 〈신나는 전원생활〉과 좋은 글쓰기가 계속되기를 기원한다.

김희선 수필선집
고향에 사는 뜻은

인 쇄 / 2013년 12월 26일
발 행 / 2013년 12월 30일

지 은 이 / 김 희 선
발 행 인 / 서 정 환
발 행 처 / 신아출판사

출판등록 / 제465-1984-000004호
주 소 / 전주시 완산구 공북 1길 16(태평동)
전 화 / (063)275-4000, 252-5633
팩 스 / (063)274-3131
메 일 / sina321@hanmail.net

값 12,000원

ISBN 979-11-5605-039-1 03810

※ 이 책은 2013년도 전라북도 문예진흥기금을 지원받았습니다.

「이 도서의 국립중앙도서관 출판시도서목록(CIP)은 서지정보유통지원시스템 홈페이지(http://seoji.nl.go.kr)와 국가자료공동목록시스템(http://www.nl.go.kr/kolisnet)에서 이용하실 수 있습니다.(CIP제어번호: CIP2014000420)」